中国国家地理·图书
CHINESE NATIONAL GEOGRAPHY

山海经

插图珍藏版

任才峰 绘

刘宗迪 注译

中信出版集团 | 北京

鱃魚 旋龜

赤鱬

目录

《山海经》画序 任才峰·001

《山海经》导读 刘宗迪·007

山经

卷一 南山经·001

南次一经·002

南次二经·017

南次三经·027

卷二 西山经·039

西次一经·040

西次二经·059

西次三经·068

西次四经·096

卷五　中山经·二〇三

中次一经·二〇四

中次二经·二一〇

中次三经·二一七

中次四经·二二六

中次五经·二三二

中次六经·二四〇

中次七经·二四六

中次八经·二五七

中次九经·二六八

中次十经·二七九

中次十一经·二八四

中次十二经·三〇三

卷三　北山经·一二三

北次一经·一二四

北次二经·一三八

北次三经·一四七

卷四　东山经·一六九

东次一经·一七〇

东次二经·一七七

东次三经·一八九

东次四经·一九四

大荒经

卷十四　大荒东经·四〇三

卷十五　大荒南经·四一五

卷十六　大荒西经·四二五

卷十七　大荒北经·四三七

卷十八　海内经·四五一

画作索引·四六二

海外 经

卷六 海外南经·三一三

卷七 海外西经·三二九

卷八 海外北经·三四三

卷九 海外东经·三五七

海内 经

卷十 海内南经·三六七

卷十一 海内西经·三七七

卷十二 海内北经·三八五

卷十三 海内东经·三九七

《山海经》画序

与中国国家地理·图书合作的《山海经：插图珍藏版》要出版了，算起来，从我第一幅关于《山海经》的创作到如今，恍惚已有十余年的光景。画画的人想说的话大都在画笔里，倘若画旁再写一堆乱七八糟的文字用来解释说明，总觉得累赘，时间久了，以至于自己不太会写文章了。但我想，对于这本书，我似乎应该写一点，就算是赶鸭子上架，也还是有些话讲。

我生在许昌，许昌旧时称许都，也称得上是古城，尤其在汉魏两晋之间的遗存颇多，家中墙壁少不了那些画像石、画像砖的拓片。我的孩童时代就是在这种黑白斑驳中度过的。当然那时我并不觉得这些东西好看，但是有些种子却在不知不觉中发芽。

我爷爷是位本地画家，画画真诚，但极执拗，或许因他带我长大，这点我很像他。以至于很多年后，我考上中央美院，朋友还会说我看上去人畜无害，心里却一意孤行。

有些执拗是骨子里的，我一直以为美院的教学有两处最让我不适，也从不避讳谈及。一是山水、花鸟、人物三科分开，互不打扰，这本是早年间为保留花鸟山水学科的权宜之举，却成为现在学院教育的标准。二是花鸟系的写生，为了绘画题材的推陈出新一定要去西双版纳。

所以当大二的某天夜里，我偶然翻到了《五星二十八宿神形图》，竟对其出奇着迷。很难用人物画或者花鸟画对它进行归类，它似神似怪，介乎人与兽之间。后来看到的《搜山图》《九歌图》中的异兽更是被我们视而不见，这些画囊括山水、花鸟、人物诸科，创造力又是如此非凡，却被今日的人们渐渐遗忘，我甚至能感觉到它在唤醒我某些儿时记忆。于我而言，找回这些失落的异兽比去热带植物园面对地涌金莲有意义得多。

那次邂逅，我很兴奋，和对面的好友阿坤侃侃而谈，那是我们第一次聊到《山海经》。于是那年冬天我生日时，阿坤便送了一套崇贤馆编《山海经》给我，红色的封面，看上去喜气洋洋。有谁能预想到，这薄薄三本书便开启了我十年的山海世界。

所以很多时候，很多事情，都是因缘际会，冥冥之中注定的。

2014年夏天，本科毕业前，为准备毕业创作的开题报告，我把《山海经》的精怪异兽放在了创作草图中。风神折丹，雷神夔牛……虽然我在台上讲得眉飞色舞，但台下有些老师似乎觉得"神神道道"，开题结束，我的报告没有通过。尽管如此，我的导师于光华教授还是支持我继续创作，将它完成。6月，我完成了这组画作，却在参展时因为开题时未获通过，被撤掉部分作品。于我而言，这成了我在美院读书生涯中最大的遗憾。

时代中大多数人只能随波逐流，真画者却往往会选择逆流而上。

仅仅三年过后，在当年研究生毕业作品展上，我仍旧执拗地画了取材于《山海经》的凤凰，让它涅槃于山海，却拿到了当年的优秀毕业创作奖。每谈及此事，自己总觉得像是时间给我开了一个蛮有意思的玩笑。

大概也是从这三年开始，《山海经》从鲜有人问津成了流量IP（知识产权）。《山海经》题材的作品开始不断涌现，插图、绘本、动漫、游戏甚至连好莱坞大片都开始在这部书中寻找关于东方的想象。

J.K. 罗琳的"神奇动物"出现在大银幕，《山海经》中日行千里的瑞兽"驺吾"在其中惊鸿一瞥。"漫威宇宙"里也开始了《山海经》娱乐，本是神兽的帝江化身萌宠。我和朋友自然也会去看，可每每曲终人散，从影院走出，我都会黯然神伤，这些作品将东方的古老文化重新拉回大众视野固是好事，可我们中国人自己眼中的山海世界去哪里了呢？

今日的大多数《山海经》，已然成了日本妖怪画的翻版。哪怕是大热一时的《大鱼海棠》《哪吒之魔童降世》，已然是满满的中国元素，但仍逃不出迪士尼和宫崎骏的藩篱，仍旧缺少真正属于中国的气韵。

真正的国潮不应该是西方视角的中国故事，也不应该是日式风格的中国形象，国潮之光应该属于20世纪60年代的《大闹天宫》、70年代的《哪吒闹海》和80年代的《山水情》。

太多情绪化作一声叹息，或许我们失去的，并不是那些古老的精灵异兽本身，正是中国人之所以成为中国人的眼睛。

我曾看过一部纪录片，叫作《楚国八百年》，其中讲到楚人熊氏自称火神祝融后裔，立国时他们偷来一只羊，只得在黑夜中点起篝火祭祀，或许这黑暗中的火焰成了他们的图像记忆，以至于族人尊凤尚赤，崇火拜日，喜巫近鬼，听起来既神秘又诡异。鹿角立鹤、虎座凤鸟、人神杂糅、龙蟠凤逸，他们留下的形象超脱凡间，隐隐透露出一种"独与天地精神往来"的美感。绘制《山海经》的那段时日，我闭上眼，脑海中时常出现一片漆黑之中燃烧的红，和狂风中升腾变幻的宛若一只巨大凤鸟的火焰。

后来秦人灭楚，但楚人的文化并未就此消亡，而是流入后来崛起的大汉帝国，成为中国人血液中流淌的基因。这基因可能并非楚人创造，但一定因楚人得以延续，也恰恰就是这基因造就了我们的眼睛。

那是一双怎样的眼睛，恐怕用语言无论如何也是不能够述说清楚的，但你又完全可以用心感受得到，它好像更重气韵，更为意象，更加浪漫，更具神性，那么浪漫无极，你已

觉得它和今日大家奉为唯一准则的科学、理性、逻辑、形式不那么相似，却仍旧动人。

这并不玄虚，只是离我们太久远了。后来的很多年，我对古人理解得越多，对这一点便越笃定。

我刚到美院读书时，爱古意却似捕风捉影。那时极爱临摹宋人，手速也还算快，从团扇小品到大幅立轴，课程结束时，总是超额完成任务。暗里觉得自己画得还算准确细腻，纵与复制品相较，也是半斤八两。学校每学期的教学检查奖，也基本由我承包。现在回想，那时的我真是年轻又气盛。

后来我看到东晋顾恺之的《洛神赋图》《女史箴图》，才嗅到一种更为高古的气息。那种饱满的气格，展卷便能感觉到生气逼人，待你细观，却会发现并非如何精致，甚至总有某处略显粗糙，但这粗糙却极有味道，如洛神古拙，如女史飘动，二者皆各有其妙。纵使时间过了许久，我仍能清楚地记起《女史箴图》里，轿夫威猛，左顾右盼之间，有衣袖飞动；《洛神赋图》中，云水飘飘，六龙云车之上，洛神回首怅然。

而绘画到了李公麟的时代，已然能穷尽自然之变，但纵如《五马图》，写实水准已至登峰造极，哪怕与欧洲文艺复兴三杰相比，也是不遑多让，却仍旧和魏晋之间那种风骨一脉相承，或者说于古人而言，写实只是外衣，气韵为上才是真意。

那时我也曾心追手摹，尽我所能。若以形似论，临摹得也可称惟妙惟肖了，奈何年岁尚轻，能感受到意味却很难画得出来。那时的心手不能相合，对气韵只能算是看得见，不能算摸得着。

不过凡心之所向，皆素履以往。

此后我越来越观照画中的气韵，兴趣也越发广博高古，漆器、陶瓷、金玉、石刻，总之不再局限于绢纸绘画，眼界也得以大开。

看过河南邓县（今邓州）出土的南朝画像砖，大概与顾恺之同时或稍晚，简直可以说是立体空间的《女史箴图》和《洛神赋图》。或许是材质本身具备浮雕式的体感，线条的气韵甚至比绢纸本的绘画更有张力，更加饱满。

看过马王堆辛追墓的漆棺椁，其上有漆彩，看去一片茫茫昧昧，似云非云，似水非水，极有升腾流动之美，忽而化作云头小兽，忽而变幻虚空之中，这种图案虽已脱离具体形象，却真的做到了气韵生动。

由此我也开始真正理解了年少时曾司空见惯的金石文字和历代法书美于何处，殷墟那些刻于龟甲兽骨上的文字，青铜礼器上铸刻的三代金文，秦砖汉瓦上的长乐未央，唐宋元明清的书家墨迹，并无什么本质区别，甚至绘画与书法也只是换了一种语言而已。于绘画而言，所谓神采生气大多数时候并非完全来自物的本身，而是来自人与物二者合二为一的感受。或者说，纯粹自然化的东西，不论做得如何极致，只称得上"似"。人感受到的自然内在的气韵流动与生生不息，才是"真"。恰如书法，甚至不需借助真实的物，哪怕是写一个再寻常不过的字，如知气韵，下笔磊磊即有风神。如潘天寿所言，可谓真知灼见，"盖吾国文字之

组织,以线为主,线以有气为质。由一毛而至十万毛,必须一气呵成,隔行不断,密密疏疏,相就相让,相辅相成,如行云之缥缈于太空,流水之流行于大地,一任自然,即以气行也"。他此言实为书法,可细想来画不也如是吗?

也只有了然如此,才算是摸到了真的古意。也只有如此,才有可能真正理解什么是属于中国人观照世界的眼。

我曾不止一次想象过,假若有一本古老的《山海经》图谱得以留存,当是什么模样,我们又能在古人的双眸中看到什么。遗憾的是,《山海经》的文字流传千古,但《山海经》的图像却湮没在历史尘烟中。相传南朝张僧繇与宋代舒雅都曾绘《山海经图》,可传说最终还是成了传说,所知留存最早的《山海经》图像不过明代,以清代吴任臣版本的《山海经》配图为最好,有些形象虽简单粗略,但活泼生动。但由于木刻本身手法所限,终觉生硬呆板,由墨迹转为刻版,笔线的张力定然大打折扣,气韵也便减掉了三分。这次我重画的 150 幅《山海经》异兽,其中有一部分便脱胎于吴任臣版本的插图,希望可以替前人找回丢掉的几分生气。

这 150 张图的创作并不轻松,个中滋味冷暖自知,可如今想起来每一张都有属于自己的故事。

驺吾"五彩毕具……日行千里"。一个静态的形象如何能表现日行千里呢?我忽然便想到邓县那些飘然若仙的画像砖,于是让它前脚微抬,后脚撑地,脖子伸长,回头凝视,如飞驰之中的蓦然回首。尾巴、背毛、腿毛、胡须则像风中流云般飞动飘扬,拔地生风。五彩以黑红两色为主,其他三色为辅,增其楚意,黑红两色亦如流动的太极一般,黑中一点红,红中一点黑,循环往复,永不休止。

吴任臣版本中的相柳就非常生动,只是对照原文,版画中的身形体现不出其是可以"食于九山"的巨大凶神。于是我在保留刻版大致形象的同时,对其身躯做了调整,把相柳的身子画得更加魁梧粗壮,这样似乎更能体现其吞吐八荒的能力。版画的面目也显得有些温和,我便画它白面红牙,如邪恶食人状,才更接近相柳凶神恶煞的气质。

2021 年,我和朋友结伴,有了一次山西访古之行,十日看了二三十座大大小小的寺庙,我惊叹古人彩塑的神采奕奕,也感觉到那种线条的流动、饱满的气韵,就如同立体的绘画,唯一个是呈于纸面的二维,一个是现于空间的三维。回京后,我创作的第一个形象便是三面人。画完,阿坤戏称开脸极像山西的泥塑,这虽着实属于无心之举,但也是那段访古记忆在笔下的自然流淌。

《海外西经》中的并封,形状如猪,前后皆有首。既有两首,我便给了它两种性格:野者的性子烈,轮廓更加方硬;家猪性子温,躯体更为圆润。一首无毛,一首长鬃;一首以黑为主,一首以红色为主;一首眼睛是黑底红睛,一首眼睛是红底黑睛。连眼睛瞳孔的大小也体现性格的细节,是凶恶,是温顺,都在精微处可以窥见。

的朱砂，正好洒到画上。我懊恼又无奈，赶忙清洗，可还是有几点红色留在了面部，于是我将错就错，把点子稍加刻画，便成为脸上的斑痕，没想到竟给这幅画增色不少。这种非人力而偶然所得也真的可以算作天成了。

2021年，中国国家地理·图书看到了我的《山海经》画作，表达出合作出版的意愿，诚意满满且效率极高，从立项到通过、签订出版合同不足一周。我很感谢他们对我画《山海经》的信任，给我足够的时间思考创作，还要包容我一次又一次修改和延期交稿。很感谢我的导师于光华教授在我开题未通过时对我的支持；感谢谢青老师和崔曼莉老师对我的鼓励并为此书撰写推荐语；感谢阿坤送我那部红色封皮的《山海经》，在无数个画画的夜晚他一直陪伴在我身旁。

我拜读了刘宗迪教授为这版《山海经》所做的注释和译文，刘老师从博物学和民俗学的角度对《山海经》进行了全新阐释。也正因此，这本《山海经》大概会是最有趣味的一个版本，因为在这一本书中，你可以看到两个完全不同的世界。就如我前面所言，我一直坚信这个世界的究竟，一半属于自然的真实，还有一半属于人的内心，任何偏执于一端的，都好似盲人摸象。

刘老师的文字就是在把遥远的过去带回当下的真实。我的画好似在告诉你，那仅仅是一半，你我的内心也可以如我们的先人一样，对这个世界款款深情。我想这或许是这本书最大的价值。

癸卯二月
才峰于芳园小记

《山海经》导读

一

西汉元朔三年（公元前126年），出使西域的张骞回到都城长安，向汉武帝详细禀报了他在西域的见闻。张骞说他在出使西域的路上，曾到达黄河源头，黄河源自于阗国的一座高山，那座山上盛产玉石。汉武帝闻言，根据古代图书的记载，将位于黄河源头的这座山命名为"昆仑"。汉武帝依据的"古图书"，肯定是《山海经》，因为《山海经》是最早提到昆仑的古书，并且明确说"河出昆仑"，而且《山海经》原本是有图的，故称为"古图书"。这件事被司马迁记载在《史记·大宛列传》中，但是，司马迁却并不相信张骞的话，他在《大宛列传》的结尾写道："故言九州山川，《尚书》近之矣。至《禹本纪》《山海经》所有怪物，余不敢言之也。"司马迁肯定读过《山海经》，而且知道书的内容荒怪离奇，难以置信。这是《山海经》的书名第一次见于记载，且刚一问世就被司马迁打上了"怪物之书"的烙印。太史公一言九鼎，从此以后，《山海经》就戴稳了"怪物之书"这顶帽子，一直戴了两千多年。

鲁迅先生小时候读私塾，天天死记硬背枯燥无味的四书五经、之乎者也之类，幼小的心灵深受伤害，很容易就产生了厌学心理。他本家有一个考过秀才的远房叔祖，告诉他说有一部书叫《山海经》，书中有好多插图，"画着人面的兽，九头的蛇，三脚的鸟，生着翅膀的人，没有头而以两乳当作眼睛的怪物"。鲁迅从此就天天惦记着这本书，他的保姆长妈妈用零花钱买了一本送给他，鲁迅如获至宝，一直将这本书带在身边。后来成为作家的鲁迅，把这件事写进了散文《阿长与〈山海经〉》里。可见，《山海经》是一本怪物之书，从小就在鲁迅的心中扎下了根，所以他后来写《中国小说史略》，讲到神话与志怪，首先就以《山海经》为例，说它记录的都是山川神祇异物，"盖古之巫书也"。《阿长与〈山海经〉》这篇文章，被收进了很多版本的语文课本里，中国的青少年就算没有读过《山海经》本经，也大都读过《阿长与〈山海经〉》，因此从小就知道《山海经》是一本有各种人面的兽、九头的蛇、

三脚的鸟的怪物之书。

翻开《山海经》，首先映入眼帘的确实都是一些长相诡异的怪物。无须多举例子，只要看看这本书第一篇《南次一经》就很能说明问题。这一篇一共记载了九座山，这九座山里，几乎山山都有怪物出没：招摇之山里有一种长相像猴子、能像人一样行走的怪兽，名字叫狌狌；杻阳之山里有一种长着鸟首蛇尾的玄龟；柢山里有一种体形像牛、长着蛇的尾巴、鸟的翅膀和羽毛并且能够死而复生的怪鱼，名字叫鯥；亶爰之山里有一种长相像狸猫、一身兼具雌雄双性器官的怪兽，名字叫类；基山里有一种长着九条尾巴、四只耳朵、眼睛长在背上的怪兽，名字叫猼訑，还有一种三头六目、六足三翼的怪鸟，名字叫鹖鴖；青丘之山里有一种长着九条尾巴、长相像狐狸、叫起来像婴儿哭啼的吃人怪兽；流经青丘之山的英水中，有一种长着人脸、叫起来像鸳鸯的怪物，名字叫赤鱬；猨翼之山更是到处都是怪物，树林里有怪兽，水中有怪鱼，草中有怪蛇，甚至连树木都是怪树，行人到了这座山前无不望而却步，没人敢往上爬。

可见，从司马迁到鲁迅，古往今来的大学者都把《山海经》看作一本怪物之书，确实有道理，实际上，这种对《山海经》的看法几乎是读书人众所周知的常识。

然而，怪物之书只是《山海经》的一个面相，如果我们不是把眼睛仅仅盯着书中那些长相诡异的怪兽、怪鸟、怪鱼，而是全面了解此书的内容和结构，尤其是注意到此书的记述体例，你又会发现《山海经》的另一个面相。

我们今天看到的《山海经》，包括《山经》和《海经》两部分，这两部分原本是两部书，其性质、体例和成书年代都不相同。我们先看《山经》。《山经》又包括《南山经》三篇、《西山经》四篇、《北山经》三篇、《东山经》四篇和《中山经》十二篇，共二十六篇。这二十六篇，每篇记述一道山脉，每道山脉包括数座到数十座山峰。每道山脉，均按照特定的走向依次记载每一座山的山名、里程、所出之水的名称、流向和归宿。每记一山一水，都会说明山上长什么草、什么树，山上有什么鸟、什么兽，水中有什么鱼类，山中和水里有什么金属、玉石和其他矿物资源，并且详细描述这些草木、鸟兽、鱼类的形态、习性和用途，说明草木长什么叶、开什么花、结什么果，鸟类、兽类、鱼类长什么样子，它们的身体、脑袋、面孔、角、耳朵、眼睛、鬃毛、羽毛、翅膀、爪子、尾巴等分别长什么样子，叫声是什么样子，吃了这些草木、动物可以治什么病，某些特殊的动物出现会引发什么样的后果……

整部《山经》，共如此这般地记录了447座山峦、254条河流，以及生活、蕴藏于这些山峦河流中的数百种野兽、飞鸟、水生动物，近百种草木，数十种矿物，数百种药物，尤其值得注意的是，这些记述极有条理，像记流水账一样按部就班，一一道来。这根本不像是独出心裁、异想天开的志怪或神话，而更像是一部精心规划、一五一十地记录各种自然资源的账本。

实际上，《山经》确实是一部记录自然资源的账本，或者叫自然资源调查报告。《山经》的最后有一段话，假托大禹的口吻对天下的土地面积和自然资源做了统计：

禹曰：天下名山，经五千三百七十山，六万四千五十六里，居地也。言其五臧，盖其余小山甚众，不足记云。天地之东西二万八千里，南北二万六千里，出水之山者八千里，受水者八千里，出铜之山四百六十七，出铁之山三千六百九十。此天地之所分壤树谷也，戈矛之所发也，刀铩之所起也，能者有余，拙者不足。

大禹说，天下有名的山，一共有5370座，这些山的总里程为64056里，这是可供人类居住生活的地方，并且都是蕴藏着各种宝藏的山。天下的山当然不止这些，但其余那些山没有宝藏，不值得记录。这些山中，产铜的山有467座，产铁的山有3690座，可用来制造兵器、工具。如果善于开发利用，就绰绰有余；如果不善于开发利用，就不够用。这段话作为整部《山经》的结语，明白无误地说明，《山经》就是一部国土资源调查报告，它记录了在什么地方的什么山中，有何种有用的自然资源可供开发利用。了解国土内都有何种资源可供开发，这是富国强兵、治国理政的基本条件。

大禹的这段话里提到"五臧"，"臧"通"藏"，五臧就是五类宝藏的意思，《山经》的全称本来就是《五臧山经》。至于五臧具体指哪五类宝藏，书中没有说明，很可能指草、木、鸟、兽、矿物这五类，《山经》中记载的这五类事物最多。

其实，"山经"或"五臧山经"的书名，并不是这部书本来的名字，这部书本来的名字是"山志"。《山经》五篇的结尾，都有一段文字，总结该篇一共记录了多少座山，总计多少里程。《南山经》的末尾写道："右南经之山志，大小凡四十山，万六千三百八十里。"意为："上文为在南方经过的山的记录，大、小山共40座，经过了16380里。""志"就是"记录"的意思，这部书记录了数百座山的方位、里程，以及生活于这些山里的草木鸟兽、蕴藏于这些山里的各种矿藏，这是一部名副其实的"山志"，可见，"山志"才是这部书本来的名字。至于"经"字，在原文里并不是经书、经典的意思，而是"经过"的意思。"南经之山志"的意思是在南方经过的山的记录，意味着这部书的作者确实亲身走过了他记录的这些山山水水，书中记录的那些动物、植物和矿物，就是他们在跋山涉水的旅途中亲眼所见，他们把看到的东西记录下来，就是这部"山志"。后来的抄书匠没有读懂这句话的意思，他们熟知古书常以"经"为名，如《诗经》《易经》等，误以为这里的"经"也是书名，因此把这部书错误地命名为"山经"。这个书名以讹传讹，一直传了下来，从来无人质疑。

古人一般把考察研究自然界各种动物、植物、矿物的学问称为博物学，把记载此类知识的书称为博物志，原名"山志"的《山经》，就是一部典型的山川博物志。

如果《山经》是一部基于作者亲身经历和亲眼观察的地理博物志，那么书中那些怪物又是怎么来的呢？难道他确实曾经目睹了这些长相千姿百态的怪物，而我们现在之所以看不到，则是因为这些怪物已经灭绝了吗？或者这些怪物只是作者毫无根据的杜撰？

其实，自然界中从来就没有怪物，古人也未曾见过怪物，他们也不会平白无故地杜撰怪

物，并一五一十、活灵活现地记录下来，上古时期没有后来那么方便的书写工具和材料，写书不容易，他们没有那些闲心在书中瞎扯。《山经》中那些在我们看来匪夷所思的怪物，原本都是自然界中真实存在的动物，其中很多也许我们今天在动物园还看得到，我们之所以把它们当成怪物，只是因为我们少见多怪，既缺乏古人那么丰富的博物知识，又读不懂古人记述博物的语言。只要我们具备相应的博物知识，并且了解古人博物记述的话语方式、读懂古人的语言，《山经》中的怪物立刻就会"现出原形"。比如《南山经》记录的一种生活于柢山中的怪物，原文是这样说的："有鱼焉，其状如牛，陵居，蛇尾有翼，其羽在魼下，其音如留牛，其名曰鯥，冬死而夏生，食之无肿疾。"它虽然被称为鱼，却长着牛的身体、蛇的尾巴、鸟的翅膀，两肋（胠）还长着羽毛，这是一种一身兼具鱼、牛、蛇、鸟数类动物特征的"拼合怪"，而且这明明是一种鱼，却住在山上，还能死而复生，冬天死了，到夏天又活了。自然界中怎么可能有这样完全违背动物分类规律和生态规律的动物，这分明就是一种凭空杜撰的怪物嘛！其实，这种怪物不是别的，就是我们熟悉的穿山甲。

　　穿山甲在古书中被称为"鲮鲤""龙鲤"，"鲮鲤""龙鲤"的发音都是从"鯥"而来，"鯥"可读作"陆"，也可读作"六"，《山海经》说鯥"其音如留牛"，并非说它叫起来像一种叫留牛的牛，而是说它的叫声像"留牛"二字的发音，这个发音也就是"六"或"陆"的发音。《山海经》中记载的很多动物名字都是来自它的叫声，这被称为"其名自呼"或"其名自叫"，穿山甲被命名为"鯥""鲮鲤""龙鲤"都是源自它的叫声。《山海经》关于鯥的长相的描述，乍看十分怪异，其实正是对穿山甲的真实写照。穿山甲像鱼一样浑身长着鳞片，还喜欢游泳嬉水，故被视为鱼类；穿山甲的个头很小，远远无法跟牛这种庞然大物相比，但穿山甲小头高背的体形，却跟牛的体形有几分相似，故说它"其状如牛"；穿山甲的尾巴很长，像蛇一样蜿蜒摆动，故说它"蛇尾"；穿山甲身上鳞片重叠，就像鸟的翅膀翎毛重叠，且披向身体的两边，故说它"有翼"；穿山甲的鳞片之间长着像鸟的绒毛一样细细的硬毛，身体的两边硬毛尤其密集，故说它"羽在魼下"，"魼下"即肋下；此外，《山经》的记述还谈到穿山甲的习性，穿山甲住在山上，故说它"陵居"，穿山甲善于装死，还有冬眠习性，仿佛冬天死了，天暖和后又复活了，故说它"冬死而夏生"。《山经》还记录了穿山甲的药用价值，说"食之无肿疾"，即吃穿山甲可以消肿化瘀。实际上，直到明代李时珍的《本草纲目》乃至现在的中医，都认为穿山甲有消肿化瘀的功效。因为穿山甲善于打洞，而身体的肿胀、淤积就是血脉或经脉不通的缘故，故古人相信吃了穿山甲就可以打通经脉，消肿化瘀。这套"缺什么吃什么、吃什么补什么"的传统医学观念，用现代医学的眼光看，当然没有什么道理，为了保护穿山甲和其他野生动物不受伤害，在继承、弘扬和发展传统医学的科学成分之同时，应该坚决拒绝、彻底抛弃这套顺势疗法的迷信。

　　明白了穿山甲是如何变成怪物的，也就知道《山经》中那些非驴非马、半人半兽、不伦不类的"拼合怪"是怎么来的了。古代的博物学家没有照相机、摄影机，他们看到一种陌生动物，想告诉别人这种动物长什么样，只能靠打比方，说这个动物的脑袋像什么、身体像什

么、尾巴像什么、叫声像什么等。如此这般，就把一只原本长得老实巴交的动物变成让人瞠目结舌的怪物了。

《山经》还有一类畸形怪兽。正常的动物只有一个脑袋，但《山经》常见长着好几个脑袋的动物；正常的鸟类只有两个翅膀，但《山经》中常见长着多个翅膀的鸟类；正常的兽类只有一条尾巴，但《山经》中常见长着好几条尾巴的野兽。我们可以把这类怪兽称为"畸形怪"。比如《北山经》的彭水中生活的一种儵鱼，"其状如鸡而赤毛，三尾、六足、四首，其音如鹊，食之可以已忧"。这是一种长相像鸡，长着三条尾巴、六只脚、四个脑袋的鱼，它生着红色的毛，叫起来像喜鹊。世界上显然不可能有这样的鱼，众所周知，鱼类只有一个脑袋，也不长脚，更不长羽毛。但古人对于鱼的概念比较宽泛，它们把凡是在水里游的都称为鱼，我们在今天仍习惯上把章鱼、鱿鱼、墨鱼等软体动物称为"鱼"。上面提到的这种动物叫儵鱼，"儵"字现在一般读作 shū，义同"倏"字，但《说文解字》中说"儵"指青黑色丝织品，读音是"从黑攸声"，攸读作 yōu。根据《说文解字》的解释，"儵"字是一个形声字，攸为声符，黑是义符，其义为黑，可见，"儵""黝"同义，都表示黑黝黝的意思。搞清了"儵"字的意思，儵鱼的真相也就呼之欲出了，儵鱼显然就是今天常见的鱿鱼。鱿鱼跟墨鱼一样，肚子里有墨汁，遇到危险会喷出墨汁来逃命，故古人将之命名为"儵鱼"。今天用鱿鱼称呼它，尽管保存了其最初的读音，但"鱿"字却没有反映出它会喷墨这一特征。鱿鱼、墨鱼、章鱼都是头足纲软体动物，鱿鱼、墨鱼是十腕目，章鱼是八腕目。鱿鱼有十条腕足，头部在腕足和身体之间，身体后部有两片鳍，古人大概把鱿鱼的头、肚子、两片鳍都当成了头，故说它"四首"；至于"三尾、六足"，当指鱿鱼的十条腕足；所谓"赤毛"，当指鱿鱼身上长着褐色的斑点。经文还说儵鱼"其状如鸡"，我们平时看到超市里卖的或烧烤摊上烤的鱿鱼，跟鸡的样子相差甚远，但鱿鱼在水中聚拢腕足、伸直身体、扇动两片尾鳍游动的样子，确实有几分像扇动翅膀的小鸡。综上所述，足以断定《山经》所说的儵鱼就是鱿鱼。幸好《说文解字》保存了"儵"字最初的读音，让我们将"儵鱼"跟鱿鱼联系起来，否则，根据《山经》的记述，这明明就是一种浑身长着红色的羽毛，长相有几分像鸡，长着三条尾巴、六条腿、四个脑袋的水怪嘛！现在的很多《山海经》插图和绘本，就根据经文的描述，老老实实地把儵鱼如此这般地画成了一个怪物。

明白了《山经》怪物的生成机制，你也可以看穿《山经》怪物的真面目了。不过，说起来容易，做起来却并不容易，要知道《山经》记载的那些奇鸟、异兽、怪鱼究竟是现实中的什么动物，除了需要有足够丰富的动物学、生物学知识，还需要了解古人观察动物的方式、描述动物的方法。由于古人对于动物的命名跟现在通行的动物名称往往相去甚远，因此要把《山经》中的动物与现实中的动物联系起来，还必须具备丰富的语言学、训诂学、文献学、文化史知识。

二

以上说的是《山经》，下面简单谈谈《海经》。《海经》又包括《海外经》《海内经》《大荒经》三部分，其中《海外经》《海内经》各有东、南、西、北四篇，《大荒经》有东、南、西、北、中五篇，它们以四方为序，分别记述了数十个海外方国的人种、山川、风物、神怪、异兽等。如果说《山经》中多山野怪兽，那么《海经》中就多异域怪人。《海经》记录的几十个国家，分布在东、南、西、北四方，一个个都长得歪瓜裂枣，不是缺胳膊少腿，就是多长了几个脑袋、几个身子，没几个是正常人类。看看这些国家的名字，其不拘一格的形象就一目了然，如什么大人国、小人国、三首国、三身国、一臂国、一目国、长臂国、长股国、歧舌国、无肠国……大人国的人都是巨人，小人国的人都是侏儒，三首国的人一个身子上顶三个脑瓜，三身国的人则是一个脑瓜下有三个身体，一臂国的人只有一条胳膊，一目国的人只有一只眼睛，长臂国的人手臂特别长，长股国的人有一双大长腿，歧舌国的人舌头像蛇信子一样分叉，无肠国的人肚子里没有肠子。除此之外，还有浑身长满羽毛的羽民国、长着鸟头鸟嘴鸟翅膀的讙头国、口中吐火的厌火国、国人都长着鸡胸的结匈国、胸口有一个洞的穿胸国、两条小腿总是交叉在一起的交胫国、只有一只手臂却有三只眼的奇肱国、只有女人的女人国、只有男人的丈夫国、总是用双手撮着一双大耳朵的聂耳国、浑身生毛的毛民国、长着一口漆黑的牙齿喜欢吃蛇的黑齿国……可谓千奇百怪，各领风骚。古人见识不多，相信海外异域果真存在这样一些奇怪的人种和国度，现代人见多识广，走遍天涯海角，也没见到这般怪异之人，因此认为《海经》的记载是少见多怪的古人纯凭想象瞎编乱造的。然而，古人是出于何种动机、为了何种目的编造这样一些子虚乌有的怪异国度，并且头头是道、郑重其事地著于简帛、传诸后世？要知道，上古时期写一本书可不像我们现在这么轻而易举，古人写书用竹简，一支竹简上写不了几个字，因此，古人只会把那些他们认为重要的、值得记载下来流传后世的知识和想法写下来，如果《海经》记载的那些怪异内容只是古人一时心血来潮的胡思乱想，又何必像煞有介事地写出来呢？然而，如果不是出自古人的胡思乱想，《海经》中记载的那些子虚乌有的三首国、三身国、一臂国、一目国之类，又是什么来历呢？

要弄清《海经》中这些怪异之人的来历，首先要清楚《海经》这部书的来历。我们今天看到的《海经》文本，其实是"看图说话"，也就是说，这部书是先有图，后有书，我们看到的文字是对一幅图画上内容的记述和解释。这一点从《海经》的内容多为静态的刻画而少见动态的记叙就可以看出来，以《海外南经》开头一段为例：

海外自西南陬至东南陬者：
结匈国在其西南，其为人结匈。
南山在其东南。自此山来，虫为蛇，蛇号为鱼……

比翼鸟在其东，其为鸟青、赤，两鸟比翼……
羽民国在其东南，其为人长头，身生羽……
有神人二八，连臂，为帝司夜于此野。在羽民东。其为人小颊赤肩。尽十六人。
毕方鸟在其东，青水西，其为鸟人面一脚……
讙头国在其南，其为人人面有翼，鸟喙，方捕鱼……

这段文字从头到尾都只见对人物和怪物形象的静态刻画，而没有关于时间性、动态性的记叙。尤其值得注意的是，在记述讙头国时，说它"方捕鱼"，即正在捕鱼，这是关于动作的描写，却没有记叙一连串动作的进程，而只是记录此时此刻的一个动作（方捕鱼），如同电影中的一个定格镜头。整部《海外经》内容，基本上是由一系列静态画面和定格镜头构成的，它所呈现出的就是一个由各种形象怪异的人物及其特异的动作姿态组成的一幅光怪陆离的画卷，也就是说，《海外经》就是一篇"看图说话"。

图画一般是四方形的，上面这段引文的开头一句，"海外自西南陬至东南陬者"，意思就是说《海外南经》记述的是从西南陬到东南陬的画面内容，亦即图画南方的画面内容。同理，《海外西经》开头说"海外自西南陬至西北陬者"，《海外北经》开头说："海外自东北陬至西北陬者"，《海外东经》开头说"海外自东南陬至东北陬者"，意味着这三篇分别记述的是图画西方（从图画西南陬到西北陬）、北方（从图画东北陬到西北陬）、东方（从图画东南陬到东北陬）的画面内容。

《海外经》之所以叫"海外"经，因为它记述的只是这幅图画外围四周的画面，这幅图画中央的画面内容，则记录在《海外经》后面的《海内经》中。《海内经》也分四篇，各篇开头也分别有类似的一句，《海内南经》说"海内东南陬以西者"，《海内西经》说"海内西南陬以北者"，《海内北经》说"海内西北陬以东者"，《海内东经》说"海内东北陬以南者"，说明它们分别记述了图画中央画面的南部、西部、北部、东部的画面内容，因为这四篇记录的是图画内部的画面内容，故称为《海内经》。《海外经》四篇和《海内经》四篇分别记述了同一幅图画的外围和中央的画面内容，它们共同构成一个完整的画面。

《大荒经》是对另一幅图画内容的记述。《大荒经》一共有五篇，即《大荒东经》《大荒南经》《大荒西经》《大荒北经》《海内经》，前四篇分别记述图画外围的东、南、西、北四方的画面内容，《海内经》记述的是图画中央画面的内容，其《海内经》只有一篇，没有分为四篇。

《海经》是"看图说话"，《海经》中出现的那些远国异人，就源自古代那位"看图说话"者对画面的误解。看《海经》的记述，说哪个地方有个什么国，哪个地方有座什么山，哪个地方有个什么人，很容易认为它依据的图画是一幅地图。实际上，那幅图画并非单纯的地图，而是一幅将时间与空间、天文与地理合为一体的"时间地图"，画面中的内容不仅与地理和空间有关，还跟天文和时间有关。《海经》的作者，即那位我们不知道姓甚名谁的看图

说话者，就是因为不了解这幅图画的"时间性"，才误解了这幅图画，并造出了种种怪人和怪物。

《海外经》记载的四方之神就足以表明它所依据的图画与时间的关系。四方之神分别是：

> 东方句芒，鸟身人面，乘两龙。
> 南方祝融，兽身人面，乘两龙。
> 西方蓐收，左耳有蛇，乘两龙。
> 北方禺彊，人面鸟身，珥两青蛇，践两赤蛇。

它们分别见于《海外东经》《海外南经》《海外西经》《海外北经》的末尾。在其他古书里，这四方之神被称为四时之神，句芒是春天之神，祝融是夏天之神，蓐收是秋天之神，禺彊在其他书里又称为玄冥，是冬天之神，它们分别代表春、夏、秋、冬四个季节。实际上，这四个神的名字，本义就源于四个季节："句芒"意为春天草木萌发的样子，"句"义同"勾"，指萌芽像豆芽一样弯曲着冒出地面，"芒"则指萌芽像针芒一样直直地钻出地面；"祝融"的本义指光明，又写作"朱明"，意为夏天太阳炽烈、白昼漫长；"蓐收"意为秋天是收获的季节，"蓐"通"农"[①]，蓐收就是农收、秋收；"玄冥"则意为冬天白昼短促、天色晦暗，"玄"意为黑，"冥"意为晦暗无光。可见，句芒、祝融、蓐收、玄冥（禺彊）原本是象征春、夏、秋、冬四时，是四时之神。[②] 四时之神见于《海外经》四方，表明《海外经》所据图画的内容跟时间有关。

《大荒经》记载了七对日出日落之山，表明其所据图画也跟时间有关。《大荒东经》有七座日月所出之山，分别为大言之山、合虚之山、明星之山、鞠陵于天、孽摇頵羝、猗天苏门、壑明俊疾，《大荒西经》有七座日月所入之山，分别为柜格之松、丰沮玉门、龙山、日月山、鏖鏊钜、常阳之山、大荒之山。东方的日出之山为早晨太阳升起的地方，西方的日入之山为黄昏太阳落下的地方。我们知道，由于地球围绕太阳公转，太阳在一年当中在南、北回归线之间往返一次，上半年自南向北，下半年自北向南，一年十二个月，上半年和下半年各六个月。《大荒经》记载的这七对位于东、西方地平线上的日出、日落之山，就是标志太阳每个月升起和落下方位的，七对山划分了六个区间，正好对应于六个月。上半年六个月，太阳从南向北依次经过这七对山；下半年六个月，太阳从北向南再次经过这七对山。古人没有现成的月份牌定月份、定节气，但他们只要朝看日出、暮看日落，看看太阳在哪个山头上升起或落下，就可以知道月份和节气，就可以判断岁月流转、季节变化，知道该安排什么农事，该祭祀哪位神灵。《大荒经》记载的这七对日月出入之山，就是时间的标志，表明

---

① "蓐"字由艹、辰、寸三部分构成，古代用锋利的蚌壳作镰刀，"辰"就象征蚌壳，"寸"的象形文字是右手，"艹"象征庄稼，"蓐"字即象征手持蚌壳收割庄稼，所以"蓐收"就是收割、秋收的意思。
② 詹鄞鑫：《神灵与祭祀》，江苏古籍出版社，1992年，第43页。

《大荒经》的图画内容也跟时间有关。

《海外经》《大荒经》的图画，把时间与空间、地理与天文统一起来，将四方对应于四时，图画的四方，不仅描绘了四方的山川、方国，也描绘了四时的天象、物候、农事和岁时节日的庆典、祭祀活动场景。也就是说，这两幅图画不仅是地图，同时还是历法图、天文图，是以图画形式呈现的天文、物候、农时知识。但如果不了解这些图画与天象、物候、农事、节庆的关系，就很容易造成对画面内容的误解，而误解就是怪物的诞生之地。

简单举几个例子。《海外东经》有一个怪兽叫虹虹，其形象是"各有两首"，这是一个前后各长着一个脑袋的怪兽。"虹"是"虹"的异体字，这个双头怪兽就是彩虹，甲骨文中的"虹"字就画成一条弧形的龙，弧形的两端各有一个龙头。古人将雨后彩虹想象成一条两头朝下的双头龙，龙垂下脑袋在河里饮水，就变成了雨水。《海外东经》记述的是图画东方的画面，反映了一系列与春天有关的场景。春末的一个重要节气是谷雨，标志着春末夏初，雨季即将开始。《海外东经》中虹虹的位置，靠近图画的东偏南方位，正相当于春末的时节，因此，可以断定，图画中描绘的这个彩虹场景，旨在表明春末雨水开始增多、彩虹经常出现。

《海外南经》有一个歧舌国，书中没有说歧舌国的形象，顾名思义，歧舌的意思就是指舌头分叉。歧舌国与羿杀凿齿的场景相邻，在《大荒南经》中，也有同样的羿杀凿齿场景，表明《大荒南经》与《海外南经》的内容有重合之处。《大荒南经》中与羿杀凿齿场景相邻有一个蜮民之国，图中画着一个人正在射蜮，"蜮"字通"蝈"，蝈，即古书中之青蛙，"蜮""蝈"的本义表示青蛙呱呱聒噪的叫声。青蛙有一个特征，就是舌头分叉，青蛙就是用舌头的分叉灵巧地捕捉飞虫。明白了这一点，我们就知道《海外南经》中歧舌国的真相了，歧舌国就是蜮民之国，蜮民就是青蛙，因为青蛙舌头分叉，所以古人又称之为歧舌。《海外南经》的歧舌国，表明在画面中画着一个青蛙的形象。《海外南经》记述的是图画南方的场景，对应于夏天，歧舌国的场景在《海外南经》偏东的位置，大体相当于四月份。四月份正是夏初雨季开始的时候，随着雨季的到来，青蛙也开始求偶繁殖，因此昼夜聒噪吵闹，古人因此将青蛙聒噪当成四月立夏的物候标志。《礼记·月令》是一部系统记载古代历法、物候、农时、岁时仪式的文献，它记载四月的物候，就有"蝼蝈鸣"，蝼蝈就是青蛙。图画中画着一只青蛙，用意就在表明初夏时节青蛙开始聒噪，炎热、多雨的夏天来到了。但那位看图说话的作者不知道这幅图画是一幅"时间地图"，把它当成了单纯的"空间地图"，误将作为时间标志的青蛙当成了一个国家的标志，因此望文生义地生造出了一个歧舌国或蜮民之国。

四月之后是五月，初夏之后是仲夏，五月仲夏是一年中光照最强烈、天气最炎热的时节，也是雨水最为丰沛、农作物生长最需要雨水的时候。这个季节如果发生干旱天气，就会导致农作物歉收，粮食减产，这在靠天吃饭的古代，会导致灾难性的后果。所以，一旦遇到干旱天气，古人就要举行祈雨仪式，向天求雨，古人将求雨仪式称为"雩祀"，《礼记·月令》就记载了古人在仲夏五月举行雩祀的习俗："命有司为民祈祀山川百源，大雩帝，用盛

乐。乃命百县，雩祀百辟卿士有益于民者，以祈谷实。"天子命令专门负责求雨的官员祭祀名山、大川、泉源求雨，并举行雩祀仪式，用隆重的歌舞活动祭祀上帝，各地官员也带领百姓举行求雨仪式，祭祀各路神灵，祈求风调雨顺，五谷丰收。大概是因为古人发现下雨的时候水鸟会经常出现，相信水鸟能带来雨水，因此，他们举行求雨仪式时，都要戴着羽冠、穿着羽衣，打扮成水鸟的样子，甚至跳起模仿水鸟动作的舞蹈，用模仿巫术招致甘霖。雩祀求雨的场景在《海外经》图画中有生动的写照，《海外南经》记述了一系列"鸟人"形象：

> 比翼鸟在其东，其为鸟青、赤，两鸟比翼……
> 羽民国在其东南，其为人长头，身生羽……
> 有神人二八，连臂，为帝司夜于此野。在羽民东。其为人小颊赤肩，尽十六人。
> 毕方鸟在其东，青水西，其为鸟人面一脚……
> 讙头国在其南，其为人人面有翼，鸟喙，方捕鱼……

这描绘的就是求雨仪式场景。比翼鸟，图画中画着的两只并肩而飞的鸟，这很可能是一对鸳鸯，鸳鸯的雌鸟雄鸟形影不离，出双入对，比翼而飞；比翼鸟有青色、有红色，鸳鸯的羽毛正有青色、有红色；鸳鸯是水鸟，夏天雨季常见。羽民国的人身上长着羽毛，其实就是身穿羽衣、打扮成水鸟的巫师，他正在作法求雨。神人二八，一共十六人，分成两队，每队八人，故称二八；他们手拉着手，正在通宵达旦地为上帝跳舞，希望老天爷能普降甘霖。毕方鸟，人面鸟身，只有一只脚，这很可能是仙鹤、苍鹭之类的水鸟，它们都喜欢用一条腿独立；也可能是人装扮的水鸟，用意也是在求雨。讙头国的人长着人面、鸟嘴，还长着鸟的翅膀，正在水里捕鱼，也是水鸟的形象；但书中说讙头国人长着人脸，也有可能是身穿羽衣、打扮成水鸟形象的巫师。《海外南经》描绘的是图画的南方画面，在时间上对应于夏季，上面这一系列场景位于《海外南经》中间偏西位置，在时间上相当于仲夏之后的农历五、六月之间。比翼鸟、羽民国、二八神、毕方鸟、讙头国这一系列场景，反映的就是仲夏时节雩祀祈雨仪式。然而，由于那位看图说话的作者不了解这幅图画与时间的关系，误将这幅图画当成地图，误以为这一系列场景描绘的是远国异物，于是把身披羽衣的巫师当成了身生羽毛的羽民国，把祭祀活动中手拉手载歌载舞的舞队当成十六位神，把一只独腿而立的水鸟当成只有一条腿的怪鸟毕方鸟，把另一只正在捕鱼的水鸟或打扮成水鸟形象的巫师说成鸟头国（讙头国）。

除了太阳、月亮，古人还观察星象的运行以确定时间，《海外经》《大荒经》图画既然是"时间图画"，图中出现星象图像就是顺理成章的。正如西方古代天文学把星座想象、命名、描绘为天上的怪兽一样，华夏先民也把星象想象、命名、描绘为天上的神兽。中国古代天文学将靠近黄道的群星按照方位划分为四象，称为东方苍龙、南方朱雀、西方白虎、北方玄武，就是四种神兽。《海经》出现的好几种怪兽，就是图画中描绘的星象图像，如东方其

声如雷的夔龙、南方能带来雨水的应龙、西方身长千里的烛龙、北方的九头蛇怪相柳，就是不同季节的苍龙星象的化身；朝阳之谷有八首人面、虎身十尾的天吴，昆仑山上有九首、人面、虎身的开明兽，这些虎形神兽，都是白虎星象的化身。《海内北经》说舜帝的妻子登北氏生了宵明、烛光两个女儿，两个女儿的光芒照耀着北方的夜空。登北氏就是北斗星，因为北斗星一直悬在北方的地平线之上，故称为登北氏。宵明、烛光应该是北方夜空中两颗最为明亮的星星，宵明可能是织女星，因为织女星非常明亮，是北方夜空中最亮的星星；烛光可能是大角星，因为大角星的光芒呈橘黄色，就像天上的一把火烛。[①] 由此可见，《海外经》《大荒经》所依据的图画，不仅是地图，还是天文图，但那位看图说话者不了解这一点，因此误将星象当生灵，把天上的神兽当成了地上的怪兽。

明白了《海经》原本是"看图说话"，明白了其所据图画的性质，明白了那位看图说话者误解了这幅图画，也就搞清楚了《海经》中那些远国异人的来历。用这种眼光再回过头来看《海经》，就不会把它当成仅仅是古人胡思乱想、胡编乱造的产物了。《海外经》和《大荒经》所依据的那两幅地图，来历极其古老，内容十分丰富。它们不仅关乎地理，还关乎天文；不仅描绘了天下的山峦、河流和都邑，还描绘了天上的太阳、月亮和星座；不仅关乎空间，还关乎时间；不仅描绘了大地四方的国家、人种和风土人情，还描绘了一年四时的物候、农事和祭祀仪式。"往古来今谓之宙，四方上下谓之宇"（《淮南子·齐俗训》），合时间和空间为一体，就是宇宙，《海经》图画就是一幅将时间与空间、岁月与山川、天文与地理融为一体、绘于一图的"宇宙图志"。华夏先民取法自然，"仰则观象于天，俯则观法于地"（《易传》），《海外经》《大荒经》图画所呈现的就是他们眼中天地玄黄、宇宙洪荒的宏伟图景。

三

《山海经》一直被视为怪物之书，这一长期流传的偏见大大歪曲了《山海经》的真相，掩盖了《山海经》的性质，妨碍了对《山海经》的研究和认识。上面分别解释了《山经》中的怪鸟异兽和《海经》中的远国异人的来历，旨在说明这些怪物和怪人并非《山海经》本来所具有，只是后人强加给《山海经》的误解，从而消除长期以来视《山海经》为怪物之书的偏见，为准确阅读、理解《山海经》扫清障碍。

我们通过上面的分析得出的关于《山经》和《海经》的认识，可简单概括如下。

《山经》是一本基于实地考察和客观记录的国土资源调查报告，它详细地记录了生活于近500座山、200多条河流中的数百种动物、植物和矿物的形态、功用、药用价值，是流

[①] 限于篇幅，《山海经》中的星象内容在此无法细说，拙作《失落的天书》（增订版）和《〈山海经〉的世界》两书中有详论，可以参看。

传至今的历史上第一部基于实地考察、系统记录的地理博物志。《山经》中那些在我们看来奇形怪状、不伦不类的怪物异兽，都是自然界中真实存在的鸟兽，只是我们不了解古人的博物记述体例，少见多怪，才把它们当成了怪兽。

《海经》的《海外经》和《大荒经》分别是对两幅图画内容的记述，这两幅图画兼具空间性和时间性，它们的四方既对应于地理的四方，又对应于一年的四季，图中既描绘了海外四方的地理景观，又描绘了一年四季的日月、星象、物候和宗教活动，是一幅融天文、地理、人种、宗教、神话等内容于一图的宇宙图志。由于写作《海经》的"看图说话"者理解不了这两幅图画的性质，尤其是不了解其画面内容与时间的关系，因此误将图画四周那些原本表示物候、农事、岁时仪式的场景误解为身体畸形、长相怪异的远国异人。

现在，我们既然知道《山经》是一部地理博物志，那么我们在读《山经》时就应该把它当成一部博物志来读，搞清楚书中的那些乍看起来面目怪异、名称罕见的奇鸟、异兽、怪鱼以及奇草、异木，究竟是现实中何种动物、何种植物。我们既然知道《海经》是对一部宇宙图志的看图说话，这幅图中既包含地理、空间内容，也包含天文、时间内容，那么，在读《海经》时就应该时刻留意文本与图画的关系。首先透过文本了解其所记述的画面场景，然后，反过来根据画面场景解读文本记述，区别其中的地理性内容和时间性内容，经文中那些难以从地理、空间角度理解的记述，如果从天文、时间的角度来理解，可能就迎刃而解了。

尽管前人早就知道《山经》是地理博物志，比如汉代学者刘歆曾奉天子旨意率领几位学者校订《山海经》，他在校订完成后写给天子的《上山海经表》中，概括了《山海经》的内容："内别五方之山，外分八方之海，纪其珍宝奇物，异方之所生，水土、草木、禽兽、昆虫、麟凤之所止，祯祥之所隐，及四海之外、绝域之国、殊类之人。""纪其珍宝奇物，异方之所生，水土、草木、禽兽、昆虫、麟凤之所止，祯祥之所隐"指的就是《山经》的内容，刘歆显然是把《山经》视为一部记载山川、草木、鸟兽的地理博物志。前人也早已认识到《海经》是"看图说话"，宋代大儒朱熹就指出《山海经》经文"记诸异物飞走之类，多云'东向'，或云'东首'，皆为一定而不易之形"，推测其书"本依图画而为之，非实纪载此处有此物也"（《朱文公文集》卷七十一）。至于《海经》与天文学的关系，清代学者陈逢衡也已经注意到了，陈逢衡撰有《山海经汇说》一书，他注意到《大荒东经》有一系列日月所出之山，《大荒西经》有一系列日月所入之山，认为这些山是用于观测日、月出入度数的坐标点。然而，由于视《山海经》为怪物之书的偏见根深蒂固，前人的这些真知灼见并没有得到应有的重视，即使这些学者本人，也没有把他们的认识上升到方法论的高度，用以指导对《山海经》的注释和阐释。

西晋学者郭璞是第一位全面注释《山海经》的学者，他虽然批评世人因为《山海经》内容闳诞迂夸、多奇怪俶傥之言而怀疑其真实性，但他认为大千世界无奇不有，相信《山海经》所记荒诞怪异之物都是世间实有，只是因为世人少见多怪才把它们当成怪物。因此，郭璞的《山海经》注，其初创之功虽不可抹杀，但他以一种猎奇的态度，专门着意于书中的荒

诞怪异之物、闳诞迂夸之言，开启了后世以猎奇眼光注解、阐发《山海经》的先河。正因为《山海经》被当成志怪之书，难登大雅之堂，因此在郭璞之后，虽经文化繁荣、学术发达的唐、宋两朝，但对于《山海经》的研究、注解几乎仍是空白的。直到明代中叶，才出现了两种《山海经》新注，即王崇庆（1484—1565）《山海经释义》和杨慎（1488—1559）《山海经补注》，所津津乐道的无非其中那些荒诞离奇的内容，即所谓"山之奇、水之奇、草之奇、木之奇、禽之奇、兽之奇"（杨慎《山海经后序》）。

清初学者吴任臣（1632—1689）的《山海经广注》，沿袭明人好奇之风而变本加厉，他认为《山海经》"实博物之权舆，异苑之嚆矢"。其注释博采诸子、小说、杂记中的奇闻异事，用以与《山海经》奇物异事相比附，不脱猎奇谭怪之习。清代学术至乾嘉之际，考据之学大盛，因此，乾嘉学者对于《山海经》的看法为之一变，注释《山海经》也开始把目光从奇怪之物、荒诞之言转向了地理、博物内容，其中尤为突出者是毕沅和郝懿行，二人均为学术大家。毕沅（1730—1797）《山海经新校正》根据《汉书·地理志》《水经注》等古地理书，并结合自己的实地考察，考证《山海经》所记山川的地域方位。郝懿行（1757—1825）则长于训诂、名物考证，他广泛参考《尔雅》《神农本草》《本草纲目》等古代博物学著作和历代文献、类书、辞书所引《山海经》内容，对《山海经》的文字进行了细致的校订，对书中所记草木鸟兽具体所指何物做了大量考证，堪称《山海经》博物学研究的开创者。但是，以《山海经》为怪物之书的偏见根深蒂固，仅凭毕沅、郝懿行等少数几位学者的努力，无从动摇这一偏见，清代官修的《四库全书总目提要》说《山海经》"序述山水，多参以神怪"，因此拒绝承认其地理学价值，视之为"小说之最古者"，干脆将之归于小说之列，这才是清人对于《山海经》的主流观点。

清人以《山海经》为"小说之最古者"的观点，直接影响了鲁迅先生，他的《中国小说史略》一书是中国古代小说史研究的开山之作，书中即以《山海经》作为中国小说史的开端。现代学者中，以神话学家袁珂先生对《山海经》用功最深，其《山海经校注》在郭璞注和清人注疏的基础上，博采众长，推陈出新，是迄今流传最广、最受读者欢迎的一个《山海经》注本。但袁珂先生对于《山海经》，主要关注其中的神话内容，因此他的注释也主要侧重神话内容较为丰富的《海经》部分，对于《山经》部分则未加用心，故其《山海经校注》一书中，《海经》称为"新释"，阐释神话确实新意叠见，而《山经》部分只有"柬释"（简释），仅限于转述郭璞、郝懿行等人的旧注，个人创见不多。

近些年来，不仅学术界对于《山海经》的研究热情日益高涨，一般读者对于《山海经》也越来越热衷，关于《山海经》的新注本层出不穷，不下数十种。但这些注本大半是因应图书市场的需要而仓促成书，注释者大多并没有对《山海经》做过专门研究，甚至缺乏注释古典文献所应具备的基本的文史知识，对于书中奇鸟异兽、远方异人之类怪诞内容的解释，无非沿袭旧说，抄撮文献，并无多少新意。有些面向青少年的《山海经》通俗读物，甚至刻意迎合读者猎奇心理，专门围绕着书中的怪诞内容大做文章，借题发挥，故弄玄虚，完全把

《山海经》当成怪物志、妖兽录来解读，非但无助于读者理解《山海经》，反而越发歪曲了《山海经》的本来面目。

不过，在众多《山海经》新注本中，也出现了几种能够摆脱猎奇眼光和流行偏见，从地理博物学的角度解读《山海经》的著作。历来考证《山海经》地理者，往往简单地以后世疆域对应上古疆域，以后世地名比附《山海经》地名，不了解古今地理的沿革、地名的变异，尤其对《山海经》地理知识形态的特殊性缺乏透彻了解，新出的几种专注《山海经》山川地理的注本也同样难免这一毛病，故其山川地理的考证大都缺乏根据，对于一般读者了解《山海经》也没有什么帮助。历来的《山海经》注本，尽管都会涉及其中的博物学内容，尤其是郝懿行的《山海经笺疏》，对于草木鸟兽之名的考证尤为用心，但专门从事《山海经》博物学考证的注本尚不多见。不过，近年来却出现了两种专注《山海经》博物学考证的注本，即郭郛《山海经注证》和李仕琼《〈山海经〉动植物初证》。这两位作者都是生物学出身，具有现代生物分类学知识，因此较之文史学科的研究者，更能够了解《山海经》的博物学价值，故专门针对书中动物、植物进行注释、解说，将书中记载的动物、植物一一指明其所指今为何物，并说明其所指的动物、植物的纲、目、科、属及其形态、习性、分布地、用途等，对于揭示《山海经》尤其是《山经》部分的地理博物学真相、帮助读者了解《山海经》博物学记载的科学价值颇有助益。然而，由于《山海经》成书极为古老，古人对于动、植物的观察、记述、分类和命名方式都与现在相去甚远，比如，古人把凡是天上飞的，包括鼯鼠、蝙蝠之类都称为鸟，把水里游的、长鳞片的，包括海豹、水獭、鳄鱼、穿山甲之类都称为鱼。由于语音变化、方言差异、文字变迁，古今动、植物名称的变化非常复杂，要穿透古今语言的密林，跨越横亘在《山海经》与现代生物学之间的巨大鸿沟，离不开文化史、科学史、文献学、语言学、历史学、民俗学等方面的知识，还需要对《山海经》一书的性质和体例及其成书和流传的历史有深入准确的了解。但纯粹的生物学者在这些方面往往有所欠缺，故在将《山海经》中的动、植物与现实中的动、植物品种相对应时，难免失之武断。例如《山经》中出现的第一种草，即《南次一经》首山招摇之山上的祝余，经文描述其形态"其状如韭而青花"，其用途为"食之不饥"，郭、李两书都认为是指山韭菜。山韭菜确实其状如韭，但经文特意强调祝余"食之不饥"的功能，更可能指本草药物中常见的麦冬。麦冬叶片细长而簇生，很像韭菜，故又名羊韭、马韭；麦冬开白色、绿色、淡紫色小花，与经文所言"青花"相合；有膨大的块根，为常用中药，古人遭遇荒年的时候常用来充饥，故又称禹余粮。由此可见，祝余更有可能是麦冬。又如《南次一经》第四座山杻阳之山上有一种野兽，"其状如马而白首，其文如虎而赤尾，其音如谣，其名曰鹿蜀，佩之宜子孙"。郭郛据"其文如虎"，断定鹿蜀为斑马，但斑马现仅生存于非洲，考古发现和文献记载都没有任何证据证明在历史时期内中国有斑马存在。李仕琼则认为鹿蜀可能是长颈鹿科动物霍加狓，霍加狓的颈部和四肢均有明显的虎斑状花纹，但霍加狓仅见于非洲刚果东部的热带雨林和高山森林中，在上古时期也不可能见于中国。无论以鹿蜀为斑马，还是为霍加狓，都是不顾自然生态

和文化背景而简单比附，这种简单化的解释无助于对《山海经》的了解。实际上，古人对于动物的描述用语往往比较笼统，但全面认识其各方面的描述，还是不难判断其所指为何物。所谓"其文如虎"，就不能过于拘泥，认定此兽身上长着跟老虎一模一样的条状花纹，"其文如虎"可能泛指身上有明显的斑纹，鹿科动物中，梅花鹿的花纹最为明显。梅花鹿的头部颜色较浅，故可以说它是"白首"；尾巴与身上的颜色差不多，都是褐色，可说是"赤尾"；《诗经·小雅·鹿鸣》云："呦呦鹿鸣，食野之苹"，可作为鹿蜀"其音如谣"的注脚；至于"佩之宜子孙"，大概意为将鹿蜀的角或皮、骨之类佩戴在身上，有助于促进生育能力。《诗经·周南·麟之趾》云："麟之趾，振振公子……麟之定，振振公姓……麟之角，振振公族。"麟本义指公鹿，并非传说中的神兽麒麟。这首诗就是通过列举麟的蹄子、额头、鹿角，祝颂公侯贵族子孙众多、家业兴旺，可见古人确实将麟或鹿作为象征多子多孙的吉祥物，后来麒麟送子的观念就是由此发展而来的。全面理解《山经》关于鹿蜀形态、叫声、效用的记述，不难判断它很可能就是中国常见的梅花鹿，完全没有必要牵扯到远在非洲大陆的斑马或霍加狓。这两种注本中因为忽视生态环境和文化语境，缺乏文化史、文献学知识而导致的误解不在少数。由此可见，知易行难，知道《山经》是地理博物志是一回事，真正揭示其所记动、植物的真相，则是另一回事。

鉴于前人对《山经》博物学内容的认识尚有种种不足，本书对于《山经》的解释着重其中那些最令人困惑、最容易引起误解的异鸟怪兽，力求揭示其原本平凡的本来面目。本书的名物考释，广泛参考了包括《诗经》注疏、《尔雅》注疏、《说文解字》、《神农本草经》、《本草纲目》等古代博物学、训诂学、本草学典籍，并酌情参考吴任臣《山海经广注》、毕沅《山海经新校正》、郝懿行《山海经笺疏》、袁珂《山海经校注》、郭郛《山海经注证》、李仕琼《〈山海经〉动植物初证》等注本，充分利用各类动物图册以及中国动物志、中国植物志数据库等现代学术工具，尽量做到持之有故、言之成理。对于由于资料不足而无法了解的，则本着多闻阙疑的态度，置而不论，以免谬种流传，误导后人。

至于《海经》，其文本是源于对图画内容的记述，而其所依据的图画现已不可得见。现在我们看到的那些古本《山海经》插图，都是明、清时期所绘，对于理解《海经》古图的画面构成、内容和意义并无多大帮助，反倒会造成误解。有鉴于此，本书对于《海经》的注释，主要侧重于文本内容与图画之间关系的解说，借文本以重建画面，然后据画面以解读文本，说明文本中某条记载在图画中的位置、图像构成及其画面内涵。如前所述，《海经》图像原本跟天文和时间有关，同样由于篇幅和读者对象的限制，本书不可能对《海经》涉及天文、星象、物候、宗教仪式的内容一一详加论述，对这方面内容感兴趣的读者，可以参考我在《失落的天书》和《众神的山川》两书中的相关论述。

最后，对本书的文本体例略加说明。

1. 本书所用《山海经》原文据宋淳熙七年池阳郡斋刻本《山海经》郭璞注，这是现在最早的《山海经》版本。为便于现代读者阅读，本书一概用简体汉字，但地名、动植物名以

及个别有特殊含义的古体字、异体字予以保留。原文中的错讹、脱漏之处，在注释中简单说明。个别明显可见的错讹字则径加改正。

2. 由于不了解《海经》为述图文本，尤其是《大荒经》文本中没有说明各个条目在图画中的方位，故宋本及通行各本的《大荒经》分段缺乏条理，无法体现文本与图画之间的位置关系。本书则根据《大荒经》的记述体例，恢复了文本与图画之间的关系，并根据这一关系对《大荒经》文本重新进行分段，详见本书《大荒经》第一条注释。

3. 尽管本书着重动物、植物的名物训诂和图文关系的阐发，但为了帮助读者全面了解《山海经》内容，本书对于某些令人费解或容易引起误解的字词、文句，以及某些与文化史、神话学、宗教史问题相关的条目，也做了简明扼要的注解，故本书实为一个综合性的《山海经》简明读本。

4. 本书对动物、植物的名物训诂和字词、文句的解释，尽量简明扼要地说明立论的根据。但是，由于本书体例和字数限制，且主要针对一般读者，故不得不将史料依据和论证过程大大简化，对于基本上已成定论的条目，不做论证直接给出结论，这是需要向读者说明的。

《山海经》是华夏先贤留给我们的一座文化宝库，希望这本书能够为广大读者提供一把打开这座文化宝库的钥匙。

刘宗迪
2023 年 2 月
北京

山经

卷一

南山经

南次二经

《南山经》之首曰䧿山①。其首曰招摇之山，临于西海之上②，多桂，多金、玉。有草焉，其状如韭而青花，其名曰祝余③，食之不饥。有木焉，其状如榖④而黑理⑤，其华四照⑥，其名曰迷榖，佩之不迷⑦。有兽焉，其状如禺而白耳⑧，伏行人走⑨，其名曰狌狌⑩，食之善走⑪。丽䃳之水出焉⑫，而西流注于海，其中多育沛⑬，佩之无瘕疾⑭。

注释

❶ 䧿山：即鹊山，"䧿"是"鹊"的异体字。
❷ 西海：中国西部无海，"西海"当指湖泊。
❸ 祝余：即麦冬。麦冬是天门冬科沿阶草属多年生常绿草本植物，又称麦门冬，其叶簇生，很像韭菜，故说"其状如韭"，开白花、绿花或淡紫色花，其块根可以食用，古人常用以救荒，故说"食之不饥"。
❹ 榖：即构树，又称楮树、榖桑、楮桑等，桑科落叶乔木，叶片阔大，树冠披散，为中国南北各地常见的园林绿化树木。
❺ 黑理：指树木的木纹呈黑色。
❻ 其华四照："华"同"花"。"其华四照"当指构树果实的样子。构树果实为明艳的橙红色聚花形果，很容易被误认为花，聚花果呈放射状，像光芒四射的样子，故谓之"四照"。
❼ 佩之不迷：因为榖树的果实像光芒四射，故古人相信把它佩戴在身上，可以心明眼亮不迷惑，所以此树被称为"迷榖"。
❽ 禺（yù）：古书中的禺指长尾猴。我国所有的灵长类动物中，猕猴短尾，长臂猿无尾，长尾猴当指金丝猴或叶猴。
❾ 伏行人走：古书所谓"行"指慢走，"走"指快走或奔跑。"伏行人走"，指这种动物慢走的时候四脚着地，跑动的时候像人一样直立奔跑。
❿ 狌狌："狌"为"猩"的异体字。经文所言其状如禺、伏行人走的动物，当即猩猩。猩猩前臂修长，平时四肢着地行走，奔跑时前臂撑地，上身抬高，如人直立行走，故称为"人走"。中国本土无猩猩，该条所记的猩猩当为外来动物。
⓫ 食之善走：猩猩行动迅捷，奔跑快疾，古人相信，吃了猩猩的肉，也会变得像猩猩一样快步如飞。
⓬ 丽䃳（jǐ）之水："䃳"为"麂"的异体字。丽䃳之水为一条流经招摇之山的河流。《山经》每记述一条河流，都说明它"出"自何山，但《山经》所谓某水"出"自某山，并非指该水发源于此山，而只是意谓该水流经此山。
⓭ 育沛：不详何物，或说即琥珀。
⓮ 瘕（jiǎ）：指人体肠胃中生寄生虫，又指腹部结块肿胀。

译文

南方的第一个山列叫䧿山，此列山的第一座山为招摇之山。招摇之山濒临西海，山上长着茂密的桂树，山中出产黄金、玉石。这座山上生长着一种草，叶子像韭菜，开青色花朵，当地人叫它祝余，饥荒的时候可以吃来充饥。山上还生长着一种树木，叶子像榖树，木纹呈黑色，开花呈球状，花瓣像光芒四射的样子，当地人叫它迷榖，据说把它的花戴在身上就不会犯糊涂。山中生活着一种野兽，长得像长尾巴的猴子，有一双白色的耳朵，慢行时四肢着地匍匐而行，快跑时则像人一样直立，它的名字叫狌狌，人吃了它的肉就会善于奔跑。丽䃳之水经此山西流，最后注入西海，河中出产育沛，把育沛佩戴在身上，肚子里就不会长虫子。

狌狌

又东三百里①，曰堂庭之山，多棪木②，多白猿③，多水玉④，多黄金。

注释　❶ 又东三百里：从招摇之山向东行三百里。《山经》是一部基于实地考察的山川博物志，书中每记录一座山，都记录了该山相对于上一座山的方位和里程，根据这些记录，可以了解一座山的位置。不过，需要说明的是，《山经》的一里并不等于现在的一里，跟古书中通行的里也不一样。
　　　　❷ 棪（yǎn）木：郭璞注说棪的果实似柰，《本草纲目·果部》说柰与林檎为一类。林檎今俗称花红，果实的形状和味道都像苹果，但比苹果小，中国南北各地均有栽培。
　　　　❸ 白猿：当是某种身体颜色较浅的长臂猿。
　　　　❹ 水玉：即水晶，又称水精。水晶是一种石英结晶体矿物，主要化学成分为二氧化硅。

译文　　　由招摇之山东行三百里，为堂庭之山。这座山上生长着茂密的棪树，生活着许多白猿，出产水晶、黄金。

又东三百八十里，曰猨翼之山，其中多怪兽，水多怪鱼，多白玉，多蝮虫①，多怪蛇，多怪木，不可以上。

注释　❶ 蝮虫：一种毒蛇。

译文　　　由堂庭之山东行三百八十里，为猨翼之山。山上有许多怪兽，山上的河流中有许多怪鱼，出产白玉。该山上常有蝮虫、怪蛇出没，树木也很怪异。这座山到处都是怪异之物，所以最好不要上去。

又东三百七十里，曰杻阳之山，其阳多赤金①，其阴多白金②。有兽焉，其状如马而白首，其文如虎而赤尾，其音如谣③，其名曰鹿蜀④，佩之宜子孙。怪水出焉，而东流注于宪翼之水。其中多玄龟，其状如龟而鸟首虺尾，其名曰旋龟⑥，其音如判木，佩之不聋⑦，可以为底。

注释　❶ 赤金：黄金纯度越高，颜色越深。赤金，当指成色十足的黄金。
　　　　❷ 白金：当指金和银的混合物，颜色偏白，故名白金。
　　　　❸ 其音如谣：指鹿蜀的鸣声如唱歌一般悠扬悦耳。
　　　　❹ 鹿蜀：鹿蜀"其状如马而白首，其文如虎而赤尾，其音如谣"，这是一种体形似马，身上

南山经·南次一经

鹿蜀

旋龜

南山经·南次一经

有虎斑一样的花纹，白首赤尾，叫声悠扬悦耳的动物，当是某种鹿科动物。我国的鹿科动物中，只有梅花鹿身上有明显的斑点，皮毛的颜色也跟老虎相近，鹿蜀很可能就是梅花鹿。

❺ 佩之宜子孙：指将鹿蜀的皮毛或角、骨头之类佩戴在身上，有利于增强生育能力。今天人们仍相信吃鹿肉、喝鹿血、用鹿茸泡酒喝可以壮阳，增进生殖力。

❻ 旋龟：李时珍《本草纲目》认为《山海经》的旋龟即鳄龟。旋龟"鸟首虺尾，其音如判木"，"鸟首"，指鳄龟头部吻端突出，看起来像鸟头；"虺尾"，指其尾如蛇尾；"其音如判木"，指其叫声像劈木头一样。

❼ 可以为底："底"有窒碍不通的意思。"可以为底"指用旋龟可以治疗气血不通、排泄不畅之类的病症。

译文　　继续东行三百七十里，为杻阳之山，此山的山阳出产赤金，山阴出产白金。山上有一种野兽，长得像马，白脑袋，红尾巴，身上有像老虎一样的斑纹，叫起来声音悠扬像唱歌，当地人称它为鹿蜀。据说将它的角、蹄子或别的东西佩戴在身上，就可以多子多孙。怪水流经此山，向东流注于宪翼之水。怪水中有一种乌龟，长得像一般的乌龟，但脑袋长得像鸟，尾巴像蛇，当地人称它为旋龟。旋龟叫起来像劈木头的声音。据说把它的龟甲或别的什么佩戴在身上，可以治疗耳聋，还可以治疗气血不通。

东三百里曰柢山，多水，无草木。有鱼焉，其状如牛，陵居❶，蛇尾有翼，其羽在魼❷下，其音如留牛❸，其名曰鯥❹，冬死而夏生❺，食之无肿疾❻。

注释　　❶ 陵居：住在山上。
❷ 魼（qū）：指两肋。
❸ 其音如留牛：指鯥的叫声如同"留牛"一词的发音，"留牛"是象声词，犹如说牛叫哞哞、羊叫咩咩、猫叫喵喵之类。
❹ 鯥（liù）：即穿山甲。鯥的名字即得自其发音"留牛"的叫声，古书中称穿山甲为鲮鲤、龙鲤，"鲮鲤""龙鲤"皆与"鯥"声音相通。穿山甲尽管比牛小得多，但穿山甲尖头隆背的体形跟牛有点类似，故说其状如牛；穿山甲像鱼一样，浑身长满鳞片，故古人视之为鱼；穿山甲浑身甲片重叠，像鸟翅膀羽毛重叠的样子，且甲片间有细细的硬毛，身体两侧的硬毛尤其多，故说它有翼、两肋生羽。
❺ 冬死而夏生：即指穿山甲的冬眠现象。
❻ 食之无肿疾：因穿山甲善打洞、食虫蚁，古人相信食其肉可以疏通经脉，消肿化瘀，其实没有任何科学道理。

译文　　继续东行三百里，为柢山。山上水源丰富，草木稀疏。山上有一种鱼，身体长得像牛的体形。这种鱼住在山上，它的尾巴像蛇，周身披着甲片如同生有双翼，两肋之下长着硬毛。这种动物叫起来发音如"留牛"，因此当地人称之为鯥。这种动物会冬眠，当地人认为它冬天死了，到第二年夏天复活。当地人认为吃了这种动物的肉，可以化瘀消肿。

鲑魚

南山经·南次一经

又东四百里，曰亶爱之山，多水，无草木，不可以上。有兽焉，其状如狸而有髦①，其名曰类②，自为牝牡③，食者不妒④。

注释　　❶ 髦：指动物的鬃毛。
❷ 类：即灵猫，又名灵狸。灵猫雌雄两性在会阴部位生有芳香腺囊，分泌"灵猫香"，故又名麝香猫、香狸。大灵猫的两肩中央及背脊有黑色鬃毛，经云类"有髦"，当即指大灵猫的鬃毛。
❸ 自为牝（pìn）牡：灵猫的会阴部生有香囊，闭合时像公的，张开时像母的，很像是一身兼具雌雄生殖器官，"自为牝牡"是古人对其香囊的误解。
❹ 食者不妒：因为古人误以为灵猫一身兼具雌雄两性生殖器官，依靠自身即可解决性需求，不需要求偶，故不会争风吃醋。因此相信人吃了它的肉，也会疗妒。这是典型的巫术疗法。

译文　　继续东行四百里，为亶（chán）爱之山。山上水源丰富，不生草木，难以攀登。山上有一种野兽，长得像狸猫，有长鬃毛，当地人称之为类。这种野兽一身兼具雌雄两性的生殖器官，因此吃了它的肉，可以治疗妒忌的心病。

又东三百里，曰基山，其阳多玉，其阴多怪木。有兽焉，其状如羊，九尾四耳①，其目在背②，其名曰猼訑③，佩之不畏④。有鸟焉，其状如鸡而三首六目，六足三翼⑤，其名曰𪁺鵂⑥，食之无卧⑦。

注释　　❶ 九尾四耳：兽类只有一个脑袋、两个耳朵、一条尾巴，这是科学常识。野兽飞鸟出没无常，行踪诡秘，平常难以见到，古代又没有动物园、自然博物馆、标本陈列室，让动物学家或公众就近仔细观察动物的长相，所以古人在描述鸟兽形象时难免夹杂想象和夸张的成分，《山经》中诸如此类的记载，当如此理解，而不应视为古人杜撰的怪物。
❷ 其目在背：野兽的眼睛只能长在头部，不可能长在背上，所谓"其目在背"，指此兽的眼睛长在比较靠近后脑勺的部位。
❸ 猼訑（bó shī）：猼訑"其状如羊，九尾四耳，其目在背"，当是某种大尾羊，九尾形容其尾巴粗大。
❹ 佩之不畏：指将猼訑的角、皮之类佩戴在身上，可以辟邪，故无所畏惧。直到现在，民间还有将羊角或牛角悬挂于室内作为辟邪的风俗。
❺ 三首六目，六足三翼：世界上不存在三首六目、六足三翼的鸟，这种说法也是古人由于对此鸟缺乏准确认识而导致的想象性误解。
❻ 𪁺鵂（fū）："𪁺"为"鵫"字之讹，"鵫"通"鷩"，鷩（bì）指鷩雉，即我国特有珍禽红腹锦鸡，𪁺鵂即红腹锦鸡。
❼ 食之无卧：指吃了锦鸡的肉就可以少睡眠。锦鸡性警觉，故古人相信食其肉亦可以警醒少睡。

译文　　继续东行三百里，为基山。山阳出产玉石，山阴有许多怪树。山上有一种野兽，长得像

類

南山经 · 南次一经

猼訑

羊，有九条尾巴、四只耳朵，眼睛长在脑后，当地人称之为猼訑，将它的角或皮毛佩戴在身上，就不用害怕恶鬼猛兽的侵害。山上有一种鸟，样子像鸡，长着三个脑袋、六只眼睛、六只爪子、三个翅膀，名叫鵸鵌，吃了它的肉，就会警醒少睡觉。

又东三百里，曰青丘之山，其阳多玉，其阴多青䨼①。有兽焉，其状如狐而九尾②，其音如婴儿③，能食人，食者不蛊④。有鸟焉，其状如鸠，其音若呵，名曰灌灌⑤，佩之不惑⑥。英水出焉，南流注于即翼之泽。其中多赤鱬⑦，其状如鱼而人面，其音如鸳鸯，食之不疥⑧。

注释
❶ 青䨼（hù）：一种青色矿石。当即古人用来制作青色颜料的蓝铜矿，蓝铜矿是一种含铜碳酸盐矿物，俗称石青。
❷ 九尾：世上并不存在长着九条尾巴的野兽，由于狐狸的尾巴蓬松粗大，古人常用"九"形容多、丰富，故称狐狸为九尾狐。
❸ 其音如婴儿：指九尾狐的声音如同婴儿哭啼。
❹ 食者不蛊：古书中的"蛊"或指害虫，或指用歪门邪道蛊惑、迷惑人。此处的"蛊"当指后一种意思。在古人的观念中，狐狸有灵性，常以妖术蛊惑人，故吃了它的肉，就可以获得它的灵性，识破妖术，不受妖魅蛊惑。
❺ 灌灌：灌灌"其状如鸠，其音若呵"，当即斑鸠，中国常见的山斑鸠、珠颈斑鸠、灰斑鸠叫声都是重复的"咕—咕—咕"声，都与"呵呵"声相近。
❻ 佩之不惑：与九尾狐"食者不蛊"类似，亦指不会被妖魅之物迷惑。
❼ 赤鱬（rú）：赤鱬"其状如鱼而人面"，当即中华大鲵，俗称娃娃鱼。娃娃鱼背部一般呈棕色、红棕色、黑棕色，故称为"赤鱬"。大鲵叫声如同婴儿，故俗称为娃娃鱼，又名人鱼。因此导致人们误解此鱼具人之形，将其想象为"状如鱼而人面"。
❽ 食之不疥：古书中的疥指皮肤瘙痒症，不单指疥疮。吃了娃娃鱼的肉可以治疗皮肤瘙痒症。

译文
继续东行三百里，为青丘之山。山阳出产玉石，山阴出产石青。山上有一种野兽，长得像狐狸，有九条尾巴，叫起来像婴儿啼哭，这种野兽会吃人，人吃了它的肉，就不会中邪。山上有一种鸟，样子像斑鸠，常发出"呵呵"的叫声，名字叫灌灌。把这种鸟的羽毛佩戴在身上，就不会被妖魅迷惑。英水从此山流过，向南流进了即翼之泽。英水中有娃娃鱼，这种鱼的身体像鱼，面孔像人，叫起来声音像鸳鸯，吃了它的肉可以治皮肤病。

九尾狐

赤鱬

南山经·南次一经

又东三百五十里，曰箕尾之山，其尾踆于东海，多沙石。汸水出焉，而南流注于淯，其中多白玉。

注释　　❶ 踆（cūn）：蹲的意思。

译文　　继续东行三百五十里，为箕尾之山，该山的余脉一直延伸到东海边，山上沙砾遍布。汸水经此山南流，流进淯水。汸水中出产白玉。

凡䧿山之首，自招摇之山，以至箕尾之山，凡十山，二千九百五十里。其神状皆鸟身而龙首，其祠之礼：毛用一璋玉瘗，糈用稌米，一壁，稻米、白菅为席。

注释　　❶ 凡䧿山之首：《山经》每篇末尾都有一段结语，总计该篇所记山列的山数和经过的里程，并说明这一山列的山神形象和祭神的祀典。该段结语中，"凡䧿山之首，自招摇之山，以至箕尾之山"，为该山列的名称；"凡十山，二千九百五十里"，为该山列的总山数和总里程；"其神状皆鸟身而龙首"，为该山列的山神形象；"其祠之礼：毛用一璋玉瘗，糈用稌米，一壁，稻米、白菅为席"，为该山神的祀典，包括祭祀山神所用的祭品和祭祀的方法。
　　❷ 凡十山，二千九百五十里：本篇实际仅记录了九座山，合计二千七百里，统计有误。
　　❸ 毛用一璋玉：毛，指祭神用的鸟兽，因鸟兽有毛羽，故称之为毛；用，特指用为献祭之物；璋玉，即玉璋，古代一种用于祭祀山川的玉器。
　　❹ 瘗（yì）：掩埋，将祭祀山神的鸟兽和玉器掩埋于山上幽隐不为人知之处。
　　❺ 糈（xǔ）：指巫师用来祭神的精米。
　　❻ 稌（tú）米：稌为水稻的一种。
　　❼ 壁：当作"璧"，玉璧。
　　❽ 白菅（jiān）为席：菅即茅草，席指铺在地上。用白茅铺在地上放置献神的祭品，以示洁净庄重。

译文　　南次一经统称为"䧿山之首"，从招摇之山到箕尾之山，共十座山，总里程为二千九百五十里。这十座山的山神都长着鸟身和龙首，祭祀山神的礼仪：用一只毛牲和一个玉璋献神，祭祀过后将祭品掩埋于山上僻静不为人知之处。献神的米用稌米、稻米，用白茅铺在地上，将玉璧一枚安置其上表达对山神的敬意。

南次二经

《南次二经》之首，曰柜山，西临流黄，北望诸毗，东望长右①。英水出焉②，西南流注于赤水，其中多白玉，多丹粟。有兽焉，其状如豚，有距，其音如狗吠，其名曰狸力③，见则其县多土功④。有鸟焉，其状如鸱而人手⑤，其音如痹⑥，其名曰鴸⑦，其鸣自号也⑧，见则其县多放士⑨。

注释

❶ 西临流黄，北望诸毗，东望长右：意为站在柜山之上，向西可以望见流黄，向北可以望见诸毗，向东可以望见长右，这一记载旨在说明柜山的方位。

❷ 丹粟：指颗粒较细的丹砂。丹砂又称朱砂，朱砂的主要成分是硫化汞（HgS），天然矿石为粒状集合体，破碎后呈红色颗粒状，故称丹粟。朱砂可提炼汞，是古代炼丹术的主要原料，也常用为药物。

❸ 狸力：狸力"其状如豚，有距"，当即野猪。距指猪蹄后脚跟上方生出的一个小趾。

❹ 见则其县多土功：野猪喜欢拱地，故被古人视为大兴土木的征兆，认为一个地方野猪突然大量出现，就预示着当地要大兴土木。

❺ 其状如鸱而人手：鸱即猫头鹰。此鸟"如鸱而人手"，并非说这是一种长着人手的怪鸟，所谓人手，不过是说鸟爪的趾头较长，长得像人手而已。

❻ 其音如痹（bì）：痹指母鹌鹑，意谓此鸟的叫声与母鹌鹑的叫声相似。

❼ 鴸（zhū）：鴸体形如鸱，当为猫头鹰的一种。

❽ 其鸣自号：指此鸟名为"鴸"，是得名于它的叫声。《山经》中屡见"其鸣自号""其名自叫"之类的记载，鸟类的叫声各不相同，故古人以其叫声区别其种类并为之命名。其实，鸡、鸭、鹅、牛、羊、猫、狗等的名字都源于它们各自不同的叫声。

❾ 见则其县多放士：指鴸的出现预示着当地会有很多人流落异乡。猫头鹰晚上出现，叫声怪异，在深夜里听起来让人心生恐惧，因此猫头鹰自古就被视为预示不幸的不祥之鸟。

译文

《南次二经》的第一座山，叫柜山，此山西边滨临流黄泽，登上山顶，北望可见诸毗泽，东望可见长右之山。英水经此山西南流，注于赤水。英水边上出产白玉和丹砂。山上有一种野兽，长得像猪，蹄子上有距趾，叫起来像狗吠，其名叫狸力。这种野兽一旦出现，就预示着当地要大兴土木。山上有一种鸟，长的样子像猫头鹰，爪子像人手，叫起来像鹌鹑鸟，其名叫鴸，它的名字即得自它的叫声。听到这种鸟叫，就意味着当地会出现很多流落异乡的人。

东南四百五十里，曰长右之山，无草木，多水。有兽焉，其状如禺而四耳，其名长右①，其音如吟，见则其郡县大水②。

注释

❶ 长右：经云长右"其状如禺而四耳"，禺为长尾猴，详见《南次一经》招摇之山条注。经又云长右"其音如吟"，指长右的叫声如人吟歌之声。这种长得像长尾猴、叫声像人唱歌的动物，显然就是长臂猿。长臂猿的叫声悠长婉转，像人吹口哨。

❷ 见则其郡县大水：意为看到猿猴频频出现，预示着当地将发大水。这种用某种动物的异常行为预测自然变化的知识，即所谓预兆，如"泥鳅跳，风雨到""燕子低飞蛇过道，蚂蚁搬

鹳

南山经·南次二经

長右

家山戴帽""喜鹊搭窝高，当年雨水涝"之类，不足为怪。

译文 向东南行四百五十里，为长右之山，山上不生草木，多水。山上生活着一种野兽，样子像猿猴，长着四只耳朵，名字叫长右。长右叫起来声音像唱歌，如果看到这种动物频繁出现，就意味着当地将要发大水了。

又东三百四十里，曰尧光之山，其阳多玉，其阴多金。有兽焉，其状如人而彘鬣①，穴居而冬蛰，其名曰猾褢②，其音如斫木③，见则县有大繇④。

注释
❶ 彘鬣（zhì liè）：鬣指动物脖颈或背上的鬃毛，彘鬣即野猪背上长而硬的鬃毛。
❷ 猾褢（huái）：即熊，熊能像人一样直立，头部、脖子两侧生有长长的像野猪一样的鬃毛，住在山洞或树穴里面，有冬眠的习性，故经云猾褢"其状如人而彘鬣，穴居而冬蛰"。
❸ 其音如斫（zhuó）木：斫，指用刀、斧砍削，指熊的吼叫像劈木头的声音。
❹ 见则县有大繇："繇"通"徭"，指徭役。大繇指兴兵打仗、大兴土木之类兴师动众的劳役。

译文 继续东行三百四十里，为尧光之山，山阳出产玉石，山阴出产黄金。这座山上有一种野兽，能像人一样直立行走，长着像野猪一样的鬃毛，住在洞穴里面，到了冬天会冬眠，名叫猾褢。它吼叫的声音像劈木头一样粗嘎刺耳，如果看到这种野兽频繁出现，就预示着当地会兴师动众，大兴劳役。

又东三百五十里，曰羽山，其下多水，其上多雨，无草木，多蝮虫。

译文 继续东行三百五十里为羽山，羽山下面多水泽，山上经常下雨。该山草木稀疏，有许多毒蛇出没。

又东三百七十里，曰瞿父之山，无草木，多金玉。

译文 继续东行三百七十里为瞿父之山，山上草木稀疏，出产黄金和玉石。

又东四百里，曰句馀之山，无草木，多金玉。

译文　　继续东行四百里为句馀之山，山上草木稀疏，出产黄金和玉石。

又东五百里，曰浮玉之山，北望具区，东望诸毗。有兽焉，其状如虎而牛尾，其音如吠犬，其名曰彘①，是食人②。苕水出于其阴，北流注于具区。其中多鮆鱼③。

注释　　❶ 彘：即野猪。有些野猪的毛色呈棕褐色，幼年野猪毛色浅棕，身上还长着像老虎一样的条纹，故说"其状如虎"。"其状如虎"也可能是形容野猪凶猛。"牛尾"指野猪的尾巴长得像牛的长尾毛。
❷ 食人：野猪并不吃人，但野猪性情凶猛强悍，还长着锐利的獠牙，即使在今天，野猪伤人也屡见不鲜。
❸ 鮆（cǐ）鱼：即刀鱼，今常见于长江、太湖一带。鮆鱼体形狭长而薄，全身银白色，形似刀片，故称刀鱼。

译文　　继续东行五百里为浮玉之山，登上此山，向北可望见具区泽，向东可望见诸毗泽。山上有一种野兽，身上长着老虎一样的花纹，尾巴像牛尾，叫起来像狗叫，其名叫彘，会伤人。苕水流经浮玉之山的山阴，北流注于具区泽。苕水中盛产鮆鱼。

又东五百里，曰成山，四方而三坛①，其上多金玉，其下多青䕩。閺水出焉，而南流注于虖勺，其中多黄金。

注释　　❶ 四方而三坛：四方，指侧望山形呈四方形，山顶平坦则山形正方。三坛指此山由三座方形山连麓构成。

译文　　继续东行五百里为成山，此山是相互连麓的三座山顶平坦的方形山。山上出产黄金和玉石，山下出产石青。閺（shǐ）水经此山南流，注于虖勺之水。閺水的河滩上出产黄金。

又东五百里，曰会稽之山，四方，其上多金玉，其下多砆石①。勺水出焉，而南流注于湨。

注释　　❶ 砆（fū）石：一种石质像玉的石头。

译文　　继续东行五百里为会稽之山，山顶平坦，山形侧看为四方形。山上出产黄金和玉石，山下出产砆石。勺水经此山南流，注于湨（jú）水。

又东五百里，曰夷山，无草木，多砂石，湨水出焉，而南流注于列涂。

译文　　继续东行五百里为夷山，山上草木稀疏，遍布砂砾。湨水经此山南流，注于列涂之水。

又东五百里，曰仆勾之山，其上多金玉，其下多草木，无鸟兽，无水。

译文　　继续东行五百里为仆勾之山，山上出产黄金和玉石，山下草木茂盛。这座山上没有鸟兽，也没有水源。

又东五百里，曰咸阴之山，无草木，无水。

译文　　继续东行五百里为咸阴之山，山上草木稀疏，也没有水源。

又东四百里，曰洵山，其阳多金，其阴多玉。有兽焉，其状如羊而无口^①，不可杀也^②，其名曰𤜣。洵水出焉，而南流注于阏之泽，其中多茈蠃^③。

注释　　❶ 其状如羊而无口：动物不可能无口，所谓"无口"，当因此类动物的口部长得比较隐蔽，不易看到。这种长相像羊而"无口"的动物很可能是高鼻羚羊，高鼻羚羊长着一个大鼻子，鼻管很长，向下弯曲，嘴巴被鼻尖遮住，看起来好像没有嘴巴。
　　　　❷ 不可杀：大概指羚羊行动迅捷，不易捕猎。
　　　　❸ 茈（bǐ）蠃："茈"当作"茈"，通"紫"，"蠃"当作"蠃"（luǒ），通"螺"，茈蠃即紫螺。紫螺呈白色、浅蓝色或淡紫色，故名。

译文　　继续东行四百里为洵山，山阳出产黄金，山阴出产玉石。这座山上有一种野兽，长相像羊，但不长嘴巴，很难被杀死，名叫𤜣（huán）。洵水经洵山南流，注于阏之泽，洵水中生长着许多紫螺。

又东四百里，曰虖勺之山，其上多梓^①、楠^②，其下多荆^③、杞^④。滂水出焉，而东流注于海。

注释　　❶ 梓：即梓树，是一种原产我国的落叶乔木，在黄河流域和长江流域常见，古人常用以制作家具、棺木。
　　　　❷ 楠：即楠木。楠木是我国有名的树种，树干挺拔，四季常绿，其木材有香气，纹理平直，质地细密，自古即为建筑房屋和制作高级家具的优良木材。
　　　　❸ 荆：即牡荆，为我国常见马鞭草科落叶灌木或小乔木，常生于山坡路旁。牡荆枝条坚韧，古人用以制作鞭挞罪人的刑杖。
　　　　❹ 杞：即枸杞，枸杞果实鲜红可爱，可食用，亦可入药，在我国各地广为分布。

译文　　继续东行四百里为虖勺之山，山上生长着众多梓木、楠木，山下生长着众多牡荆、枸杞。滂水经此山东流入海。

又东五百里，曰区吴之山，无草木，多砂石。鹿水出焉，而南流注于滂水。

译文　　继续东行五百里为区吴之山，山上不生草木，砂石遍布。鹿水流经此山南流，注于滂水。

又东五百里，曰鹿吴之山，上无草木，多金石。泽更之水出焉，而南流注于滂水。水有兽焉①，名曰蛊雕②，其状如雕而有角③，其音如婴儿之音，是食人④。

注释　　❶ 水有兽焉："兽"或当为"鸟"字之讹，下文称其名为"蛊雕"，又说"其状如雕"，则当为鸟类。
　　　　❷ 蛊雕：此鸟生活在水边，其状如雕，当为捕鱼为食的鱼鹰或鹗。
　　　　❸ 其状如雕而有角：有些鸟的头上长有耳羽或羽冠，如角鸮、长耳鸮等，从远处看去好像长了耳朵或角。鹗的头部亦长有竖立的短冠羽，被误当成头上长角。
　　　　❹ 食人：鹗主要以鱼类为食，不吃人，谓之"食人"，当是古人因见其凶猛而产生的恐惧想象。

译文　　继续东行五百里为鹿吴之山，山上不生草木，出产黄金，石头遍地。泽更之水经此山南流，注于滂水。滂水中有一种鸟，名叫蛊雕，长相像雕，头上长着像两只角一样的耳羽，叫起来声音像婴儿的声音。这种鸟吃人。

东五百里，曰漆吴之山，无草木，多博石①，无玉。处于海，东望丘山，其光载出载入，是惟日次②。

注释　　❶ 博石：博指下棋，博石指可以用来制作棋子的石头。
　　　　❷ 日次：次指位置，日次即日出之地。

译文　　继续东行五百里为漆吴之山，山上不生草木，有许多可以用来做棋子的石头，没有玉石。这座山位于东海边，东望可以看到一座海岛，这座海岛是旭日升起的地方，每天清晨的第一缕阳光总是最先照亮这座岛屿。

凡《南次二经》之首，自柜山至于漆吴之山，凡十七山，七千二百里①。其神状皆龙身而鸟首。其祠：毛用一璧瘗，糈用稌。

注释　　❶ 七千二百里：正文十七山里程合计为七千二百一十里，原文当有讹误。

译文　　《南次二经》所记山列，从最西端的柜山至最东端的漆吴之山，共十七座山，总里程为七千二百里。这一山列的山神皆龙身鸟首。祭祀的方法：用一只毛牲和一枚玉璧，埋在僻静不为人知之处，祭神的精米用稌米。

蠱雕

南次三经

《南次三经》之首,曰天虞之山,其下多水,不可以上。

译文　　《南次三经》的第一座山是天虞之山,山下多水,此山不可攀登。

东五百里,曰祷过之山,其上多金玉,其下多犀①、兕②,多象③。有鸟焉,其状如䴔④而白首,三足人面,其名曰瞿如⑤,其鸣自号也。泿水出焉,而南流注于海。其中有虎蛟⑥,其状鱼身而蛇尾⑦,其音如鸳鸯,食者不肿,可以已痔⑧。

注释
❶ 犀:即犀牛,中原地区古代存在过犀牛,现野生犀牛在中国已经绝迹。
❷ 兕(sì):指野水牛。野生水牛现仅分布于东南亚各国,中国境内已无野生水牛。
❸ 象:中原地区古代存在过野象,现野生象在我国境内仅存在于云南南部。
❹ 䴔:郭璞注云:"䴔,似凫而小,脚近尾。"䴔当指䴔䴖,即今池鹭,为我国南方常见水鸟。
❺ 瞿如:瞿如"其状如䴔而白首,三足人面","三足人面"自属因缺乏观察而导致的想象或误解。该鸟状如池鹭,亦当是某种鹭科鸟类。该鸟白首,或当是我国常见的苍鹭,苍鹭身体大部为苍灰色,头部、颈部为白色。
❻ 虎蛟:古书中的蛟指鳄鱼,我国唯一的一种鳄鱼即扬子鳄。扬子鳄的鳞片上有带状纹路,故称"虎蛟"。
❼ 其状鱼身而蛇尾:扬子鳄周身长有鳞片,故谓之"鱼身";扬子鳄的尾巴细长,而且有灰黑相间的环纹,像蛇身上的花纹,故谓之"蛇尾"。
❽ 食者不肿,可以已痔:扬子鳄善于挖洞,古人认为吃了扬子鳄的肉也可以化瘀消肿,甚至治疗痔疮。

译文　　东行五百里为祷过之山,山上出产黄金和玉石,山下生活着众多犀牛、水牛和大象。山中有一种鸟,其状如䴔䴖,但脑袋是白色的,长着三只爪子,面孔像人,这种鸟名字叫瞿如,当地人是根据它的叫声给这种鸟起的名字。泿(yín)水经此山南流,最后注入海中。泿水中生活着虎蛟,身上长着鱼一样的鳞片,尾巴上有蛇一样的花纹,叫起来声音像鸳鸯。吃了它的肉可以消肿化瘀,治疗痔疮。

又东五百里,曰丹穴之山,其上多金玉。丹水出焉,而南流注于渤海。有鸟焉,其状如鸡,五采而文①,名曰凤皇②,首文曰德,翼文曰义,背文曰礼,膺文曰仁,腹文曰信。是鸟也,饮食自然,自歌自舞,见则天下③

兕

南山经·南次三经

瞿
如

鳳皇

南山经 · 南次三经

安宁④。

注释　　❶ 渤海：古书中的渤海泛指海湾，并不专指今天的渤海。
　　　　❷ 凤皇：古书中凤凰均写作"凤皇"。经云凤皇"其状如鸡，五采而文"，显然就是雉鸡，俗称野鸡。雉鸡羽毛鲜妍华美，故深受古人喜爱，逐渐被神化为神鸟。
　　　　❸ 首文曰德，翼文曰义，背文曰礼，膺文曰仁，腹文曰信：该段文字不像原文，当为后人所补，或为注释混入正文。
　　　　❹ 自歌自舞，见则天下安宁：鸟类在求偶期都会向雌鸟炫耀歌喉、羽毛和舞姿，雉鸡也不例外，所谓自歌自舞，盖谓此。雉鸡羽毛美丽，故被古人视为吉祥的象征，相信此鸟"见则天下安宁"。

译文　　继续东行五百里为丹穴之山，山上多金、玉。丹水经此山南流，注于一个海湾。山上有一种鸟，长得像鸡，羽毛色彩斑斓，名叫凤皇。（此鸟的头上长着"德"字，翅膀上长着"义"字，背上长着"礼"字，胸部长着"仁"字，腹下长着"信"字。）这种鸟的饮食皆取之于自然，天生就会跳舞、唱歌，这种鸟的出现，象征天下会和平安宁。

又东五百里，曰发爽之山，无草木，多水，多白猿。汜水出焉，而南流注于渤海。

译文　　继续东行五百里为发爽之山，山上不生草木，水源丰富，生活着许多白猿。汜水经此山南流，注于一个海湾之中。

又东四百里，至于旄山之尾，其南有谷，曰育遗①，多怪鸟，凯风自是出②。

注释　　❶ 育遗（wèi）："遗"通"隧"，隧即山谷。
　　　　❷ 凯风自是出：凯风指南风。育遗是南方的山谷，南风经此山谷吹来，故云"凯风自是出"。

译文　　继续东行四百里为旄（máo）山的余脉，其南有一座山谷，称为育隧，山谷中有许多奇怪的鸟，南风就经由这座山谷吹来。

又东四百里，至于非山之首，其上多金玉，无水，其下多蝮虫。

> 译文　　继续东行四百里是非山之首，山上出产黄金和玉石，缺乏水源，山下多毒蛇。

又东五百里，曰阳夹之山，无草木，多水。

> 译文　　继续东行五百里为阳夹之山，山上草木稀疏，水源丰富。

又东五百里，曰灌湘之山，上多木，无草；多怪鸟，无兽。

> 译文　　继续东行五百里为灌湘之山，山上树木茂盛，却不长草；山上有很多奇怪的鸟，却没有野兽。

又东五百里，曰鸡山，其上多金，其下多丹雘①。黑水出焉，而南流注于海。其中有鱄②鱼，其状如鲋③而彘毛④，其音如豚⑤，见则天下大旱⑥。

> 注释
> ❶ 丹雘：一种制作红色颜料的矿石。
> ❷ 鱄（tuán）鱼：又名黄鱄、黄颊鱼，是我国常见的鱼类。鱄鱼味道鲜美，但性情凶猛，以各种鱼类为食，故有"水老虎"之称。
> ❸ 鲋：即鲫鱼。
> ❹ 彘毛：当系"彘身"之讹。鱄鱼身体长而圆，浑圆有似猪的体形，故谓之"彘身"。
> ❺ 其音如豚：叫声像小猪。
> ❻ 见则天下大旱：鱄鱼大量出现的时候就会天旱。

> 译文　　继续东行五百里为鸡山，山上出产黄金，山下出产丹雘。黑水经此山而南流，注于海。黑水中有鱄鱼，体形如鲫鱼，鱼身浑圆像猪，叫声也像小猪。鱄鱼大量出现，预示着会出现大旱。

又东四百里，曰令丘之山，无草木，多火①。其南有谷焉，曰中谷，条风自是出②。有鸟焉，其状如枭，人面四目而有耳，其名曰颙③，其名自号也，见则天下大旱④。

注释

❶ 多火：或指山上有天然气冒出而自燃。
❷ 条风：指春天吹的东风。
❸ 颙（yú）：经云颙"其状如枭，人面四目而有耳"，当即猫头鹰之一种。有些品种的猫头鹰生有明显的簇状耳羽，像长了两只耳朵，故谓之"有耳"。
❹ 见则天下大旱：意为颙大量出现时，天气会大旱。猫头鹰主要捕食鼠类、蝗虫等，天气干旱则鼠类和蝗虫增多，猫头鹰因而常见。

译文

继续东行四百里为令丘之山，山上不生草木，常见有火。山南有壑谷，称为中谷，东风即从这座山谷吹来。此山上有一种鸟，长得像猫头鹰，面孔似人面，四只眼睛，长着双耳，名字叫颙。它的名字得自它的叫声。这种鸟大量出现，预示着天气将会大旱。

东三百七十里，曰仑者之山，其上多金玉，其下多青䨼。有木焉，其状如榖而赤理，其汗如漆①，其味如饴，食者不饥，可以释劳，其名曰白䓘②，可以血玉③。

注释

❶ 其汗如漆：汗指树的汁液。
❷ 白䓘（jiù）：白䓘"其状如榖而赤理"，长得像构树，当是构树的一种。
❸ 血玉：指白䓘的汁液可以用来保养玉器使之更加润泽。

译文

继续东行三百七十里为仑者之山，山上出产黄金和玉石，山下产石青。该山生长一种树木，样子像构树，木纹呈红色，这种树的汁液可以像漆树一样割取，树液的味道如同饴糖，吃了可以充饥，还可以消除疲劳，这种树的名字叫白䓘，其树液还可以用来使玉石保持润泽。

又东五百八十里，曰禹槀之山，多怪兽，多大蛇。

译文

继续东行五百八十里为禹槀（gǎo）之山，山上有许多怪兽，常有大蛇出没。

鵸

南山经·南次三经

东五百八十里，曰南禹之山，其上多金玉，其下多水。有穴焉，水春辄入，夏乃出，冬则闭^①。佐水出焉，而东南流注于海，有凤皇、鹓雏^②。

注释　　❶ 有穴焉，水春辄入，夏乃出，冬则闭：穴当为山中的溶洞，溶洞中有地下河流。"春辄入"，指春天水位降低；"夏乃出"，指夏天雨季，洞中水位升高；"冬则闭"，指冬天旱季，洞中河流干涸。
　　　　❷ 鹓雏（yuān chú）：鹓雏是一种与凤皇相似的鸟，当是某种雉科的鸟类。

译文　　继续东行五百八十里为南禹之山，山上出产黄金和白玉，山下水源丰富。该山中有一座洞穴，洞中有水，春天水位下降，夏天水位上升，水始流出，到冬天就干涸了。佐水经此山东南流，注于大海。这座山上有凤皇、鹓雏。

凡《南次三经》之首，自天虞之山以至南禹之山，凡一十四山，六千五百三十里^①。其神皆龙身而人面。其祠皆一白狗祈^②，糈用稌。

注释　　❶ 凡一十四山，六千五百三十里：实际上只有十三座山、五千七百三十里，原文有讹误。
　　　　❷ 祈："祈"通"刉"，指以利刃刺破动物的血管取其血，把鲜血涂到神位上。

译文　　《南次三经》所记山列，自天虞之山至于南禹之山，共十四座山，经六千五百三十里。这十四座山的山神皆龙身、人面。祭祀山神之礼：用一白狗，取其血以涂山神之神位，祭神之米用稌米。

右南经之山志^{①②③}，大小凡四十山，万六千三百八十里。

注释　　❶ 右：古书的行序从右向左排列，"右"指右边的内容，即上文的内容。
　　　　❷ 经：并非指经书、经典，而是经过、行经的意思。
　　　　❸ 山志：《山经》五方经的篇末皆有此语，《北山经》篇末云"右北经之山志"，《东山经》篇末云"右东经之山志"，《中山经》篇末云"右中经之山志"，独《西山经》篇末为"右西经之山"，当脱一"志"字。指上文所记为南方、西方等的"山志"，这意味着《山经》书名本来叫《山志》，《山经》书名以及《南山经》《西山经》等篇名是后人加上去的。

译文　　上文记录的是在南方行经的山，大山和小山共计四十座，山间里程共计一万六千三百八十里。

龍身人面神

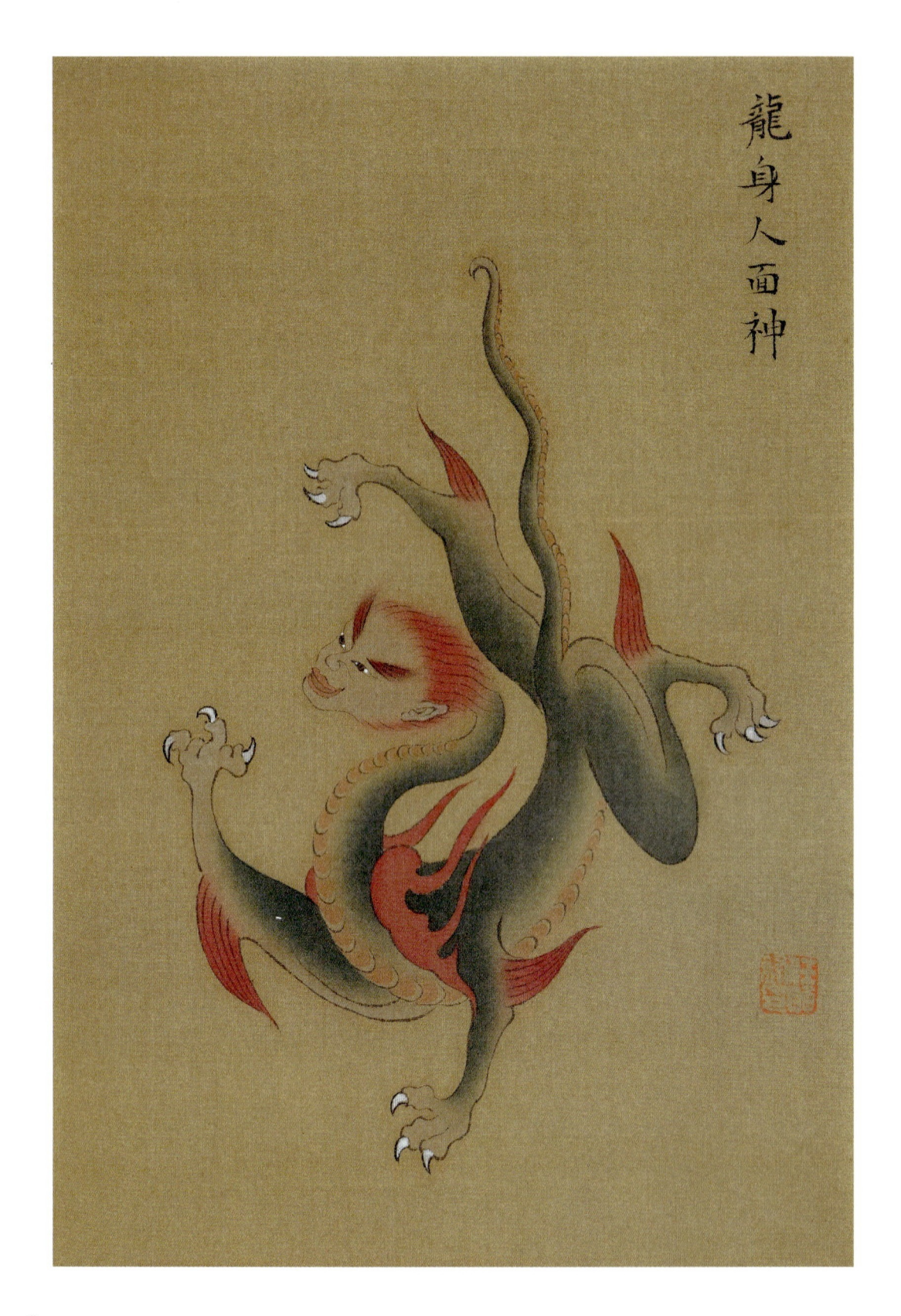

南山经·南次三经

卷二

西山经

西次一经

《西山经》华山之首，曰钱来之山，其上多松，其下多洗石①。有兽焉，其状如羊而马尾，名曰羬羊②，其脂可以已腊③。

注释　❶ 洗石：即搓澡石，是一种浑身有蜂窝状细孔的石头，因此又称蜂窝石。
　　　❷ 羬（qián）羊：一种细角山羊或羚羊。
　　　❸ 其脂可以已腊：指用羬羊的油脂滋润皮肤防止皱裂。"腊"的本义为干肉，引申为皮肤因受冻或受风吹而皱裂。

译文　《西山经》华山一列的第一座山叫钱来之山，山上多松树，山下出产搓澡石。此山上有一种野兽，身体似羊，尾巴像马尾，名叫羬羊。用它的油脂可以滋润皮肤，防止皱裂。

西四十五里，曰松果之山，濩水出焉，北流注于渭，其中多铜。有鸟焉，其名曰螐渠①，其状如山鸡，黑身赤足，可以已㿄②。

注释　❶ 螐（tóng）渠：经文谓螐渠"其状如山鸡，黑身赤足"，当为褐马鸡。褐马鸡全身呈深褐色，头、颈为灰黑色，足部为红色。现褐马鸡仅见于山西、河北和陕西的几个褐马鸡保护区。
　　　❷ 㿄（báo）：身体上的肿块或疮疖之类。

译文　西行四十五里为松果之山，濩水流经此山，北流注于渭水，濩水边出产铜。山上有一种鸟，名叫螐渠，长得像山鸡，身体为黑色，双爪为红色，可以用于消除身上的肿块。

又西六十里，曰太华之山，削成而四方，其高五千仞，其广十里，鸟兽莫居。有蛇焉，名曰肥𧔥①，六足四翼，见则天下大旱②。

注释　❶ 肥𧔥（wèi）：古人称蜥蜴为蛇。肥𧔥称为"蛇"，生有足和翼，当为飞蜥。
　　　❷ 见则天下大旱：蜥蜴是冷血动物，喜阳而恶阴，故干旱时节蜥蜴多见。

译文　继续西行六十里为太华之山，此山峭壁如削，山顶平坦，山形四方，山高五千仞，山顶广圆十里，飞鸟走兽都无法在山上居住。山上有一种蛇，名叫肥𧔥，长着六条腿，四个翅膀。如果看到肥𧔥大量出现，就意味着天会大旱。

藏羊

肥䗡

西山经 · 西次一经

又西八十里，曰小华之山，其木多荆、杞，其兽多㸲牛①，其阴多磬石②，其阳多㻬琈之玉③，鸟多赤鷩④，可以御火⑤。其草有萆荔⑥，状如乌韭，而生于石上，亦缘木而生，食之已心痛⑦。

注释　　❶ 㸲（zuó）牛：一种体型较大的牛，或即野生水牛。
　　　　❷ 磬石：可以制作磬的石头。磬是一种石质敲击乐器。
　　　　❸ 㻬琈（tū fū）：某种特殊质地或特殊用途的玉石。
　　　　❹ 赤鷩："鷩"当作"鷩"，赤鷩即红腹锦鸡。
　　　　❺ 可以御火：意为此鸟可以预警或预防火灾。《山经》中记录了数种"可以御火"的鸟类，大概是因为鸟类生活在山林里，山林发生火灾，鸟类首先感觉到，并群飞鸣叫，古人因此将这些鸟类视为火警的预兆。
　　　　❻ 萆荔（bì lì）：经谓萆荔"状如乌韭，而生于石上，亦缘木而生"，当即麦冬，麦冬叶似韭，四时长青，叶为暗绿色，故可称为"乌韭"。麦冬常生于石间，也常生于树下。
　　　　❼ 食之已心痛：《神农本草经》云："麦门冬，主治心腹结气伤中。"即所谓"食之已心痛"。

译文　　继续西行八十里为小华之山，山上生长着众多牡荆、枸杞，山下有许多㸲牛，山阴有可以制作磬的石头，山阳出产㻬琈之玉，山上的鸟类多赤鷩，赤鷩养了可以防止火灾。此山生长着一种名叫萆荔的药草，叶子像乌韭，多长在石头缝里，也喜欢长在树下，这种草可用来治疗心口痛。

又西八十里，曰符禺之山，其阳多铜，其阴多铁。其上有木焉，名曰文茎①，其实如枣，可以已聋。其草多条②，其状如葵，而赤华黄实，如婴儿舌③，食之使人不惑。符禺之水出焉，而北流注于渭。其兽多葱聋④，其状如羊而赤鬣。其鸟多鴖⑤，其状如翠而赤喙，可以御火。

注释　　❶ 文茎：经谓文茎果实如枣，可以治疗耳聋，与山茱萸的形态和疗效相合，文茎当即山茱萸。
　　　　❷ 条：条"其状如葵"，当即葵菜的一种。
　　　　❸ 如婴儿舌：葵菜吃起来很滑利，故俗名"滑菜"，"如婴儿舌"，当指葵菜爽滑的属性。
　　　　❹ 葱聋：经谓此兽"其状如羊而赤鬣"，是一种长着红色鬣毛的像羊一样的动物，可能即鬣羚。鬣羚类似于山羊或羚羊，颈背上生着长长的鬣毛。
　　　　❺ 鴖（mín）：经谓鴖"其状如翠而赤喙"，翠指翠鸟，鴖当为翠鸟的一种。

译文　　继续西行八十里为符禺之山，此山之阳产铜，山阴产铁。山上生长着一种树木，名叫文茎，结的果实形状像枣，可以用来治疗耳聋。山上生长一种条草，叶子像葵菜，开红花，种子是黄色的，吃起来如同婴儿舌头一样滑溜。吃了这种菜，可以让人不犯糊涂。符禺之水出

蔥聾

西山经·西次一经

自此山，北流注于渭水。渭水边多葱聋之兽，这种野兽长得像羊，长着红色的鬃毛。渭水边多鸐鸟，这种鸟长得像翠鸟，鸟喙是红色的，养这种鸟可以防御火灾。

又西六十里，曰石脆之山，其木多椶①、楠，其草多条②，其状如韭，而白华黑实，食之已疥。其阳多㻬琈之玉，其阴多铜。灌水出焉，而北流注于禺水。其中有流赭③，以涂牛马无病④。

注释　　❶ 椶（zōng）：同"棕"，即棕榈树。
　　　　❷ 条：条"其状如韭，而白花黑实"，与麦冬的特征相符，亦当为麦冬一类的植物。
　　　　❸ 流赭：赭即赭石，亦即赤铁矿，主要成分为三氧化二铁。"流赭"为被流水冲刷沉积于河床上的赭土。
　　　　❹ 以涂牛马无病：把赭石涂到牛马身上可以预防牛马生病。

译文　　继续西行六十里为石脆之山，此山生长着众多棕榈树和楠木。山上生长着一种条草，叶子像韭菜，开白花，结黑色的种子，吃了可以治疗疥疮。山阳出产㻬琈之玉，山阴有铜矿。灌水经由此山北流，注于禺水。灌水边有被流水冲刷沉积的赭土，用赭土涂到牛、马的身上，可以避免牲口生病。

又西七十里，曰英山，其上多杻①、橿②，其阴多铁，其阳多赤金。禺水出焉，北流注于招水，其中多鮮鱼③，其状如鳖，其音如羊。其阳多箭䉲④，其兽多㸲牛、羬羊。有鸟焉，其状如鹑，黄身而赤喙，其名曰肥遗⑤，食之已疠，可以杀虫。

注释　　❶ 杻（niǔ）：陆玑《毛诗草木鸟兽虫鱼疏》说，杻叶似杏，二月叶疏时开白花满树，当为杜梨。杜梨木材致密坚韧，常用来做各种工具器物。
　　　　❷ 橿（jiāng）：即栎橿子，又名橿子栎、橿子树，为壳斗科栎属半常绿灌木或乔木，其木材坚硬耐磨，常用来制作车辆、家具。
　　　　❸ 鮮（bàng）鱼：经云鮮"其状如鳖，其音如羊"，当为一种鳖类，也可能是一种体形扁平的鱼类，如鳐鱼或魟鱼。
　　　　❹ 箭䉲（mèi）：䉲为竹子的一种，因壁厚节长，坚实挺拔，可用为箭干，故称为箭䉲。
　　　　❺ 肥遗：经云肥遗"其状如鹑，黄身而赤喙"，当为一种类似鹌鹑、羽毛黄色、嘴部红色的鸟，可能指石鸡。

译文　　继续西行七十里为英山,山上多枏树、檀树,山阴产铁,山阳产赤金。禹水经此山北流,注于招水,禹水中生活着一种䱤鱼,长得形状像鳖,叫起来像羊叫。英山之阳生长着茂密的箭竹,还有众多牸牛、羬羊。英山上还生活着一种鸟,形状像鹌鹑,身体呈黄色,嘴巴是红色,名叫肥遗。吃了这种鸟可以治疗疥疮,还能杀死肚子里的寄生虫。

又西五十二里,曰竹山,其上多乔木,其阴多铁。有草焉,其名曰黄雚①,其状如樗,其叶如麻,白华而赤实,其状如赭,浴之已疥,又可以已胕②。竹水出焉,北流注于渭,其阳多竹箭③,多苍玉。丹水出焉,东南流注于洛水,其中多水玉,多人鱼④。有兽焉,其状如豚而白毛,大如笄而黑端,名曰毫彘⑤。

注释　　❶ 黄雚(huán):经谓黄雚"其状如樗,其叶如麻,白华而赤实",一种植株的形态像臭椿,叶子的形状像麻,开白花,结红色的果或籽的植物。
❷ 胕:即浮肿。
❸ 竹箭:可以制作箭杆的竹子。
❹ 人鱼:郭璞注说:"如鳀鱼,四脚。"即娃娃鱼,娃娃鱼又称人鱼。
❺ 毫彘:即豪猪。

译文　　继续西行五十二里为竹山,山上生长着许多高大的乔木,山阴有铁矿。山上长着一种草,名叫黄雚,这种草的植株形状像臭椿,叶子像大麻,开白色花,结红色果实,果实的颜色像赭石,用来洗澡可以治疗疥疮,还可以消除浮肿。竹水经此山北流,注于渭水。竹水之阳生长着可制作箭杆的细竹,水边出产苍玉。丹水经此山东南流,注于洛水。丹水边出产水晶石,水中生活着娃娃鱼。水边还有一种野兽,长得像猪,白毛,身上长着像簪子一样又粗又长的棘刺,棘刺的末梢是黑色的,这种野兽的名字叫豪彘。

又西百二十里,曰浮山,多盼木①,枳叶而无伤,木虫居之。有草焉,名曰薰草②,麻叶而方茎,赤华而黑实,臭如蘼芜③,佩之可以已疠④。

注释　　❶ 盼木:经谓盼木"枳叶而无伤","伤"指树枝上的棘刺。盼木当为一种类似于枳树的树木。
❷ 薰草:又名蕙草,为唇形科罗勒属的一年生草本植物,茎、叶及花穗均有香气,古人常佩戴于身,用以除秽辟恶、抵御疫病。
❸ 臭(xiù)如蘼芜:臭,气味,即闻起来的味道像蘼芜。

西山经 · 西次一经

❹ 佩之可以已疠："疠"有二义，或泛指瘟疫，或特指恶疮，此处当泛指瘟疫。

译文　　继续西行一百二十里为浮山，山上多盼木，盼木的叶子像枳树，但不长棘刺，树上有木虫。山上产一种香草，名叫薰草，薰草的叶子像大麻，茎是四棱形的，开红花，结黑籽，香味如同蘪芜，将这种草的叶子或花戴在身上，可以预防瘟疫。

又西七十里，曰羭次之山，漆水出焉，北流注于渭。其上多棫①、橿，其下多竹箭，其阴多赤铜，其阳多婴垣之玉②。有兽焉，其状如禺而长臂，善投，其名曰嚻③。有鸟焉，其状如枭，人面而一足，曰橐𪄀④，冬见夏蛰⑤，服之不畏雷⑥。

注释　　❶ 棫（yù）：一名白桵，即蕤核，为蔷薇科扁核木属小灌木，开花白色，结红褐色圆果，可食用。
❷ 婴垣之玉：古人称以玉器环绕于祭品四周为"婴"，"垣"当为"埋"的讹字，古人称将祭神之玉埋藏于地为"埋"。"婴垣之玉"，即祭祀羭山之神时陈列和埋藏的玉石。
❸ 嚻：经云此兽"其状如禺而长臂，善投"，当即长臂猿。长臂猿在树木间投身跳腾，故谓之"善投"，"投"不是指投掷，而是指投身跳掷。
❹ 橐𪄀（tuó féi）：经谓此鸟"其状如枭，人面而一足"，当为猫头鹰之一种。
❺ 冬见夏蛰：橐𪄀当为一种夏去冬来的候鸟。
❻ 服之不畏雷：夏天经常打雷，橐𪄀却冬来夏去，恰与打雷的季节相反，故古人相信佩戴了此鸟的羽毛，就可以不害怕打雷。

译文　　继续西行七十里为羭次之山，漆水经此山北流，注于渭水。山上生长着众多棫木、橿木，山下有茂盛的可制作箭杆的细竹，山阴出产红铜，山阳有很多用来祭祀山神的玉石。该山上有一种野兽，长相像猿猴，上臂很长，喜欢在树间跳来跳去，名字叫嚻。山上还有一种鸟，长得像猫头鹰，面孔像人脸，只有一只脚，名字叫橐𪄀。这种鸟冬天出现，夏天蛰伏，将这种鸟的羽毛或别的什么东西佩戴在身上，就不会害怕霹雳。

又西百五十里，曰时山，无草木。逐水出焉，北流注于渭，其中多水玉。

译文　　继续西行一百五十里为时山，山上不生草木。遂水经此山北流，注于渭水，遂水里有许多水晶石。

橐𩇯

西山经·西次一经

又西百七十里，曰南山，上多丹粟。丹水出焉，北流注于渭。兽多猛豹①，鸟多尸鸠②。

注释
❶ 猛豹：豹的一种，或因为豹子凶猛而称之为猛豹。
❷ 尸鸠：即布谷鸟，又名杜鹃。

译文　　继续西行一百七十里为南山，山上出产丹砂。丹水经此山北流，注于渭水。这座山上生活着很多猛豹，鸟类则有众多布谷。

又西百八十里，曰大时之山，上多榖、柞，下多杻、橿，阴多银，阳多白玉。涔水出焉，北流注于渭。清水出焉，南流注于汉水。

译文　　继续西行一百八十里为大时之山，山上生长着众多构树、柞树，山下生长着众多杻木、橿木，山阴出产白银，山阳出产白玉。涔水经此山北流，注于渭水；清水经此山南流，注于汉水。

又西三百二十里，曰嶓冢之山，汉水出焉，而东南流注于沔；嚣水出焉，北流注于汤水。其上多桃枝、钩端①，兽多犀、兕、熊、罴②，鸟多白翰③、赤鷩。有草焉，其叶如蕙④，其本如桔梗⑤，黑华而不实，名曰蓇蓉⑥，食之使人无子⑦。

注释
❶ 桃枝、钩端：两种竹子品种。
❷ 罴（pí）：古书中常熊、罴并称，熊为黑熊，罴为棕熊。
❸ 白翰：即白鹇，我国南方常见的一种雉科鸟类。"翰"指长大的翎毛，白鹇有美丽修长的白色尾羽，故名白翰。翰、鹇音通。
❹ 蕙：即蕙草，一名薰草，见上文"浮山"条注。
❺ 桔梗：即今桔梗。桔梗根为中医常用药，又可食用，我国东北地区、朝鲜常用来腌咸菜。
❻ 蓇（gū）蓉：经云蓇蓉"其叶如蕙，其本如桔梗，黑华而不实"，是一种叶形如蕙草、根如桔梗、开黑花而不结果实的草，为今何种植物，待考。
❼ 食之使人无子：蓇蓉光开花不结实，古人相信吃了蓇蓉，也会像它一样丧失生育能力。

译文　　继续西行三百二十里为嶓冢之山，汉水经此山东南流，注于沔水；嚣水经此山北流，注于汤水。山上生长着众多桃枝竹、钩端竹，时常有犀牛、水牛、黑熊、棕熊出没，还常见白鹇、红腹锦鸡。此山上有一种草，其叶像薰草，根像桔梗，开黑花，不结果实，名字叫蓇蓉，人吃了这种草就不会怀胎生子。

又西三百五十里，曰天帝之山，上多棕、楠，下多菅①、蕙。有兽焉，其状如狗，名曰谿边②，席其皮者不蛊③。有鸟焉，其状如鹑，黑文而赤翁④，名曰栎⑤，食之已痔。有草焉，其状如葵，其臭如蘼芜⑥，名曰杜衡⑦，可以走马⑧，食之已瘿⑨。

注释　　❶ 菅：一种类似茅草的野草。
　　❷ 谿边：经云谿边"其状如狗"，可能就是犬之一种。
　　❸ 席其皮不蛊：用谿边的皮作席子可以辟邪。
　　❹ 赤翁：翁，鸟类脖颈下的毛。赤翁，谓鸟的颈下羽毛为赤色。
　　❺ 栎（lì）：经云栎"其状如鹑，黑文而赤翁"，这是一种形体如鹌鹑，颈部羽毛为赤色而身上羽毛有黑色斑纹的鸟，很可能是我国北方常见的斑纹山鹑。
　　❻ 蘼芜：蘼芜即芎䓖，医书中芎䓖特指芎䓖的叶子。蘼芜有浓烈香气，古人用为香氛，芎䓖则为常用中药，因主要产于四川和西南地区，故称为川芎。
　　❼ 杜衡：一种香草，今仍名杜衡，其叶片为马蹄形，故又称马蹄香，叶片又像葵叶形，故又称杜葵。
　　❽ 可以走马：意为给马食用杜衡可以让马更健走而不累。
　　❾ 食之已瘿：瘿即俗称大脖子，为甲状腺肿大症。《本草纲目》记载杜衡可以治疗"项间瘿瘤之疾"，正与此书相合。

译文　　继续西行三百五十里为天帝之山，山上生长着众多棕榈树和楠木，山下有众多菅茅、蕙草。山上有一种野兽，长得像狗，名字叫谿边，用它的皮作席子可以辟邪。山上有一种鸟，长得像鹌鹑，身上有黑色的斑纹，颈上的羽毛为红色，这种鸟叫栎，吃了它的肉可以治疗痔疮。山上还有一种草，叶子像葵菜，香味如同蘼芜，名叫杜衡。马吃了这种草会变得更健走，人吃了它可以治疗大脖子病。

西南三百八十里，曰皋涂之山，蔷水出焉，西流注于诸资之水；涂水出焉，南流注于集获之水。其阳多丹粟，其阴多银、黄金，其上多桂木。有白石焉，其名曰礜①，可以毒鼠。有草焉，其状如槀茇②，其叶如葵而赤背，名曰无条④，可以毒鼠。有兽焉，其状如鹿而白尾，马足人手而四角，名曰

獜如⑤。有鸟焉，其状如鸱而人足，名曰数斯⑥，食之已瘿⑦。

注释　　❶ 礜（yù）：即砷黄铁矿，为铁、砷的硫化物，是提取砷（砒霜）和各种砷化物的主要矿物原料。礜石有剧毒，故又称毒砂。
❷ 可以毒鼠：礜石有毒，可以用来作为老鼠药。
❸ 藁茇（bá）：即藁本，为伞形科藁本属多年生草本植物，叶似芹菜，故又名野芹菜、野芫荽。
❹ 无条：无条长得像藁本、可以用来毒鼠，当即毒芹。毒芹为伞形科毒芹属多年生草本植物，全草根、茎、叶、花均有毒性，尤以根、茎最毒，我国东北牧区常发生牲畜误食毒芹中毒事件。
❺ 獜如："獜"为"玃"（jué）的讹字。经云獜如"其状如鹿而白尾，马足人手而四角"，当是一种鹿科动物，很可能是白唇鹿。白唇鹿的臀部有一块明显的白斑，尾巴也是白色的。
❻ 数斯：数斯"其状如鸱而人足"，当为猫头鹰的一种。
❼ 瘿：颈部肿瘤、甲状腺肿大之类的大脖子病。

译文　　继续向西南行三百八十里为皋涂之山，蔷水经此山西流注于诸资之水，涂水经此山南流注于集获之水。山阳出产丹砂，山阴出产白银、黄金，山上生长众多桂树。山上出产一种白石，名叫礜石，可以用来毒杀老鼠。山上还生长一种草，形状像藁本，叶子像葵菜，叶子的背面带赤色，这种草名叫无条，也可以用来毒杀老鼠。山上有一种动物，体形像鹿，长着白尾巴，蹄子像马的蹄子，面孔像人脸，头上长着四只角，名叫獜如。山上有一种鸟，长得像猫头鹰，双脚像人的脚，名叫数斯，吃了可以治疗大脖子病。

又西百八十里，曰黄山，无草木，多竹箭。盼水出焉，西流注于赤水，其中多玉。有兽焉，其状如牛，而苍黑大目，其名曰㺎①。有鸟焉，其状如鸮，青羽赤喙，人舌能言，名曰鹦䳇②。

注释　　❶ 㺎（mǐn）：㺎"其状如牛，而苍黑大目"，这种长相像牛、毛色苍黑的动物可能是中华鬣羚。中华鬣羚长相很像牛，眶下腺大而明显，故显得眼睛大。其颈部长有像牛鬃一样的长毛，看起来很像小牛。其毛色为褐灰、灰白或黑色，即经所说的"苍黑"。
❷ 鹦䳇（wǔ）：即鹦鹉。历史上，鹦鹉曾广为分布于中国境内。这种"青羽赤喙"的鹦鹉，很可能即我国境内最常见的大紫胸鹦鹉。大紫胸鹦鹉的身体整体呈现出明艳的青绿色，雄鸟上嘴为珊瑚红色，善于仿效人语。

译文　　继续西行一百八十里为黄山，山上不长草木，有可制作箭杆的茂盛的细竹。盼水经此山西流，注于赤水，其中产玉石。山上生活着一种野兽，长相似牛，身体苍黑色，有一双大眼睛，名叫㺎。还有一种鸟，模样像猫头鹰，青绿色的羽毛，嘴巴是红色的，舌头像人一样灵巧，会学人说话，名叫鹦䳇。

嬰如

西山经 · 西次一经

鸚鵡

又西二百里，曰翠山，其上多椶、楠，其下多竹箭，其阳多黄金、玉，其阴多旄牛①、羚②、麝；其鸟多鸓③，其状如鹊，赤黑而两首四足，可以御火。

注释　❶ 旄牛：《山海经》中的旄牛并非指今天青藏高原的牦牛。"旄"本义指牛尾巴，古人将牛尾巴缀于竿首作为旗帜，《诗经·小雅·出车》云："设此旄矣，建彼旄矣。"旄即指旗帜。所谓旄牛，当指牛尾较长而可用为旄旗的牛，很可能就是指原产我国的黄牛。黄牛尾巴较长，尾端有漂亮的长毛。
　　　　❷ 羚（líng）：即羚羊。
　　　　❸ 鸓（lěi）：可能是树鹊。树鹊形似喜鹊，头部是黑色，尾巴为黑色或灰色，上背为棕褐色，腹部为棕褐色或灰色，与鸓"其状如鹊、赤黑"的特征相符。

译文　继续西行二百里为翠山，山上生长着众多棕榈、楠木，山下有可制作箭杆的茂盛的细竹，山阳出产黄金和玉石，山阴有许多旄牛、羚羊和麝。山上有鸓鸟，其状似喜鹊，身上有红色、黑色羽毛，两头四足，家中饲养此鸟可以预防火灾。

又西二百五十里，曰䲭山，是錞于西海，无草木，多玉。凄水出焉，西流注于海，其中多采石①、黄金，多丹粟。

注释　❶ 采石：指具有各种色彩的纹理优美、质地细腻的石头，如今玛瑙、雨花石之类。

译文　继续西行二百五十里为䲭山，䲭山坐落在西海岸边。山上不生草木，出产玉石。凄水经此山西流注于西海之中，凄水中出产彩色的石头、黄金和丹砂。

凡《西经》之首，自钱来之山至于䲭山，凡十九山，二千九百五十七里。华山，冢也①，其祠之礼：太牢②。羭山，神也③，祠之用烛④，斋百日以百牺，瘗用百瑜⑤，汤其酒百樽⑥，婴以百珪百璧。其余十七山之属，皆毛牷用一羊祠之⑦。烛者百草之未灰，白席采等纯之⑧。

注释　❶ 冢：指大山，华山为本列十九山中最高峻巍峨者，以为群山之首而祀礼特别隆重，故谓之冢。
　　　　❷ 太牢：指同时以牛、羊、猪三牲为牺牲。古人祭礼，因所祭对象的等级不同，献祭之物

麢

西山经·西次一经

亦有别，牛、羊、豕俱用曰太牢，只用羊、豕二牲曰少牢。
❸ 羭（yú）山，神也：指羭山是当地人祭祀的神山，故谓之神。因为羭山是神山，故祭祀非常隆重，要举火炬夜祭，要连续祭祀一百天，供献一百头牛，要埋祭一百件玉器，献酒一百樽，陈设一百件珪、一百件玉璧。
❹ 烛：即火炬，古人夜间祭祀，用火炬照明。
❺ 汤其酒百樽：指以一百樽温过的热酒祭神。
❻ 婴以百珪百璧："婴"为环绕陈列之义，指将献给神的一百件珪和一百件玉璧摆成一个圆圈。
❼ 毛牷用一羊祠之：指用一整只羊献祭。"牷"指身体完整的全牲。
❽ 白席采等纯之："等"意为将各等颜色交织在一起，"纯"意为边缘，"白席采等纯之"意为四边装饰着彩色花边的白席，用来在祭祀时放置各种献祭之物。

译文　　以上为西方第一个山列，从钱来之山至騩山，共经过了十九座山，总里程为二千九百五十七里。其中，华山为群山之首，要用牛、羊、猪三牲齐全的太牢之礼祭祀此山。羭山是这一带的神山，祭祀的礼仪：要举火炬夜祭，要连续祭祀一百天，供献一百头牛，要埋祭一百件玉器，献上一百樽温酒，环列陈设一百件珪、一百件玉璧。其余十七座山，都用一只完整的羊献祭。火炬是用各种耐烧的草捆扎而成的，用白色的席子放置祭品，席子的四周装饰着用各种颜色交织而成的花边。

西次二经

《西次二经》之首，曰钤山，其上多铜，其下多玉，其木多杻、橿。

译文　　《西次二经》这一山列的第一座山叫钤（qián）山，山上产铜，山下产玉石，山上生长的树木多为杻木、橿木。

西二百里，曰泰冒之山，其阳多金，其阴多铁。浴水出焉，东流注于河，其中多藻玉①，多白蛇。

注释　　❶　藻玉："藻"本义指水藻，引申指文饰，藻玉为有文采的玉。

译文　　西行二百里为泰冒之山，山阳产金，山阴产铁。浴水经此山东流，注于黄河，浴水中出产藻玉，水中有很多白蛇。

又西一百七十里，曰数历之山，其上多黄金，其下多银，其木多杻、橿，其鸟多鹦䳇。楚水出焉，而南流注于渭，其中多白珠①。

注释　　❶　白珠：古人所谓珠，不仅指海中珍珠贝类所产之珍珠，山中也产珠，指石质细腻的珠形石子。产于楚水的白珠，当为水滨所产的小巧圆润的白色卵石之类。

译文　　继续西行一百七十里为数历之山，山上出产黄金，山下出产白银，山上生长着众多杻木、橿木，林中栖息着很多鹦䳇。楚水经此山南流，注于渭水，楚水中出产像珠子一样的白色石头。

又西百五十里曰高山，其上多银，其下多青碧①、雄黄②，其木多棕，其草多竹。泾水出焉，而东流注于渭，其中多磬石、青碧。

注释　　❶　青碧：石青和石绿，两者都是铜矿石，是含铜的氧化物，可以用来制作青、绿色的颜料。
　　　　❷　雄黄：雄黄为含硫化砷矿石，通常为橘黄色粒状固体或橙黄色粉末，古人用之辟除毒虫

蛇蝎，并认为可以驱鬼辟邪、治疗恶疮，也是炼丹术的重要原料之一。

译文　　继续西行一百五十里为高山，山上产银，山下产石青、石绿和雄黄，生长着众多棕榈，有茂盛的竹林。泾水经此山东流注于渭水，水边出产可以用来制作磬的石头和石青、石绿。

西南三百里，曰女床之山，其阳多赤铜，其阴多石涅①，其兽多虎、豹、犀、兕。有鸟焉，其状如翟而五彩文，名曰鸾鸟②，现则天下安宁。

注释　　❶ 石涅：即石墨。石墨在古代主要用来制作黑色颜料。
　　　　❷ 鸾鸟：古书中常常凤、鸾并称，鸾也跟凤凰一样，久已被神化为一种传说中的神鸟。但《山经》所记鸟兽均为实有之物，经云鸾"其状如翟而五彩文"，翟即野鸡，可见鸾跟凤凰一样，也为雉鸡之一种。

译文　　继续西南行三百里为女床之山，山阳出产红铜，山阴出产石墨，山上有众多老虎、豹子、犀牛、水牛。山上有一种鸟，长相如雉鸡，羽毛上生有五彩的花纹，名叫鸾鸟，此鸟出现则预示着天下安宁。

又西二百里，曰龙首之山，其阳多黄金，其阴多铁。苕水出焉，而东南流注于泾水，其中多美玉。

译文　　继续西行二百里为龙首之山，山阳出产黄金，山阴出产铁。苕水经此山东南流，注于泾水，水边出产品质上好的玉石。

又西二百里，曰鹿台之山，其上多白玉，其下多银，其兽多㸲牛、羬羊、白豪①。有鸟焉，其状如雄鸡而人面，名曰凫徯②，其名自叫也，见则有兵③。

注释　　❶ 白豪："豪"指猪鬃毛，白豪当是一种生有白色鬃毛的猪，或白色的野猪。
　　　　❷ 凫徯（xī）：经云凫徯"其状如雄鸡而人面"，大概也是雉鸡、山鸡之类。
　　　　❸ 见则有兵：野鸡好斗，古人以之作为好勇斗狠的象征，古代武士所戴的鹖冠即是用雉鸡羽毛装饰的冠。

鳬徯

译文　　继续西行二百里为鹿台之山，山上多白玉，山下多白银。山上生活着众多牦牛、羬羊和白色的野猪。山上有一种鸟，长得像公鸡，面孔像人脸，名叫凫徯，这个名字源于其叫声。此鸟出现，预示着会有战争爆发。

西南二百里，曰鸟危之山，其阳多磬石，其阴多檀①、楮②，其中多女床③。鸟危之水出焉，西流注于赤水，其中多丹粟。

注释　　❶　檀：即檀树。古书所称檀树有多种，非仅一个树种。今我国最常见的为黄檀、青檀和紫檀。黄檀和青檀在我国广泛分布，紫檀则主要见于我国南方和东南亚地区。《山经》共载十五处产檀之山，可见檀为当时中原常见木材，当指黄檀或青檀。
❷　楮（chǔ）：即构树，又名榖。此经榖、楮互见，当是同一种树木的不同变种或不同地方的不同称呼。
❸　女床：当是一种草的名字，不详具体所指为何草。

译文　　继续西南行二百里为鸟危之山，山阳出产可以用于制作乐磬的石头，山阴生长着许多檀树、楮树，树林中生长着一种叫女床的草。鸟危之水经此山西流，注于赤水，鸟危之水的水边出产丹砂。

又西四百里，曰小次之山，其上多白玉，其下多赤铜。有兽焉，其状如猿，而白首、赤足，名曰朱厌①，见则大兵。

注释　　❶　朱厌：朱厌"其状如猿，而白首、赤足"，当为猿之一种，可能是白颊长臂猿或白眉长臂猿。另外，古书中常猿、猴通称，这种白首赤足的猿猴也有可能是今为我国所特有的白头叶猴。

译文　　继续西行四百里为小次之山，山上出产白玉，山下出产红铜。山上有一种野兽，长相如猿猴，头部白色，脚是赤色，名叫朱厌。这种动物大量出现，就预示着会爆发大规模战乱。

又西三百里，曰大次之山，其阳多垩①，其阴多碧，其兽多牦牛、麢羊。

注释　　❶　垩：垩是质地细腻可用来涂饰墙壁的黏土，《山海经》中记载了青垩、黄垩、白垩等各种

西山经　·　西次二经

朱厭

颜色的垩。

译文　　继续西行三百里为大次之山，山阳出产垩土，山阴出产石绿，山上多水牛、羚羊等野兽。

又西四百里，曰薰吴之山，无草木，多金玉。

译文　　继续西行四百里为薰吴之山，此山不长草木，出产黄金和玉石。

又西四百里，曰厎阳之山①，其木多稷②、楠、豫章③，其兽多犀、兕、虎、豹④、㸲牛。

注释
❶ 厎：郭注："音旨"。郝懿行认为当作"厎"，形近而讹。
❷ 稷：当作"㮨"。郭璞注云："㮨似松，有刺，细理。"当即刺松，又称刺柏、山刺柏等，其木材纹理均匀、细致，树形美观，常作为庭院绿化树。
❸ 豫章：又作"豫樟"，豫樟即樟树，因其树高大，故谓之豫樟，"豫"有高大的意思。
❹ 豹："豹"字仅见《山经》，不见他书。古书"犭"旁与"豸"旁常通用，"豹"当即"豹"字之异体，此处虎、豹并举，亦可见豹即豹。

译文　　继续西行四百里为厎阳之山，山上生长着众多稷木、楠木和樟树，常见犀牛、水牛、虎、豹、野牛等野兽。

又西二百五十里，曰众兽之山，其上多琈瑀之玉，其下多檀、楮，多黄金，其兽多犀、兕。

译文　　继续西行二百五十里为众兽之山，山上出产琈瑀之玉，山下生长着众多檀树、楮树，出产黄金，还有众多犀牛、水牛等野兽。

又西五百里，曰皇人之山，其上多金玉，其下多青雄黄①。皇水出焉，西流注于赤水，其中多丹粟。

注释　　❶ 青雄黄：郭璞注云："即雌黄也。"雄黄和雌黄是共生矿物，主要成分均为砷和硫的化合物。雄黄呈橘红色，雌黄颜色较雄黄浅，呈柠檬黄色，故又称青雄黄。雄黄和雌黄皆有毒性，古人用以杀虫，并入药。

译文　　继续西行五百里为皇人之山，山上出产黄金、玉石，山下出产青雄黄。皇水经此山西流注于赤水，皇水中出产丹砂。

又西三百里，曰中皇之山，其上多黄金，其下多蕙、棠①。

注释　　❶ 棠：即棠梨，又称杜梨，为蔷薇科梨属乔木，详见上文《西次一经》英山条"杻"注。

译文　　继续西行三百里为中皇之山，山上出产黄金，山下生长着众多蕙草和棠梨树。

又西三百五十里，曰西皇之山，其阳多金，其阴多铁，其兽多麋、鹿、㸲牛。

译文　　继续西行三百五十里为西皇之山，山阳出产黄金，山阴出产铁，山上生活着众多麋、鹿、野牛等野兽。

又西三百五十里，曰莱山，其木多檀、楮，其鸟多罗罗①，是食人。

注释　　❶ 罗罗：不知为何鸟。《海外北经》有青兽，状如虎，名曰罗罗。罗罗吃人，当系鹰鹫之类的猛禽。

译文　　继续西行三百五十里为莱山，山上生长着众多檀树、楮树，生活着许多叫罗罗的猛禽，这种鸟吃人。

凡《西次二经》之首，自钤山至于莱山，凡十七山，四千一百四十里。其十神者，皆人面而马身。其七神，皆人面牛身，四足而一臂，操杖以行，是为飞兽之神；其祠之，毛用少牢，白菅为席。其十辈神者，其祠之，毛一雄鸡，钤而不糈；毛采。

注释

❶ 十神：该篇共记载十七座山，篇末祀典分为十神和七神两组而祭，首组十神当指前十座山之神。
❷ 七神：指该篇后半段七座山之神。
❸ 少牢：牛、羊、豕具备曰太牢，只用羊、豕二牲曰少牢。
❹ 钤而不糈："钤"（qián）与"刌"义通，指刺取牺牲（白狗、白鸡）的血而祭神。
❺ 毛采：采指彩色，此处指用彩色羽毛的鸡献祭。

译文

《西次二经》所记自钤山至莱山，共十七座山，经历四千一百四十里。其中，前十座山的神都是人面马身。后七座山的神则是人面牛身，都长着四条腿、一只手臂，拄着手杖行走，这些神就是飞兽之神。祭祀他们的方法：祭后七座山的神，毛牲用猪、羊，用白茅草作铺垫；祭前十座山的神，毛牲用一只公鸡，刺其血献祭，不用精米，用来祭祀的鸡要选花公鸡。

西次三经

《西次三经》之首,曰崇吾之山,在河之南,北望冢遂,南望䍃之泽,西望帝之搏兽之丘,东望𡶓渊。有木焉,员叶而白柎①,赤华而黑理,其实如枳②,食之宜子孙。有兽焉,其状如禺而文臂,豹虎而善投③,名曰举父④。有鸟焉,其状如凫⑤,而一翼一目,相得乃飞,名曰蛮蛮⑥,见则天下大水⑦。

注释　
❶ 柎:柎指花萼或花托。
❷ 枳:枳为芸香科柑橘属小乔木,又名枳实、臭橘、枸橘李、枸橘、臭杞等,其树的形状、叶、花、果均似橘树,但果实酸涩不可食。
❸ 豹虎而善投:"豹虎而善投"于文意不通,"豹虎"当为"豹文"或"豹尾"之讹。
❹ 举父:经云举父"其状如禺而文臂,豹虎(尾)而善投",禺即猿猴。"善投"为长臂猿的特征,指长臂猿善于投身跳跃于树木之间,详见上文《西次一经》瑜次之山条注,可知举父也是一种长臂猿。
❺ 凫:即野鸭。
❻ 蛮蛮:经云蛮蛮"其状如凫,而一翼一目,相得乃飞",当是一种形似野鸭、雌雄不相离的鸟类,可能即鸳鸯。鸭科鸟类大都有在育雏期间雌雄共居的习惯,雌雄双飞双栖,形影不离,蛮蛮"相得乃飞"即谓此,以讹传讹则有"一翼一目"之说。
❼ 见则天下大水:蛮蛮属鸭科鸟类,为水禽,水禽喜水,雨水丰沛则多见,故有"见则天下大水"之说。

译文　
　　《西次三经》的第一座山叫崇吾之山,在黄河的南面。登上此山,北望可以看到冢遂山,南望可以看到䍃泽,西望可以看到上帝狩猎野兽的山丘,东望可以看到𡶓(yán)渊。
　　此山上有一种树木,长着圆形的叶子,花萼是白色的,花冠是红色的,木材的纹理是黑色的,结的果实像枳树的果实,吃了此种果实能促进生育能力,多子多孙。
　　山上有一种野兽,长相如同猿猴,双臂有花纹,尾巴像豹尾,喜欢在树木之间跳来跳去,名叫举父。
　　山上还有一种鸟,长相如同野鸭,只有一个翅膀、一只眼睛,因此只有两只鸟相合,才能飞翔,名字叫蛮蛮,这种鸟出现就预示着天下将要发大水。

西北三百里,曰长沙之山,泚水出焉,北流注于泑水,无草木,多青雄黄。

译文　
　　继续西北行三百里为长沙之山,泚(cǐ)水经此山北流,注于泑水。此山上不生草木,但出产青雄黄。

舉父

蛮蛮

西山经·西次三经

又西北三百七十里，曰不周之山①。北望诸毗之山，临彼岳崇之山，东望泑泽②，河水所潜也，其源浑浑泡泡。爰有嘉果③，其实如桃，其叶如枣，黄华而赤柎，食之不劳④。

注释　　❶ 不周之山："不周"指圆环有缺口，该山当是破火山口。《淮南子·天文训》云共工与颛顼争为帝，怒而触不周山，即与此山有关的神话传说。
❷ 泑（yōu）泽：下文"河水所潜也，其源浑浑泡泡"，说明泑泽是一片沼泽。"源"当作"原"，古书中表示源头皆用"原"，"源"为后起字。"原"既有源头的意思，又有旷原、原野的意思，此处当作旷原解。泑泽是位于河流下游的沼泽，河水进入沼泽，不复有河道的约束，乱流弥漫，一片浊流奔涌，"其原浑浑泡泡"呈现的即这一景象。
❸ 嘉果：经云嘉果"其实如桃，其叶如枣，黄华而赤柎（fū）"，这种树木的果实像似桃子、树叶似枣树、花朵呈黄色、花萼呈红色，这说的很可能是李树。李子的花瓣是白色，花瓣的基部呈紫色，花蕊为黄色，合乎经文"黄华而赤柎"的记述。此外，李子树的叶子呈卵形，带光泽，与枣树的叶子相似。
❹ 食之不劳：意为吃了嘉果可以消除疲劳。《本草纲目》说李子"去骨节间劳热"，正与此经相合，也可佐证嘉果是李树。

译文　　继续西行三百七十里为不周之山，登上此山，北望可见诸毗之山，此山临近岳崇之山，东望可见泑泽，泑泽是河水流注的一片大泽，大泽里浊流滚滚、浩浩荡荡。山上有一种嘉果，果实像桃子，叶子像枣树，开黄花，花萼呈红色，吃了这种水果可以消除疲劳。

又西北四百二十里，曰峚山，其上多丹木①，员叶而赤茎，黄华而赤实，其味如饴，食之不饥。丹水出焉②，西流注于稷泽，其中多白玉。是有玉膏，其源沸沸汤汤④，黄帝是食是飨，是生玄玉⑤。玉膏所出，以灌丹木⑥。丹木五岁，五色乃清，五味乃馨。黄帝乃取峚山之玉荣⑦，而投之钟山之阳。瑾瑜之玉为良⑧，坚粟精密⑨，浊泽有而光⑪。五色发作，以和柔刚。天地鬼神，是食是飨⑬；君子服之，以御不祥⑭。自峚山至于钟山，四百六十里，其间尽泽也。是多奇鸟、怪兽、奇鱼，皆异物焉。

注释　　❶ 丹木：经云丹木"员叶而赤茎，黄华而赤实，其味如饴"，这是一种果树，叶子呈圆形，树枝为红色，开黄花，果实为红色，味道甘美若饴，吃了可以充饥，当指枣树。
❷ 稷泽：稷指后稷，后稷为古代神话里发明五谷种植技术的农神，又被周人当成祖先，稷泽当是祭祀后稷之神的地方。

❸ 玉膏：下文说"其源沸沸汤汤"，表明这实际上是一处喷泉或者温泉，泉水含有岩溶物质，其中的钙质遇到空气后形成白色的沉淀物，地质学称为泉华地貌，这种地貌在今天四川九寨沟和云南香格里拉白水台都可见到。玉膏当为刚形成不久的膏状的泉华。

❹ 其源沸沸汤汤："源"本当作"原"，指泉源。"沸沸汤汤"，形容泉水喷涌的样子。

❺ 玄玉：岩溶水沉淀形成的泉华，日久变黑，所谓玄玉，当即形成岁月久远、质地致密的深色泉华。

❻ 玉膏所出，以灌丹木：玉膏所出，指"其源沸沸汤汤"的泉水而言，而非以玉膏灌溉。丹木即枣树。

❼ 玉荣：即上文所说的玉膏。

❽ 瑾瑜之玉：质地上乘的玉石。

❾ 坚粟精密：形容玉石质地细腻而坚实。

❿ 浊泽有而光：形容玉石色泽温润、光华内敛。

⓫ 五色发作：形容玉石在光线映照下所呈现出来的丰富色彩。

⓬ 以和柔刚：指玉石软硬适中。

⓭ 天地鬼神，是食是飨：古人珍视玉石，故以玉石祭祀众神，《山经》各篇末尾山神祭典中即多用玉为祭，即可为证。

⓮ 君子服之，以御不祥：古人认为玉石具有祛除恶气、润泽身心的效果，故佩戴在身上作为辟邪物。

译文　　继续西行四百二十里为峚（mì）山，山上生长着很多丹木，这种树木的叶子为圆形，树枝呈红色，开黄花，结红果，味道甘美如饴，吃了这种果实可以充饥。

丹水源出此山，西流注于祭祀后稷所在的泽水，丹水中出产白色的玉石。

峚山有温泉，泉水源源不断地涌出，形成玉膏，这种玉膏是黄帝的食物，可以用来祭祀黄帝，玄玉就是由这种玉膏生成的。

玉膏所出的泉水，流淌下来浇灌丹木，丹木生长五年后，就会变得五色明媚，五味馨香。

黄帝用从峚山采到的玉荣作为玉种，种在钟山之阳，生成了瑾瑜之玉。瑾瑜之玉是玉石中的良品，质地坚实细腻，光泽温润含蓄，五色分明，刚柔相济。这种玉石是天地鬼神的食物，可以用来祭祀众神。君子佩戴在身上，可以辟邪。

从峚山至钟山的路程共四百六十里，所经之地泽水广布，处处可见奇怪的鸟、兽和鱼类，都是世人罕见的奇异之物。

又西北四百二十里，曰钟山，其子曰鼓①，其状如人面而龙身，是与钦䲹杀葆江于昆仑之阳，帝乃戮之钟山之东曰峐崖，钦䲹化为大鹗②，其状如雕而黑文白首，赤喙而虎爪，其音如晨鹄，见则有大兵；鼓亦化为鵕鸟③，其状如鸱，赤足而直喙，黄文而白首，其音如鹄④，见即其邑大旱⑤。

注释　　❶ 鼓：鼓为钟山之神的名字，即下文所说的鵕鸟。本条记述了一个传说：钟山之神鼓和钦䲹杀了葆江，上帝为葆江复仇，杀死鼓和钦䲹，鼓变成鵕鸟，钦䲹则变成大鹗。鵕鸟和大鹗都是生活于钟山上的鸟，这个故事当是流传于钟山周边的关于这两种鸟的传说。

❷ 大鹗：经文谓大鹗体形像雕，身上生黑色的羽毛，头部白色，嘴巴红色，爪子像虎爪，

显然就是鱼鹰。

❸ 鵕（jùn）鸟：经云鵕鸟"其状如鸱"，鸱为鹞鹰一类的鸟，鵕鸟也当是鹞属鸟类。据经文所述，鵕鸟赤足直喙、黄文白首，可能即白头鹞。白头鹞的头部颜色明显浅于身体，故称白头鹞，身上有褐色和皮黄色斑纹，双脚为黄色，颇与经文对鵕鸟的描述相合。

❹ 鹄：鹄，或言为大雁，或言为天鹅，两者皆为雁形目鸭科大型迁徙飞禽，鸿雁翱翔于蓝天，声音嘹亮，鵕鸟的叫声似之，故云"其音如鹄"。

❺ 见即其邑大旱：鹞属猛禽，以鸟类、田鼠、鱼类、青蛙、蜥蜴、昆虫等为食，天气干旱则田鼠、蜥蜴等多见，故鹞亦因之而多见。

译文　　继续西北行四百二十里为钟山，钟山之神名字叫鼓，长着人的面孔、龙的身体。鼓与钦䲹合伙在昆仑之阳杀死了葆江，上帝为葆江复仇，将鼓杀死在钟山东边的崾崖。钦䲹变成了大鹗，其长相如老雕，身上有黑色斑纹，头部是白色，喙是红色，爪子像老虎的爪子一样强壮尖利，叫起来像晨鹄的声音一样嘹亮，此鸟一旦出现，就预示着将爆发战争。鼓则变成了鵕鸟，其长相如鹞子，爪子是红色的，鸟喙是直的，身上有黄色斑纹，脑袋是白色的，叫起来声音如鸿鹄一样，这种鸟一旦出现，就预示着当地会发生大旱。

又西百八十里，曰泰器之山。观水出焉，西流注于流沙①。是多文鳐鱼②，状如鲤鱼，鱼身而鸟翼，苍文而白首，赤喙，常行西海，游于东海③，以夜飞④。其音如鸾鸡⑤，其味酸甘，食之已狂，见则天下大穰⑥。

注释　　❶ 流沙：《山海经》中，"流沙"出现二十二次，出现于东、南、西、北各方，显然不能理解为西部的沙漠，而是指河流泥沙沉积或海浪冲积而成的沙滩。此处的流沙为观水所注，当为一条沙河。

❷ 文鳐（yáo）鱼：即飞鱼。我国海域常见的飞鱼为真燕鳐，其头部和身体的上部皆为青黑色（苍色），下部为银白色，常成群结队在海面滑翔，正符合经文对于文鳐鱼"苍文而白首"的描述。

❸ 常行西海，游于东海：所谓东海、西海不是分别位于中国东部和西部的海，飞鱼不可能飞越广袤的陆地，所谓"常行西海，游于东海"，当理解为飞鱼从同一片海的西部游到东部。

❹ 以夜飞：飞鱼有趋光性，渔民利用这一特性在夜间用灯火吸引飞鱼入网。

❺ 鸾鸡：鸾鸡即鸾鸟，雉鸡的一种。

❻ 见则天下大穰：农作物的丰收与气象条件有关，鱼汛亦与气象条件有关，故飞鱼的多少与农业的丰收之间存在相关性，古人据此占年景。

译文　　继续西行一百八十里为泰器之山，观水经此山西流，注于流沙之水。

观水中有很多文鳐鱼，这种鱼长得像鲤鱼，鱼的身子，但长着鸟翼一样的鱼鳍，身上有青色的纹理，头部是白色的，嘴巴是红色的。文鳐鱼经常从海的西边游到海的东边，往往在晚上才会飞。这种鱼叫起来声音像雉鸡，味道鲜美，吃了可以治疗狂病。这种鱼如果大量出现，就预示着天下会迎来大丰收。

又西三百二十里，曰槐江之山。丘时之水出焉①，而北流注于泑水。其中多蠃母②，其上多青雄黄，多藏琅玕③、黄金、玉，其阳多丹粟，其阴多采黄金、银④。实惟帝之平圃⑤，神英招司之⑥，其状马身而人面，虎文而鸟翼，徇于四海⑦，其音如榴⑧。南望昆仑，其光熊熊，其气魂魂⑨。西望大泽，后稷所潜也⑩；其中多玉，其阴多榣木之有若⑪⑫。北望诸毗，槐鬼离仑居之⑬，鹰鹯⑭之所宅也。东望恒山四成⑮，有穷鬼居之，各在一搏⑯。爰有淫水⑰，其清洛洛。有天神焉，其状如牛，而八足二首马尾，其音如勃皇⑱，见则其邑有兵。

注释

❶ 丘时之水："时"当为"時"字之讹，"時"通"畤"，指用田埂将土地划分为条块之状。槐江之山为"帝之平圃"，因为修在山顶，故可称为"丘時"。下条"囲时"亦为"囲時"之讹。

❷ 蠃（luǒ）母：即螺，这里指淡水河流中的螺类。

❸ 藏琅玕：琅玕是一种用宝石磨制而成的珠子。"藏"意为美好。

❹ 采黄金：表面闪烁着美丽光彩的黄金。

❺ 帝之平圃：意为上帝的园圃。帝之平圃在山顶上，即神话中的悬圃。

❻ 神英招司之：指槐江之山为英招之神所主管。

❼ 徇于四海：即巡视四海。

❽ 其音如榴：本篇下文云："阴山，……有兽焉，其状如狸而白首，名曰天狗，其音如榴榴。"又《北次一经》云："谯明之山，……有兽焉，其状如貊而赤豪，其音如榴榴，名曰孟槐。"并云"其音如榴榴"，"榴榴"亦当为一种动物，此处"其音如榴"或当作"其音如榴榴"。至于榴榴为何兽，已难详考。

❾ 其光熊熊，其气魂魂：形容神山光焰灿烂、云气蒸腾的样子。

❿ 西望大泽，后稷所潜：这座后稷所潜的大泽当即上文"峚山"条"丹水出焉，西流注于稷泽"之稷泽。

⓫ 榣木："榣"通"櫾"，櫾木即柚子树。柚子今只生于南方，古代在北方也有种植。

⓬ 有若：形容柚子硕果累累、枝丫低垂之态。

⓭ 槐鬼离仑：离仑为诸毗之神。

⓮ 鹰鹯（zhān）：鹯亦为鹞鹰一类的猛禽。

⓯ 恒山四成：指恒山的山形自上而下分为四层。

⓰ 有穷鬼居之，各在一搏：有穷是古代的一个东夷民族，有穷鬼当指这个民族的神，恒山则是这个民族的神山。"搏"通"旁"，指恒山的四旁各有一位有穷鬼守护。

⓱ 爰有淫（yáo）水，其清洛洛："淫"通"瑶"。"淫水"即瑶水，在此为河流名；"其清洛洛"，形容此水清澈，"淫水"当正因其水清澈而得名。

⓲ 勃皇：勃皇又名发皇、蚨蟥，即金龟子。金龟子靠伸缩腹部牵动腹部最后一节跟鞘翅后翼相互摩擦而发声，有些金龟子的叫声很响亮。

译文　　继续西行三百二十里为槐江之山，丘時之水出自此山，北流注于泑水。丘時之水中有很多螺母。槐江之山上有大量青雄黄、上等的琅玕、黄金、玉石，山阳出产细粒丹砂，山阴出

英招

产彩色的黄金、白银。

槐江之山是上帝在下界的园圃，神英招专门负责管理这个园圃。英招的长相为马的身体、人的面孔，身上有老虎一样的斑纹，生有鸟一样的双翼，经常巡游四海。英招叫起来声音如同榴榴。

登上该山，南望可见昆仑，昆仑光辉灿烂，云蒸霞蔚，景象十分壮观。

西望可见后稷死后所葬的大泽，大泽中出产玉石，大泽南生长着高大的柚子树，累累硕果压弯了树枝。

北望可见诸毗之泽，那是槐鬼离仑所居之地，诸毗之泽是鹰鹰的巢穴所在。

东望可见恒山，恒山自上而下分为四层，山的每一面都有一位有穷鬼看守。

槐江之山中有一条清澈的溪水，叫瑶水。

槐江之山上住着一位天神，天神相貌像牛一样，有八条腿、两个脑袋，尾巴像马尾，叫起来的声音如同金龟子的叫声一样嘹亮。这位天神一旦露面，就预示着当地会爆发战乱。

西南四百里，曰昆仑之丘①，是实惟帝之下都②，神陆吾司之③。其神状虎身而九尾，人面而虎爪；是神也，司天之九部及帝之囿时④⑤。有兽焉，其状如羊而四角，名曰土蝼⑥，是食人。有鸟焉，其状如蜂，大如鸳鸯，名曰钦原⑦，蠚鸟兽则死，蠚木则枯。有鸟焉，其名曰鹑鸟⑧，是司帝之百服⑨。有木焉，其状如棠，华黄赤实，其味如李而无核，名曰沙棠⑩，可以御水，食之使人不溺。有草焉⑪，名曰薲草⑫，其状如葵，其味如葱，食之已劳。河水出焉，而南流东注于无达。赤水出焉，而东南流注于汜天之水。洋水出焉，而西南流注于丑涂之水。黑水出焉，而西流于大杅。是多怪鸟兽。

注释

❶ 昆仑之丘：昆仑之丘即传说中神山昆仑的原型。《山海经》是最早记录昆仑的古书，这里的昆仑是一座实有的高山，因其高大巍峨而受到崇拜，并不是后来的神话、仙话中那座虚无缥缈的仙山昆仑。

❷ 帝之下都：上帝在下界的宫殿。帝指上帝，古人认为上帝和群神都在天上，而昆仑则是上帝和群神在下界的宫殿所在。

❸ 神陆吾：昆仑之丘的守护神。

❹ 天之九部：古人将天分为九野，对应于地之九州，"天之九部"当即天之九野。

❺ 帝之囿时："时"为"畤"的讹文。"畤"通"畦"，指园圃中为了灌溉而用田埂把田地划分为一个个方块。帝之囿畤即上帝的花园。

❻ 土蝼："蝼"当作"羖"。土羖"其状如羊而四角"，当是一种鹿科动物，似羊而角多分叉。

❼ 钦原：经云钦原"蠚鸟兽则死，蠚木则枯"，"蠚"（hē）通"螫"，此物有螫毒，当指某种毒蜂，大概即马蜂之类。

❽ 鹑鸟：即鹌鹑。

❾ 司帝之百服：为上帝管理各类服饰。或者解释为替上帝处理各种事务，也通。"服"既可

陸吾

钦原

西山经·西次三经

指服饰，亦可指事务。
❿ 沙棠：即棠梨，又名杜梨。
⓫ 可以御水，食之使人不溺：御水指入水不沉，浮在水上。因沙棠入水不沉，故古人相信吃了它也可以入水不沉，不会被淹死。
⓬ 蘋（pín）草："蘋"通"苹""萍"，即萎蒿，又名芦蒿，多生于水边，初生的嫩茎叶可食用。

译文　　继续西南行四百里为昆仑之丘，这座山是上帝在地上的都城，由陆吾神负责管理。陆吾神长相像老虎一样威猛，生有九条尾巴、人的面孔、老虎的爪子。这位神主管天上的九野和上帝的苑囿。

昆仑之丘有一种野兽，长相似羊，头生四只角，名叫土蝼，这种野兽吃人。

山上还有一种鸟，长得像土蜂，个头有鸳鸯一般大，名叫钦原，鸟兽被它蜇到就会死，树木被它蜇到则会枯死。

还有一种鸟，名叫鹑鸟，此鸟负责替上帝管理各种事务。

山上有一种树木，树像棠梨，开黄花，结红果，味道如同李子，但没有核，名叫沙棠。吃了这种果实可以让人入水不沉，不会淹死。

山上还有一种草，名叫蘋草，样子像葵，味道像葱，吃了这种草可以消除疲劳。

河水经昆仑之丘南流，然后东注于无达之水；赤水经此山而东南流，注于氾天之水；洋水经此山西南流，注于丑涂之水；黑水经此山西流，注于大杅之水。

这座山上栖息着众多奇鸟异兽。

又西三百七十里，曰乐游之山。桃水出焉，西流注于稷泽，是多白玉。其中多䱻鱼①，其状如蛇而四足，是食鱼。

注释　　❶ 䱻（huá）鱼：经云䱻鱼"其状如蛇而四足，是食鱼"，当即娃娃鱼，娃娃鱼有四足，以鱼、蛙、蟹、虾等为食。

译文　　继续西行三百七十里为乐游之山，桃水经此山西流，注于稷泽，此水中多白玉。水中生活着一种鱼，名叫䱻鱼，长相像蛇，长着四条腿，吃鱼。

西水行四百里，曰流沙，二百里至于蠃母之山。神长乘司之，是天之九德也①。其神状如人而豹尾②。其山上多玉，其下多青石而无水。

注释　　❶ 天之九德：指上帝的九种恩德。
❷ 豹尾："豹"为"豹"字异体，见《西次二经》厎阳之山注。

译文　　在水上继续向西行四百里，抵达流沙，再继续西行二百里，抵达嬴母之山。此山为长乘神所居，长乘神负责为上帝施与上天的九种恩德，其长相像人，但长着一条豹子的尾巴。嬴母之山上出产玉石，山下出产青石，无水。

又西三百五十里，曰玉山，是西王母①所居也。西王母其状如人，豹尾虎齿而善啸②，蓬发戴胜③，是司天之厉及五残④。有兽焉，其状如犬而豹文，其角如牛，其名曰狡⑤，其音如吠犬，见则其国大穰。有鸟焉，其状如翟而赤，名曰胜遇⑥，是食鱼，其音如录⑦，见则其国大水。

注释
❶ 西王母：除此处外，《大荒西经》《海内北经》都提到西王母，西王母是一位处于《山海经》世界西方的女神，但《山海经》的西方并不等于中国的西方，后来的一些书中认为西王母是中国西部某个地方的女神、某个部落的酋长，甚至是亚洲西部某个地方的女神，其实都误解了《山海经》。
❷ 善啸：啸即高亢嘹亮的口哨声，又常用来形容动物的长声鸣叫，如虎啸、猿啸、马啸等。西王母"豹尾虎齿"，还善于像野兽一样发出啸声，意在表明西王母野性不退。
❸ 蓬发戴胜：指西王母头发蓬乱，头戴华胜。西王母豹尾虎齿而善啸，蓬头乱发而戴华胜，其形象既极具野性，又独具风情。
❹ 司天之厉及五残：意为西王母主管天上的厉鬼和五残星。天之厉鬼指昴星团，昴星团为由数百颗恒星组成的明亮星团，其中最明亮的有七颗星。古人将昴星团发出的明亮而模糊的星光视为"白衣会"（葬礼）的象征，并将昴星视为天上的坟墓，即天上的厉鬼出没的地方。五残星是一种出现于东方的流星，古人也将它视为死亡、刑杀的象征。西王母主管天之厉和五残星，表明她跟死亡有关，是接引亡灵的死神。
❺ 狡：其状如犬，其音如犬，大概即犬之一种，但犬不生角，而狡有角，当是由于神化此兽生出的想象。
❻ 胜遇："其状如翟而赤，……食鱼"，翟即长尾山雉，此种形如长尾山雉而以鱼为食的鸟类，当即水雉。水雉是一种水鸟，体形像野鸡，有长尾山雉一样的尾巴，以鱼虾为食，俗称水凤凰。
❼ 其音如录：或认为"录"借为"鹿"，指胜遇的叫声像鹿一样。

译文　　继续西行三百五十里为玉山，此山为西王母所居之地。西王母长相如人，有像豹子一样的尾巴和老虎一样的牙齿，常发出长啸之声，头发蓬乱，头戴华胜。西王母主管天上的厉鬼和象征死亡的五残星。
　　玉山有一种野兽，长相似犬，身生豹纹，长着牛一样的角，名叫狡，此兽叫起来声音像狗叫。如果看到狡出现，预示着国家将会获得大丰收。
　　玉山有一种鸟，长相似长尾山鸡，羽毛发红，名叫胜遇。这种鸟吃鱼，发出"录—录—"的叫声。此鸟出现，预示着当地将会发生水灾。

西王母

又西四百八十里,曰轩辕之丘①,无草木。洵水出焉,南流注于黑水,其中多丹粟,多青雄黄。

注释　　❶ 轩辕之丘:轩辕为黄帝之号,轩辕之丘当与黄帝的传说有关。

译文　　继续西行四百八十里为轩辕之丘,山上草木稀疏。洵水经此山南流,注于黑水,水中出产丹砂和青雄黄。

又西三百里,曰积石之山,其下有石门①,河水冒以西流。是山也,万物无不有焉。

注释　　❶ 石门:下文说"河水冒以西流",指河水漫过石门而西流,说明石门是一座引水用的水门,因系用石头砌成,故称石门,当是一处古代水利工程。

译文　　继续西行三百里为积石之山,山下有一座石门,河水漫过这座石门向西流。这座山上有各种宝藏,来自各方的珍宝异物应有尽有。

又西二百里,曰长留之山,其神白帝少昊居之①。其兽皆文尾,其鸟皆文首。是多文玉石。实惟员神磈氏之宫②。是神也,主司反景③。

注释　　❶ 白帝少昊:古人用五色配五方,青、赤、黄、白、黑分别配东、南、中、西、北,少昊为西方之神,故为白帝。
　　　　❷ 员神磈(wěi)氏:"员"通"圆",员神即圆神,员神"主司反景",反景即落日之影,员神当即落日之神。
　　　　❸ 反景:日落西山时的回光返照。

译文　　继续西行二百里为长留之山,此山为白帝少昊的住所。这座山上的野兽都长着有花纹的尾巴,鸟类都长着有花纹的脑袋,这座山上还出产有花纹的玉石。这座山是圆神磈氏的宫殿,这位神是负责观察落日反景的。

又西二百八十里，曰章莪之山，无草木，多瑶、碧。所为甚怪①。有兽焉，其状如赤豹，五尾一角，其音如击石，其名如狰②。有鸟焉，其状如鹤，一足，赤文青质而白喙，名曰毕方③，其鸣自叫也，见则其邑有讹火④。

注释　　❶ 所为甚怪：意为此山有种种匪夷所思之事物。
　　　　❷ 其名如狰（zhēng）：狰"其状如赤豹，五尾一角"，当即赤豹之类，赤豹即金钱豹。豹有修长的尾巴，所谓"五尾"，形容其尾巴较长。至于"一角"，则属想象之辞。
　　　　❸ 毕方：毕方"其状如鹤，一足，赤文青质而白喙"，这是一种形如仙鹤的青色鸟，当即中国常见的灰鹤。灰鹤身体大部分为灰色，随年龄增长而变苍，头顶为红色，嘴部颜色较浅，与毕方的形态颇为相合。仙鹤一类的涉禽常以一脚独立，故有"一足"之说。
　　　　❹ 讹火：指莫名其妙、无缘无故地发生的火灾。

译文　　继续西行二百八十里为章莪（é）之山，山上无草木，有瑶玉、石绿。这座山上经常发生一些莫名其妙的事情。
　　　　山上有一种野兽，长得像赤豹，有五条尾巴，头上有一只角，叫声如击打石头的声音，名叫狰。
　　　　山上有一种鸟，长得像仙鹤，只有一只脚，身上有红色斑纹，身体是青色的，嘴巴是白色的，名叫毕方，它的叫声就是它的名字。这种鸟出现，预示着当地会无缘无故地发生火灾。

又西三百里，曰阴山，浊浴之水出焉，而南流注于蕃泽，其中多文贝①。有兽焉，其状如狸而白首，名曰天狗②，其音如榴榴③，可以御凶④。

注释　　❶ 文贝：古书所说的"贝"，特指宝贝，即可用为贝币的宝贝科动物。文贝指有花纹的宝贝，常见的阿文绶贝和虎斑宝贝都属于此类。
　　　　❷ 天狗：今为狗獾的别名，但狗獾体形像狗而较肥，不像狸（灵猫），经文说天狗"其状如狸而白首"，更可能是果子狸，果子狸因其面部有明显的白色斑纹，尤其是头额中央的一条白纹非常醒目，故名花面狸，又称白鼻狗。
　　　　❸ 其音如榴榴："榴榴"或作"猫猫"，意为天狗的叫声跟猫叫相似。
　　　　❹ 可以御凶：意为饲养这种动物，即可防备凶邪之物的侵袭。

译文　　继续西行三百里为阴山，浊浴之水经此山南流，注于蕃泽。浊浴之水中出产文贝。
　　　　阴山上有一种野兽，长得像狸猫，脑袋是白色的，名字叫天狗，叫起来声音像猫，饲养这种动物，可以防备凶邪之物。

狰

〇八五　西山经・西次三经

畢方

天狗

西山经·西次三经

又西二百里,曰符惕之山,其上多棕、楠,下多金、玉,神江疑居之^①。是山也,多怪雨,风云之所出也。

注释　　❶ 神江疑居之:此山"多怪雨,风云之所出也",说明此山由于地形影响而形成局部多云、多雨的气候,因此古人将此山视为神山,江疑即此山之神。

译文　　继续西行二百里为符惕(yáng)之山,山上生长着众多棕榈、楠木,山下出产黄金和玉石。江疑神住在这座山上。这座山经常无缘无故地刮风下雨,风和云就是从这座山上产生的。

又西二百二十里,曰三危之山,三青鸟居之^①。是山也,广员百里。其上有兽焉,其状如牛,白身四角,其毫如披蓑,其名曰獓𤝕^②,是食人。有鸟焉,一首而三身,其状如𪁘^③,其名曰鸱^④。

注释　　❶ 三青鸟:"三青鸟"指三只青鸟。《大荒西经》云:"有西王母之山,……有三青鸟,赤首黑目,一名曰大鵹,一名少鵹,一名曰青鸟。"当即此三青鸟。《大荒西经》称三青鸟分别名为大鵹、少鵹、青鸟。"鵹"通"黎",指青黑色,可见三青鸟当为羽毛深青色的鸟,当即我国常见的翠鸟。翠鸟为水鸟,捉到鱼虾之后,并不是立即吞下,而是带回栖息地,在石头上摔打,待鱼死后再吃掉。《海内北经》说三青鸟"为西王母取食",大概就是由翠鸟这一习性而来。
　　　　❷ 獓𤝕(ào yē):经谓獓𤝕"其状如牛,白身四角,其毫如披蓑",当即牦牛。牦牛生活于高寒环境,长着长毛御寒,毛长达40厘米,几乎垂到地面,就像披了一件蓑衣一样,故说獓𤝕"其毫如披蓑"。
　　　　❸ 𪁘(luò):即雕。
　　　　❹ 鸱(chī):这种长相如雕的鸱当是雕鸮。经谓鸱"一首而三身",当是古人因此鸟少见而导致的神秘化误解。

译文　　继续西行二百二十里为三危之山,给西王母取食的三只青鸟住在这座山上。此山绵延甚广,方圆达百里。山上有一种野兽,长相像牛,身体为白色,头长四只角,长毛披散如同身披蓑衣,当地人称之为獓𤝕,据说它能吃人。山上还有一种鸟,长相像雕,当地人称之为鸱。

傲𤝵

〇八九　　西山经·西次三经

又西一百九十里，曰騩山，其上多玉而无石。神耆童居之，其音常如钟磬。其下多积蛇。

注释　　❶ 耆（qí）童：即老童。《大荒西经》云："颛顼生老童，老童生祝融，祝融生太子长琴，是处摇山，始作乐风。"乐风谓音乐歌舞。太子长琴为音乐之神，老童为太子长琴的祖父，则亦当与音乐有关，故说他的声音像钟磬一样。
　　　　❷ 下多积蛇：山下有一座蛇渊。此山为老童之神所居，山下积蛇，或与宗教巫术有关。

译文　　继续西行一百九十里为騩山，山上出产玉石，没有石头。老童之神居住于此山，他的声音如钟磬之声一样悦耳。山下有一座积蛇成堆的蛇渊。

又西三百五十里，曰天山，多金玉，有青雄黄。英水出焉，而西南流注于汤谷。有神焉，其状如黄囊，赤如丹火，六足四翼，浑敦无面目，是识歌舞，实惟帝江也。

注释　　❶ 帝江：帝江"浑敦无面目"，《庄子·应帝王》云："南海之帝为儵，北海之帝为忽，中央之帝为浑沌。"有人据此认为帝江即中央之帝，实属附会。所谓帝江"浑敦无面目"，仅谓其面目模糊，不具明显的五官而言，浑敦并非其名，因此，不能将它与中央之帝浑沌混为一谈。

译文　　继续西行三百五十里为天山，山上多有黄金和玉石，还出产青雄黄。英水经此山西南流，注于西方的落日之谷。山上居住着一位神灵，形如一只黄色的袋子，浑身若火焰般赤红，长着六只脚、四个翅膀，此神面目模糊，不具五官，但能歌善舞，它的名字叫帝江。

又西二百九十里，曰泑山，神蓐收居之。其上多婴短之玉，其阳多瑾瑜之玉，其阴多青雄黄。是山也，西望日之所入，其气员，神红光之所司也。

注释　　❶ 蓐收：《海外西经》云："西方蓐收，左耳有蛇，乘两龙。"蓐收是秋天之神，"蓐收"就是收获的意思。古人以西方对应于秋天，故蓐收又称为西方之神，居住于西方的泑山。
　　　　❷ 婴短之玉："婴短"二字不可解，上文《西次一经》羭次之山"婴垣之玉"当作"婴埋之玉"，此处"婴短之玉"亦当作"婴埋之玉"。婴指将祭神之玉环列于四周，埋指将祭神之玉

帝江

西山经 · 西次三经

埋在地中。此山为蓐收之神和红光之神所司，这些玉石当即献给这两位神的祭品。

❸ 瑾瑜之玉：瑾瑜之玉为质地优良的玉石，故用来祭神。

❹ 神红光：经云："西望日之所入，其气员。""员"通"圆"，谓日薄西山时，夕阳大且圆，红光之神当是夕阳之神。

译文　　继续西行二百九十里为泑山，西方之神蓐收居于此山。山上有许多用来婴祭和埋祭的玉石，山阳有许多瑾瑜之玉，也是用来祭神的美玉，山阴出产青雄黄。登上此山可遥望西方落日，夕阳大而圆，此山由落日之神红光主管。

西水行百里，至于翼望之山，无草木，多金玉。有兽焉，其状如狸，一目而三尾，名曰讙①，其音如棄百声②，是可以御凶，服之已瘅③。有鸟焉，其状如乌，三首六尾而善笑，名曰鵸䳜④，服之使人不厌⑤，又可以御凶⑥。

注释　　❶ 讙："讙"当通"獾"，经云讙"其状如狸"，这种长相似狸的野兽显然就是獾。我国有多种獾类动物，其中鼬獾与花面狸在体形、样貌、毛色花纹诸方面都很相像。

❷ 其音如棄（xùn）百声："棄"当为"奞木"二字之讹，"奞"指鸟展翅奋飞，其义与"奋"相近。鸟振翅奋飞则有声，"其音如奞木"当指讙的叫声如同挥动或振动木头发出的声响。

❸ 服之已瘅：《韩非子·解老》云："内无痤疽瘅痔之害。"《左传·襄公十九年》云："荀偃瘅疽，生疡于头。"瘅与痤、疽、痔相提并论，且导致肌肤溃疡，当是某种毒疮。

❹ 鵸䳜（yī yú）：鵸䳜又见《北山经》，彼云该鸟"其形状乌，五彩而赤文"，此处则云"其状如乌，三首六尾而善笑"，"三首六尾"自然是误解，"善笑"当为"善啸"之讹，《山经》中"善笑"皆当理解为"善啸"，啸即吹口哨。此鸟当为我国常见的红翅绿鸠，红翅绿鸠的体形跟乌鸦相近，羽毛色彩鲜妍，脸部为亮橄榄黄色，头顶为橄榄色，后颈为灰黄绿色，颈部较灰，上身和翅膀的内侧为橄榄绿色，翅膀、背部有大片的栗红色，叫声为连续的 wu-wua wu，wu-wua wu 或 ah oh ah oh 声，圆润而空灵，像极了人吹口哨的声音。

❺ 服之使人不厌："厌"通"餍""噎"，《说文》云："噎，饭窒也。"鵸䳜"服之使人不厌"，指佩戴此鸟可防止噎食。古人相信斑鸠吃东西不噎食，故有给老年人赐鸠杖的风俗。

❻ 可以御凶：古人以斑鸠为吉祥之鸟，相信此鸟可以辟邪。

译文　　继续向西沿着水边行一百里为翼望之山，此山不生草木，多有金玉。山上有一种野兽，长相如狸猫，只有一只眼睛，却有三条尾巴，名字叫讙，它的叫声如同挥舞木头的声音，此兽可以抵御凶邪之气，可用来治疗瘅疮。山上有一种鸟，长相如乌鸦，有三个脑袋、六条尾巴，叫声像人吹口哨，名叫鵸䳜，将此鸟的羽毛佩戴在身上可以让人吃饭不噎，还可以辟邪。

讙

西山经·西次三经

鸑鷟

凡《西次三经》之首，崇吾之山至于翼望之山，凡二十三山，六千七百四十四里。其神状皆羊身人面。其祠之礼，用一吉玉①瘗，糈用稷米。

注释　　❶ 吉玉：有彩色的玉石。

译文　　西方第三列山，从崇吾之山至翼望之山，共二十三山，六千七百四十四里。其山神皆羊身人面，祭祀的方法：把一块彩色的美玉埋在山上献给山神，并用稷米作祭神的米。

西次四经

《西次四经》之首曰阴山，上多穀，无石，其草多茆^①蕃^②。阴水出焉，西流注于洛。

注释　　❶ 茆（máo）：即"茅"，指茅草。
　　　　❷ 蕃："蕃"通"薠"（fán），薠即莎草，俗称三楞草、三棱草等。

译文　　西方第四列山之首为阴山，山上长满构树，没有石头，有大片的茅草和莎草。阴水流经此山，西流注于洛水。

北五十里，曰劳山，多茈草^①。弱水出焉，而西流注于洛。

注释　　❶ 茈草："茈"同"紫"，茈草即紫草，因其根富含紫色物质，古人用来作为紫色染料，故称紫草。

译文　　继续北行五十里为劳山，山上有许多紫草。弱水经此山西流，注于洛水。

西五十里，曰罢父之山。洱水出焉，而西流注于洛，其中多茈、碧^①。

注释　　❶ 茈、碧：茈、碧见于河流中，可能分别指紫水晶和石绿。

译文　　继续西行五十里为罢父之山，洱水经此山西流，注于洛水，洱水中出产紫水晶和石绿。

北百七十里，曰申山，其上多穀、柞，其下多杻、橿，其阳多金玉。区水出焉，而东流注于河。

译文　　继续北行一百七十里为申山，山上生长着众多构树、柞树，山下有许多杻树和橿树。山阳出产黄金和玉石。区水流经此山，向东流进黄河。

北二百里，曰鸟山，其上多桑，其下多楮，其阴多铁，其阳多玉。辱水出焉，而东流注于河。

译文　　继续北行二百里为鸟山，山上长满桑树，山下长满楮树，山阴出产铁，山阳出产玉石。辱水经此山东流，注于黄河。

又北百二十里，曰上申之山，上无草木，而多硌石①，下多榛楛②③，兽多白鹿。其鸟多当扈④，其状如雉，以其髯飞，食之不眴目⑤。汤水出焉，东流注于河。

注释　　❶ 硌（luò）石：山上磊落的巨石。
　　　　❷ 榛：即榛子。
　　　　❸ 楛（hù）：红色枝条的牡荆。
　　　　❹ 当扈：经云当扈"其状如雉，以其髯飞"，当为雉科鸟类，"髯"当指鸟的脸颊两边长着像络腮胡一样的羽毛。我国雉科鸟类中，蓝马鸡和褐马鸡两种均生有十分醒目的猩红色眼周和白色髭须延长而成的耳羽簇，俨然如大红脸两旁生有白色的络腮胡。
　　　　❺ 眴目："眴"通"眩"，眩目即眼花，看不清东西。

译文　　继续北行一百二十里为上申之山，山上不生草木，到处都是累累堆积的巨石。山下生长着众多榛树和牡荆，生活着许多白鹿。山上生活着许多当扈鸟，长相像野雉，脸颊两侧长着长长的髭髯，看起来好像在借助髭髯飞翔。人吃了此鸟的肉，可以治疗眼花。汤水流经此山，向东注于黄河。

又北百八十里，曰诸次之山，诸次之水出焉，而东流注于河。是山也，多木无草，鸟兽莫居，是多众蛇。

译文　　继续北行一百八十里为诸次之山，诸次之水流经此山，向东流注于黄河。此山树木茂盛，不长草，山上鸟兽罕见，因为此山多蛇。

又北百八十里，曰号山，其木多漆、棕，其草多药①、虈②、芎䓖④。多泠石⑤。端水出焉，而东流注于河。

注释　①漆：即漆树。漆树的树汁即可用来作为家具涂料的天然漆，我国很多地方都有栽培。
②药：药特指白芷，多年生高大草本，根有浓烈气味，为常用中药，称为"大活"或"独活"。
③虈（xiāo）：一种与白芷类似的香草。
④芎䓖：即蘪芜，见《西次一经》天帝之山条"蘪芜"注。
⑤泠石："泠石"或当为"冷石"之讹，即冷石，冷石亦即今所谓滑石。滑石是一种硅酸盐矿物，中药用为药物。

译文　继续北行一百八十里为号山，山上生长着众多漆树、棕榈树，草类多白芷、芎䓖。此山产滑石。端水经此山东流，注于黄河。

又北二百二十里，曰孟山，其阴多铁，其阳多铜，其兽多白狼、白虎，其鸟多白雉、白翟①。生水出焉，而东流注于河。

注释　①白雉、白翟：雉、翟皆指野鸡，《说文》云："翟，山雉尾长者。"则白雉、白翟之别在其尾羽的长短。我国现存有两种羽毛为白色的雉科鸟类，即白马鸡和白鹇，后者尾羽较前者长，白雉当指白马鸡，白翟当指白鹇。

译文　继续北行二百二十里为孟山，山阴出产铁，山阳出产铜，这座山上的野兽和鸟类都是白色的，有白狼、白虎、白雉、白翟。生水经此山东流，注于黄河。

西二百五十里，曰白於之山，上多松、柏，下多栎、檀，其兽多㸲牛、羬羊，其鸟多鸮①。洛水出于其阳，而东流注于渭；夹水出于其阴，东流注于生水。

注释　①鸮：同枭，即猫头鹰。

译文　继续西行二百五十里为白於之山，山上长满松柏，山下长满栎树和檀树，山上生活着许多㸲牛、羬羊，鸟类则有很多猫头鹰。洛水经其阳，向东流注于渭水；夹水经其阴，向东流注于生水。

西北三百里，曰申首之山，无草木，冬夏有雪。申水出于其上，潜于其下，是多白玉。

译文　　继续西北行三百里为申首之山，不生草木，这座山上冬夏都有雪。申水源出此山之上，在其山下潜入地下。此山出产白玉。

又西五十五里，曰泾谷之山，泾水出焉，东南流注于渭，是多白金白玉。

译文　　继续西行五十五里为泾谷之山，泾水经此山东南流，注于渭水，此水中出产白金、白玉。

又西百二十里，曰刚山，多柒木①，多㻬琈之玉。刚水出焉，北流注于渭，是多神䰠②，其状人面兽身，一足一手，其音如钦③。

注释　　❶ 柒木：柒木当即漆树，"柒"借为"漆"字。
　　　　❷ 䰠（kuí）：其字从光从鬼，鬼、神义通，此神在《西山经》，近日落之地崦嵫之山（见下文），此神名曰䰠，或与落日有关。
　　　　❸ 其音如钦："钦"借为"吟"，谓神䰠声音如歌吟之声。

译文　　继续西行一百二十里为刚山，山上生长着众多漆树，有许多㻬琈之玉。刚水流经此山，向北流进渭水。此山上住着神䰠，此神长着人的面孔、野兽的身子，只有一只手、一只脚，声音如同歌吟一样好听。

又西二百里，至刚山之尾，洛水出焉，而北流注于河。其中多蛮蛮①，其状鼠身而鳖首，其音如吠犬。

注释　　❶ 蛮蛮："蛮"与"獌"音近，獌即水獭，又名獌獭。水獭体形与鼠类相似，叫声颇似小狗吠叫。经文记述的蛮蛮生活于河流之中，其状鼠身，其音如吠犬，当即水獭。

魈

西山经·西次四经

蠻蠻

译文　　继续西行二百里，到达刚山之尾，洛水经此处北流注于黄河。洛水中有许多蛮蛮，它的身体像老鼠，脑袋像鳖，叫起来的声音像小狗。

又西三百五十里，曰英鞮之山，上多漆木，下多金玉，鸟兽尽白①。涴水出焉，而北注于陵羊之泽。是多冉遗之鱼②，鱼身蛇首、六足，其目如马耳，食之使人不眯③，可以御凶。

注释　　❶ 鸟兽尽白：一座山上天然而生的动物不可能都是白色的，一山鸟兽尽为白色只能是人为的结果。此山与上文孟山"其兽多白狼、白虎，其鸟多白雉、白翟"一样，可能是人工豢养白色鸟兽的林苑。
❷ 冉遗之鱼：即蝾螈。
❸ 食之使人不眯："眯"通"迷"，指梦魇、做噩梦、说梦话之类。

译文　　继续西行三百五十里为英鞮（dī）之山，山上生长着众多漆树，山下出产黄金、玉石，这座山上的鸟兽都是白色的。涴（yuān）水经此山北流，注于陵羊之泽。涴水中有许多蝾螈，其身体像鱼，脑袋像蛇，长着六只脚，眼睛长得如同马耳朵。吃了蝾螈可以让人不做噩梦，还可以用来辟除凶邪之气。

又西三百里，曰中曲之山，其阳多玉，其阴多雄黄、白玉及金。有兽焉，其状如马而白身黑尾，一角，虎牙爪，音如鼓音，其名曰駮①，是食虎豹，可以御兵②。有木焉，其状如棠，而员叶赤实，实大如木瓜，名曰櫰木③，食之多力。

注释　　❶ 駮（bó）：这种其状如马、能食野兽、其名曰駮的猛兽亦见于《海外北经》，其文云："有兽焉，其名曰駮，状如白马，锯牙，食虎豹。"駮能食虎豹，显然非马，当系一种较之虎、豹更为凶猛的食肉动物，此种猛兽很可能即狮子。狮子不是马科动物，但狮子颈部生有像马鬃一样的鬃毛，故古人谓其"如马"；经又云駮"音如鼓音"，低沉雄浑的狮吼确如鼓声；狮子浑身毛色较浅，尾端毛色较深，故谓之"黑尾"。《海外北经》《尔雅》《说文解字》记述駮，均不言"一角"，此处"一角"很可能是后来的衍文。中国不产狮子，狮仅存在于非洲大陆、西亚、印度南部，在中国古书中记载的狮子都是经丝绸之路或海上丝绸之路从非洲、西亚或印度输入的。
❷ 御兵：抵御兵器的伤害。駮凶猛无比，令人望而却步，故古人相信利用它可以抵御武器的伤害。

西山经 · 西次四经

冉遺魚

駮

西山经 · 西次四经

❸ 櫰（huái）木：此树叶子如海棠，结红色的像木瓜一样的果实，当即木瓜海棠，又名毛叶木瓜。

译文　　继续西行三百里为中曲之山，山阳出产玉石，山阴出产雄黄、白玉和黄金。山上有一种野兽，长有跟马一样的鬃毛，身体是白色，尾巴是黑色，头上长着一只角，牙齿和爪子都像老虎，叫声低沉像敲鼓的声音，其名为驳，这种野兽非常凶猛，能吃虎、豹，可以用它来抵御兵器的伤害。山上生有一种树木，树的样子像海棠，长圆形的叶子，结红色的果实，果实像木瓜，这种树木的名字叫櫰木，其果实吃了可以让人更有力气。

又西二百六十里，曰邽山。其上有兽焉，其状如牛，猬毛，名曰穷奇①，音如獆狗，是食人。濛水出焉，南流注于洋水，其中多黄贝②、蠃鱼③，鱼身而鸟翼，音如鸳鸯，见则其邑大水④。

注释　　❶ 穷奇：穷奇"其状如牛，猬毛，名曰穷奇，音如獆狗"，与《海内北经》记述的环狗很像，环狗"兽首人身，一曰猬状如狗，黄色"，穷奇当即环狗，为一种凶猛的大型犬类动物，很可能即藏獒。
❷ 黄贝：当是一种可作为贝币的货贝，货贝的贝壳颜色呈微黄或黄色，故称为黄贝。
❸ 蠃鱼：蠃，郭璞注："音螺"。则"蠃"当作"蠃"。蠃鱼"鱼身而鸟翼，音如鸳鸯"，当为飞鱼。
❹ 见则其邑大水：飞鱼原生于海中，非内陆水体鱼类，但在江河下游靠近海洋的地方，飞鱼亦可沿河流而上进入内陆水体。

译文　　继续西行二百六十里为邽山，山上有一种野兽，其状如牛，毛如刺猬，名叫穷奇，叫起来像狗嗥，这种野兽能吃人。濛水经此山南流，注于洋水。濛水中有许多黄贝、蠃鱼，蠃鱼长着像鸟一样的翅膀，叫起来如鸳鸯的叫声，见到这种鱼，当地就会发大水。

又西二百二十里，曰鸟鼠同穴之山，其上多白虎、白玉。渭水出焉，而东流注于河。其中多鳛鱼，其状如鳣鱼①，动则其邑有大兵②。滥水出于其西，西流注于汉水。多䱜魮之鱼③，其状如覆铫，鸟首而鱼翼鱼尾，音如磬石之声④，是生珠玉。

注释　　❶ 鳛（sāo）鱼，其状如鳣鱼：鳣鱼即鲟鱼，鳛鱼亦当为鲟鱼的一种。
❷ 动则其邑有大兵：鲟鱼在秋季洄游，进入江河，其他时间则难得一见，且鲟鱼身披骨甲，

嬴魚

西山经·西次四经

鳥鼠同穴

鳐鱼

西山经·西次四经

如同铠甲，体型硕大，形态威猛，有武士之象。古人于秋季演兵习武，出兵征伐，而鲟鱼恰好在秋季出现，也许正是因此，古人视之为战争的象征。

❸ 絮魮（rú pí）之鱼：经云絮魮之鱼"状如覆铫"，铫是一种农具，可用以耨田，当即后世之锄头。絮魮之鱼"状如覆铫"，当为鳐鱼之类。鳐鱼体形扁宽大，呈菱形或近圆形，很像一把扁平的锄头。山东、辽宁沿海有一种俗称为劳板鱼的孔鳐，其头部前有较尖长的吻部，跟鸟的头部有几分相似，合乎絮魮之鱼"鸟首"的特征。有些地方称孔鳐为"铧子鱼"，意为孔鳐体形像犁铧头，与古人"状如覆铫"的观察不谋而合。

❹ 是生珠玉：很多鱼类头部都能吃出"石头"，这些石头是由构成鱼的内耳的囊细胞分泌物形成的，故称耳石，其成分是碳酸钙质和纤维性质的有机物质，有椭圆形、方形、菱形等，质地坚硬，多为半透明、白色、似玉质地。絮魮之鱼所生的珠玉，盖即指鱼身体中的耳石。

译文　　继续西行二百二十里为鸟鼠同穴之山，山上有很多白虎、白玉。渭水经此山东流注于黄河。渭水中有许多鳋鱼，其状如鲟鱼，此鱼活动即表明当地会爆发战争。滥水经此山西流注于汉水，滥水中有许多絮魮之鱼，其形状如同锄头，头部像鸟头，长着鱼鳍和鱼尾，叫起来的声音如击磬之声，其体内有像珍珠和玉石一样的石头。

西南三百六十里，曰崦嵫之山，其上多丹木①，其叶如榖，其实大如瓜，赤符而黑理，食之已瘅，可以御火。其阳多龟，其阴多玉。苕水出焉，而西流注于海，其中多砥砺②。有兽焉，其状马身而鸟翼，人面蛇尾，是好举人，名曰孰湖③。有鸟焉，其状如鸮而人面，蜼④身犬尾，其名自号也⑤，见则其邑大旱。

注释　　❶ 丹木：这种结实大如瓜的树木，可能就是木瓜树。中国古书里的木瓜为蔷薇科木瓜属植物，与现在市场上常见的水果木瓜不是同一种植物，后者叫番木瓜，原产美洲。木瓜树的枝条是紫褐色的，故称丹木。木瓜的果实成熟后整体为黄色，有红晕，即经文所谓"赤符"。

❷ 砥砺：磨刀石，砥指细磨刀石，砺指粗磨刀石。

❸ 孰湖：孰湖"其状马身而鸟翼，人面蛇尾"，是一种长翅膀的兽类，可能是某种蝙蝠。经云孰湖"好举人"，郭璞注说："好抱举人。"其义大概是说此种动物有趋人的倾向。

❹ 蜼（wèi）：一种长尾猴。

❺ 其名自号：《山经》常见"某某名某，其鸣自号（自叫、自詨）"的说法，此处"其名自号"，原本当作"其名某某，其鸣自号"，今本脱去此鸟的名称和"其鸣"二字。此鸟"其状如鸮而人面，蜼身犬尾，其名自号也，见则其邑大旱"，当为枭之一种。

译文　　继续西南行三百六十里为崦嵫之山，山上多丹木，其叶子像构树的叶子，结的果实像瓜一样大小，果皮有红晕，里面有黑色的纹理，吃了此水果可以治疗瘅疮，还可以抵抗火烧。山阳有许多乌龟，山阴出产玉石。苕水经此山西流注于海，水中出产粗和细的磨刀石。山上有一种野兽，身体像马，长着鸟一样的翅膀、人一样的面孔、蛇一样的尾巴，这种动物喜欢亲近人，其名叫孰湖。山上有一种鸟，其状如猫头鹰，面孔似人，身体像猿猴，尾巴像狗，它的名字就是源自其鸣叫的声音，这种鸟出现就预示当地大旱。

凡《西次四经》自阴山以下，至于崦嵫之山，凡十九山，三千六百八十里。其祠祀礼①，皆用一白鸡祈。糈以稻米，白菅为席。

注释　　❶ 其祠祀礼：按照《山经》记事惯例，每篇末尾的结语，都是先总计该列山数和里数，然后记述该列山神的形象，再记述祭祀山神的礼仪。该篇亦不当例外，"其祠祀礼"前原当有关于山神形象的描述，今本脱去。

译文　　　这是西方第四个山列，从阴山至崦嵫之山，共十九座山，总里程为三千六百八十里。祭祀山神的礼仪：所有山神都用一只白鸡，刺取其血献祭，祭祀用的精米用稻米，用白茅草作为放置祭品的藉席。

右西经之山，凡七十七山，一万七千五百一十七里。

译文　　　上文记录的是在西方行经的山，共计七十七座山，山间里程共计一万七千五百一十七里。

卷三

北山经

北次一经

《北山经》之首,曰单狐之山,多机木①,其上多华草②。漨水出焉,而西流注于泑水,其中多芘石③、文石。

注释　❶ 机木:即椴木,为桦木科高大乔木,树高可高达三四十米,树叶可供药用。
　　　❷ 华草:《尔雅·释草》云:"白华,野菅。"可见菅草又名白华。菅草至秋会生出如同芦花一样的白花故称白华,华草或即指菅草之类。
　　　❸ 芘石:"芘"当为"茈"的讹文,茈石即紫石,即紫水晶。

译文　　《北山经》的第一座山为单狐之山,山上生长着许多椴木和菅草。漨水经此山西流,注于泑水,这条河流中出产紫水晶和有花纹的石头。

又北二百五十里,曰求如之山,其上多铜,其下多玉,无草木。滑水出焉,而西流注于诸毗之水。其中多滑鱼①,其状如鳝,赤背,其音如梧,食之已疣②。其中多水马③,其状如马,文臂牛尾,其音如呼④。

注释　❶ 滑鱼:滑鱼状如鳝,"鳝"通"鼍",即扬子鳄。滑鱼似扬子鳄,则当为一种生有四足、水陆两栖动物,当即娃娃鱼,又称大鲵,其背部通常呈棕色、红棕色、黑棕色等,腹部为浅褐色或灰白色,故谓之"赤背";大鲵皮肤光滑,故谓之"滑鱼"。
　　　❷ 食之已疣:疣为皮肤上长出的凸起的小肉瘤。
　　　❸ 水马:古人相信神马是生于水中的,《汉书·武帝纪》载元鼎五年:"秋,马生渥洼水中,作宝鼎、天马之歌。"此处水马,当是指在水边生活的野马。
　　　❹ 其音如呼:即马啸。

译文　　继续北行二百五十里为求如之山,山上出产铜,山下出产玉,此山不生草木。滑水经此山西流,注于诸毗之水。滑水中多滑鱼,形似鼍,背部为红褐色,发出"梧梧"的叫声,吃了这种鱼,可以去除疣瘤。滑水边生活着许多野马,其身体跟一般的马一样,前腿生有条纹,尾巴像牛尾,叫声像马。

又北三百里,曰带山,其上多玉,其下多青碧。有兽焉,其状如马,一角有错,其名曰臛疏①,可以辟火。有鸟焉,其状如乌,五彩而赤文,名曰鹠鹠②,是自为牝牡,食之不疽③。彭水出焉,而西流注于芘湖之水,其中多儵鱼④,其状如鸡而赤毛,三尾、六足、四首,其音如鹊,食之可以

已忧。

注释　❶ 朦（huān）疏："疏"同"疏"，朦疏"其状如马，一角有错"，错指角上有如同锉刀一样一道道凸起的横脊，羚羊、山羊的角都有横脊。朦疏状如马，角有错，当是一种体形像马或生有像马鬃一样的鬣毛、角生横脊的动物，可能是中华鬣羚。中华鬣羚的头后、颈背具长鬣毛，其角上有横脊。鬣羚有两只直角，经云朦疏"一角"，自属误解。
　　　　❷ 鹠鹠：鹠鹠即红翅绿鸠，详见上文《西次三经》翼望之山条注。
　　　　❸ 疽：脓疮。
　　　　❹ 儵（yóu）鱼："儵"字从"攸"从"黑"，从"攸"得音，读作"由"，义同黝。儵鱼即今鱿鱼，鱿鱼有墨，故称儵鱼。鱿鱼生有八只生满吸盘的腕足，还有两只较长的触腕，身体末端两侧生有肉鳍，古人观察不精，故误以为儵鱼有"三尾、六足、四首"。经云儵鱼"其状如鸡而赤毛"，乌贼的形态与鸡相去甚远，也不生毛。然而，《图经本草》称乌贼为水鸟所化，可见古人确有将乌贼比作鸟的说法。

译文　继续北行三百里为带山，山上出产玉石，山下出产石青和石绿。此地有一种野兽，长得像马，生有一角，角上有横脊，这种野兽的名字叫朦疏，此兽可以避火。还有一种鸟，形状像乌鸦，羽毛五颜六色，间有红色条纹，名叫鹠鹠，这种鸟一身而兼具雌雄两性的生殖器官，因此可以自行交配，吃了这种鸟可以消除肿疮。彭水经此山西流，注于芘湖之水，水中有许多儵鱼，其形状像鸡，生有赤色的毛，长着三只尾巴、六条腿、四个脑袋，叫声像喜鹊叫，吃了这种鱼可以消除忧愁。

又北四百里，曰谯明之山，谯水出焉，西流注于河。其中多何罗之鱼①，一首而十身，其音如吠犬，食之已痈。有兽焉，其状如貆而赤豪，其音如榴榴，名曰孟槐②，可以御凶。是山也，无草木，多青雄黄。

注释　❶ 何罗之鱼：经云："一首而十身"，当为章鱼之类。章鱼身体呈卵形，头与躯体分界不明显，长有八条长而粗壮的腕足，又称八带鱼、八带鲺，因章鱼的头与躯体无明显区别，且与其长长的腕足相比，显得较小，因此其身体常被视为头部，而其腕足则被视为身体，此即何罗之鱼"一首而十身"的来历。
　　　　❷ 孟槐：经云孟槐"其状如貆而赤豪，其音如榴榴"，貆为豪猪，孟槐当为猪獾。猪獾长相像猪，其身体颜色以黑褐色为主，故经谓之"赤豪"。

译文　继续北行四百里为谯（qiáo）明之山，谯水经此山西流，注于黄河。谯水中有何罗之鱼，长着一个脑袋十个身子，声音如犬吠，吃了可以消肿。此地有一种野兽，长相似豪猪，身生赤豪，叫声如同榴榴，名叫孟槐，此兽可以抵御凶邪之气。这座山上不生草木，出产青雄黄。

鯈魚

北山经 · 北次一经

何羅魚

孟槐

北山经·北次一经

又北三百五十里，曰涿光之山，嚻水出焉，而西流注于河。其中多鳛鳛之鱼①，其状如鹊而十翼，鳞皆在羽端，其音如鹊，可以御火，食之不瘅。其上多松柏，其下多棫橿，其兽多麢羊，其鸟多蕃②。

注释　❶ 鳛（xí）鳛之鱼：此鱼"其状如鹊而十翼，鳞皆在羽端"，或为某种飞鱼。"鳞在羽端"颇为费解，或有讹文。
　　　❷ 其鸟多蕃："蕃"通"鹭"，鹭即鸱枭，蕃或为猫头鹰之一种。

译文　继续北行三百五十里为涿光之山，嚻水经此山西流，注于黄河。嚻水中有很多鳛鳛之鱼，其状像喜鹊，身生十个翅膀，鳞片都长在羽毛的末端，叫声也像喜鹊，此鱼可以防止火灾，吃了可以避免生疮。山上长满松柏，山下生长着许多棫桐和橿木，兽类多羚羊，鸟类多蕃鸟。

又北三百八十里，曰虢山，其上多漆，其下多桐、椐①，其阳多玉，其阴多铁。伊水出焉，西流注于河。其兽多橐驼②，其鸟多寓③，状如鼠而鸟翼，其音如羊，可以御兵。

注释　❶ 椐（jū）：郭璞注云："椐，樻木，肿节中杖。"椐木长着像竹节一样的茎节，当即山槟榔，为棕榈科树木，茎干修直，茎节明显，常被用来作为拐杖。
　　　❷ 橐驼：即骆驼。
　　　❸ 寓：经云寓"状如鼠而鸟翼"，当即鼯鼠，又称飞狐，其前、后肢间生有宽而多毛的飞膜，能够在树木间滑翔飞行。

译文　继续北行三百八十里为虢山，山上生长着很多漆树，山下生长着很多梧桐树和椐树，山阳出产玉石，山阴出产铁。伊水经此山西流，注于黄河。此山上有许多骆驼，还有许多鼯鼠，其状如老鼠，生有鸟翼，叫声如羊，借助此鸟可以不被兵器所伤。

又北四百里，至于虢山之尾，其上多玉而无石。鱼水出焉，而西流注于河，其中多文贝。

鰼鰼魚

北山经·北次一经

寫

卷一 一二二
三 二

译文　　继续北行四百里为虢山之尾，山上出产玉石，而没有石头。鱼水经此山西流，注于黄河，水中有很多文贝。

又北二百里，曰丹熏之山，其上多樗、柏，其草多韭、䪥①，多丹雘。熏水出焉，而西流注于棠水。有兽焉，其状如鼠，而菟首麋身，其音如獋犬，以其尾飞，名曰耳鼠②，食之不脒③，又可以御百毒。

注释　　❶ 䪥（xiè）：即今藠（jiào）头，又称荞头，四川人喜欢用它来制作泡菜。
❷ 耳鼠：耳鼠"其状如鼠，而菟首麋身，其音如獋犬，以其尾飞"，亦即鼯鼠。
❸ 食之不脒（cuō）：脒，大腹症，也指孕妇难产。古人相信鼯鼠边飞边下仔，生孩子不费劲，因而认为产妇分娩时手持鼯鼠皮毛，可以促进顺利分娩。

译文　　继续北行二百里为丹熏之山，山上长满樗树、柏树，有很多野韭菜和野藠头，出产丹雘。熏水经此山西流，注于棠水。此山上有一种野兽，长相似鼠，脑袋像兔子，身体的颜色像麋鹿，叫声像狗的嗥叫，能用张开的尾巴飞翔，名字叫耳鼠，吃其肉可以治疗大肚子病，还可解各种毒。

又北二百八十里，曰石者之山，其上无草木，多瑶碧。泚水出焉，西流注于河，有兽焉，其状如豹，而文题白身，名曰孟极①，是善伏，其鸣自呼。

注释　　❶ 孟极：经云孟极"状如豹"，又说孟极"善伏"，孟极当为某种猫科动物，猫科动物均行动隐秘，善于潜伏。

译文　　继续北行二百八十里为石者之山，山上不生草木，出产瑶玉、石绿，泚水经此山西流，注于黄河。山上有一种野兽，体形像豹子，身体是白色的，前额有花纹，善于隐蔽，名字叫孟极，其名字得自其叫声。

又北百一十里，曰边春之山，多葱、葵、韭、桃、李。杠水出焉，而西流注于泑泽。有兽焉，其状如禺而文身，善笑，见人则卧，名曰幽鴳②，其鸣自呼。

注释　　❶ 幽𩵱（yàn）：幽𩵱"状如禺而文身，善笑"，禺即猴，"善笑"当作"善啸"，"幽𩵱"急读则像"猨"或"猿"，幽𩵱当即某种猿类。

译文　　继续北行一百一十里为边春之山，山上生长着众多野葱、野葵、野韭、桃树和李树。杠水经此山西流，注于泑泽。山上有一种野兽，体形像猴子，身上生有花纹，喜欢啸叫，看到人就会卧倒在地，名叫幽𩵱，它的名字得自其叫声。

又北二百里，曰蔓联之山，其上无草木。有兽焉，其状如禺而有鬣，牛尾、文臂、马蹄，见人则呼，名曰足訾^①，其鸣自呼。有鸟焉，群居而朋飞，其毛如雌雉，名曰䴅^②，其鸣自呼，食之已风。

注释　　❶ 足訾（zī）：足訾"其状如禺而有鬣，牛尾、文臂、马蹄，见人则呼"，疑"禺"本当作"马"，抄写者涉上一条的幽𩵱"其状如禺"而误写。鬣即鬃毛，足訾当即野马。
　　　　❷ 䴅：䴅䴋，今称为池鹭。雌性池鹭的羽毛跟雌雉鸡相近。

译文　　继续北行二百里为蔓联之山，山上不生草木。有一种野兽，其状像马，长着像马一样的鬃毛，尾巴像牛尾，前腿有花纹，蹄子像马蹄，见到人就大声叫，名叫足訾，这个名字就是源自其叫声。有一种鸟，喜欢成群结队地栖息和飞翔，毛色像雌雉的羽毛，名叫䴅，其名字也是源自其叫声，吃了这种鸟可以治疗风寒。

又北百八十里，曰单张之山，其上无草木。有兽焉，其状如豹而长尾，人首而牛耳，一目，名曰诸犍^①，善吒^②，行则衔其尾，居则蟠其尾。有鸟焉，其状如雉，而文首、白翼、黄足，名曰白鵺^③，食之已嗌痛^④，可以已𤸇^⑤。栎水出焉，而南流注于杠水。

注释　　❶ 诸犍：诸犍"其状如豹而长尾，……行则衔其尾，居则蟠其尾"，当即雪豹。雪豹的尾巴又长又粗，长度几乎与身长相同，会将末梢叼在嘴里。
　　　　❷ 吒：即叱吒、咆哮。
　　　　❸ 白鵺（yè）：即白翰，白色的雉鸡，今称白鹇。详见上文《西次四经》盂山条注。
　　　　❹ 嗌（yì）痛：嗌即咽喉，嗌痛即咽喉肿痛。
　　　　❺ 𤸇（chī）："𤸇"通"痴"，呆傻病。

译文　　继续北行一百八十里为单张之山，山上无草木，有一种野兽，身形像豹子，尾巴很长，

諸犍

北山经 · 北次一经

面孔长得像人脸,耳朵像牛耳,只长一只眼,名叫诸犍,这种野兽喜欢咤叫,走路时会把尾巴衔在嘴里,休息时则将尾巴蟠在身边。有一种鸟,形似雉鸡,脑袋上有花纹,长着白色的翅膀、黄色的双足,名叫白䴅,吃了这种鸟可以治疗咽喉痛,还可以治疗痴傻病。櫟水经此山南流注于杠水。

又北三百二十里,曰灌题之山,其上多樗柘,其下多流沙,多砥。有兽焉,其状如牛而白尾,其音如訆,名曰那父①。有鸟焉,其状如雌雉而人面,见人则跃,名曰竦斯②,其鸣自呼也。匠韩之水出焉,而西流注于泑泽,其中多磁石。

注释　　❶ 那父:其状如牛而白尾,当是某种牛科动物。
　　　　❷ 竦斯:竦斯"其状如雌雉而人面,见人则跃",当是石鸡或山鹑类的雉科鸟类,石鸡、山鹑喜欢成群觅食,受惊后即仓促飞起,迅速落入附近草丛或灌木丛中,即所谓"见人则跃"。

译文　　继续北行三百二十里为灌题之山,山上生长着众多樗树、柘树,山下是一片流沙,出产砥石。有一种野兽,长相像牛,尾巴为白色,声音像人呼叫,名叫那父。有一种鸟,体形如母雉鸡,看到人就马上跃起逃走,名叫竦斯,其名字即源于其叫声。匠韩之水经此山西流,注于泑泽,水中出产磁铁矿。

又北二百里,曰潘侯之山,其上多松柏,其下多榛楛,其阳多玉,其阴多铁。有兽焉,其状如牛,而四节生毛,名曰旄牛①。边水出焉,而南流注于櫟泽。

注释　　❶ 旄牛:其状如牛,四节多毛,这是一种四肢也长满长毛的牛,当即牦牛。

译文　　继续北行二百里为潘侯之山,山上生长着众多松树和柏树,山下有许多榛树和楛树,山阳出产玉石,山阴出产铁矿。有一种野兽,长相似牛,四肢长着长毛,名叫旄牛。边水经此山南流,注于櫟泽。

又北二百三十里，曰小咸之山，无草木，冬夏有雪。

译文　　继续北行二百三十里为小咸之山，山上不生草木，冬夏皆有积雪。

北二百八十里，曰大咸之山，无草木，其下多玉。是山也，四方，不可以上①。有蛇名曰长蛇②，其毛如彘豪，其音如鼓柝。

注释　　❶ 是山也，四方，不可以上：山四方，即顶平崖直的方形山，因此难以攀登。
　　　　❷ 长蛇：经云长蛇"其毛如彘豪，其音如鼓柝"，彘豪指猪颈部的长而硬的鬃毛，又称为鬣，柝（tuò）为古代守更者敲击的木梆子，鼓柝指敲木梆的声音。蛇不长鬃毛，也不会发出像敲击木梆的声音，故"长蛇"不会是蛇类。《山海经》中的蛇还包括蜥蜴。扬子鳄叫声低沉，古人比作鼓声，称为鼍鼓。扬子鳄脊部有两列突起的甲片，有似于鬣，所谓长蛇"其毛如彘豪"，或谓此。

译文　　继续北行二百八十里为大咸之山，山上不生草木，山下出产玉石。这座山呈四方形，山崖陡峭，难以攀登。山上有一种蛇，名叫长蛇，长着如同猪鬣一样的甲片，叫起来的声音像敲木梆。

又北三百二十里，曰敦薨之山，其上多棕楠，其下多茈草。敦薨之水出焉，而西流注于泑泽。出于昆仑之东北隅，实惟河源①。其中多赤鲑②，其兽多兕、旄牛，其鸟多尸鸠。

注释　　❶ 出于昆仑之东北隅，实惟河源：前人皆以此句是指"敦薨之水"而言，但按《山经》"某某之山，某水出焉"的记述惯例，上句"敦薨之山，敦薨之水出焉"已言明敦薨之水所出，故知"出于昆仑之东北隅，实惟河源"一语并非对"敦薨之水"而言，此语紧承"泑泽"之后，当系对"泑泽"而言。"泑泽"已见上文《西次三经》，彼云不周之山"东望泑泽，河水所潜也，其源浑浑泡泡"，表明泑泽并非河水源头，而是河水所潜。古无"源"字，只有"原"字，所谓"其源浑浑泡泡"，"源"亦当作"原"，是指位于河水下游的河水漫溢、沼泽广原。故此文"河源"亦当作"河原"（毕沅本、郝懿行本皆作"河原"），而"原"有源泉之义，也有旷原之义，此处应为后一义。
　　　　❷ 赤鲑：又名鯸鲐鱼，即河豚。河豚肉味道鲜美，但内脏和血液有剧毒，误食会致人死亡。

译文　　继续北行三百二十里为敦薨之山，山上生长着众多棕榈、楠木，山下生长着许多紫草。

長蛇

赤鲑

北山经 · 北次一经

敦薨之水流经此山，西流注于泑泽。泑泽出自昆仑的东北隅，是一片位于黄河下游的广原大泽。敦薨之水中生活着许多赤鲑鱼，水边有许多水牛、牦牛，鸟类则多杜鹃。

又北二百里，曰少咸之山，无草木，多青碧。有兽焉，其状如牛，而赤身、人面、马足，名曰窫窳①，其音如婴儿②，是食人。敦水出焉，东流注于雁门之水，其中多鲻鲻之鱼③，食之杀人。

注释　　❶ 窫窳（yà yǔ）：又写作"猰㺄"，《尔雅·释兽》云："猰㺄，类貙。虎爪，食人，迅走。"又云："貙獌，似狸。"貙是一种与虎、狸相似的野兽。春秋时期宋国人华貙，字子皮，则貙之为兽以其皮贵，犹如郑国人罕虎，字子皮，则貙很可能像虎一样，是一种皮毛珍贵的猫科动物，很可能是猞猁。猰㺄类貙，大概也是猞猁之类。
❷ 其音如婴儿：猞猁的叫声与猫叫相近，确与婴儿的声音相似。
❸ 鲻（bèi）鲻之鱼：鲻鲻之鱼人吃了会中毒死亡，《本草纲目》卷四十四说河豚又名鲻鱼，则鲻鲻之鱼亦当指河豚。

译文　　继续北行二百里为少咸之山，山上无草木，出产石青和石绿。山上有一种野兽，其状如牛，身体发红，面孔像人，四足像马，名叫窫窳，叫声像婴儿一样，此兽吃人。敦水经此山东流，注于雁门之水，水中生活着许多鲻鲻之鱼，人吃了会中毒死亡。

又北二百里，曰狱法之山，瀤泽之水出焉，而东北流注于泰泽①。其中多鱲鱼②，其状如鲤而鸡足，食之已疣。有兽焉，其状如犬而人面，善投，见人则笑，其名山㹨③，其行如风，见则天下大风。

注释　　❶ 泰泽："泰"通"太"，即大的意思，泰泽当是一片广阔的湖泽。
❷ 鱲（zǎo）鱼：鱲鱼状如鲤而鸡足，当是一种两栖动物，可能即大鲵。鲵生有四足，且颇与鸡爪相似。
❸ 山㹨（huī）：经云山㹨"见人则笑"，"笑"通"啸"，山㹨善于发出啸声，且善于攀缘，亦当为长臂猿之属。

译文　　继续北行二百里，为狱法之山，瀤（huái）泽之水经此山东北流，注于大泽，水中生活着许多鱲鱼，其身体像鲤鱼，长着像鸡爪一样的四足，吃了这种鱼可以去除皮肤上的疣瘤。有一种野兽，身体像狗，面孔像人，善于在树木之间跳掷攀缘，看到人就会发出长啸之声，其名叫山㹨，此兽行走迅疾如风，它一出现，就会刮大风。

鳋魚

北山經 · 北次一經

山獾

又北二百里，曰北岳之山，多枳、棘、刚木。有兽焉，其状如牛而四角，人目、彘耳，其名曰诸怀①，其音如鸣雁，是食人。诸怀之水出焉，而西流注于嚣水，其中多鮨鱼③，鱼身而犬首，其音如婴儿，食之已狂。

注释　　❶ 枳、棘、刚木：枳即枳实，棘即酸枣树，刚木指檀、柘之类，因木材坚硬，故称刚木。
　　　　❷ 诸怀：诸怀"其状如牛而四角，人目、彘耳，……其音如鸣雁"，当指某种野牛，具体物种则不可考。
　　　　❸ 鮨（yì）鱼：经云鮨鱼"鱼身而犬首，其音如婴儿"，当即海狗，为海狮科海兽，因其头部长相像狗，故名海狗。

译文　　继续北行二百里为北岳之山，山上多枳树、酸枣树和刚木。山上有一种野兽，形体像牛，长着四只角，眼睛像人眼，耳朵像猪耳，名叫诸怀，叫声像大雁的鸣叫，此兽会吃人。诸怀之水经此山西流注于嚣水，水中生活着许多鮨鱼，这种鱼的身体是鱼形，脑袋像狗，叫声像婴儿的声音，吃了它的肉可以治疗狂病。

又北百八十里，曰浑夕之山，无草木，多铜玉。嚣水出焉，而西北流注于海。有蛇一首两身，名曰肥遗①，见则其国大旱。

注释　　❶ 肥遗：即蜥蜴之类。

译文　　继续北行一百八十里为浑夕之山，山上不生草木，出产铜和玉石。嚣水经此山西北流注于海，此地有一种蛇，一个脑袋，两个身子，名叫肥遗，见到这种蛇出现，就预兆着天下大旱。

又北五十里，曰北单之山，无草木，多葱、韭。

译文　　继续北行五十里为北单之山，山上不生草木，但有很多野葱、野韭。

諸懷

鮨魚

北山经 · 北次一经

肥遺

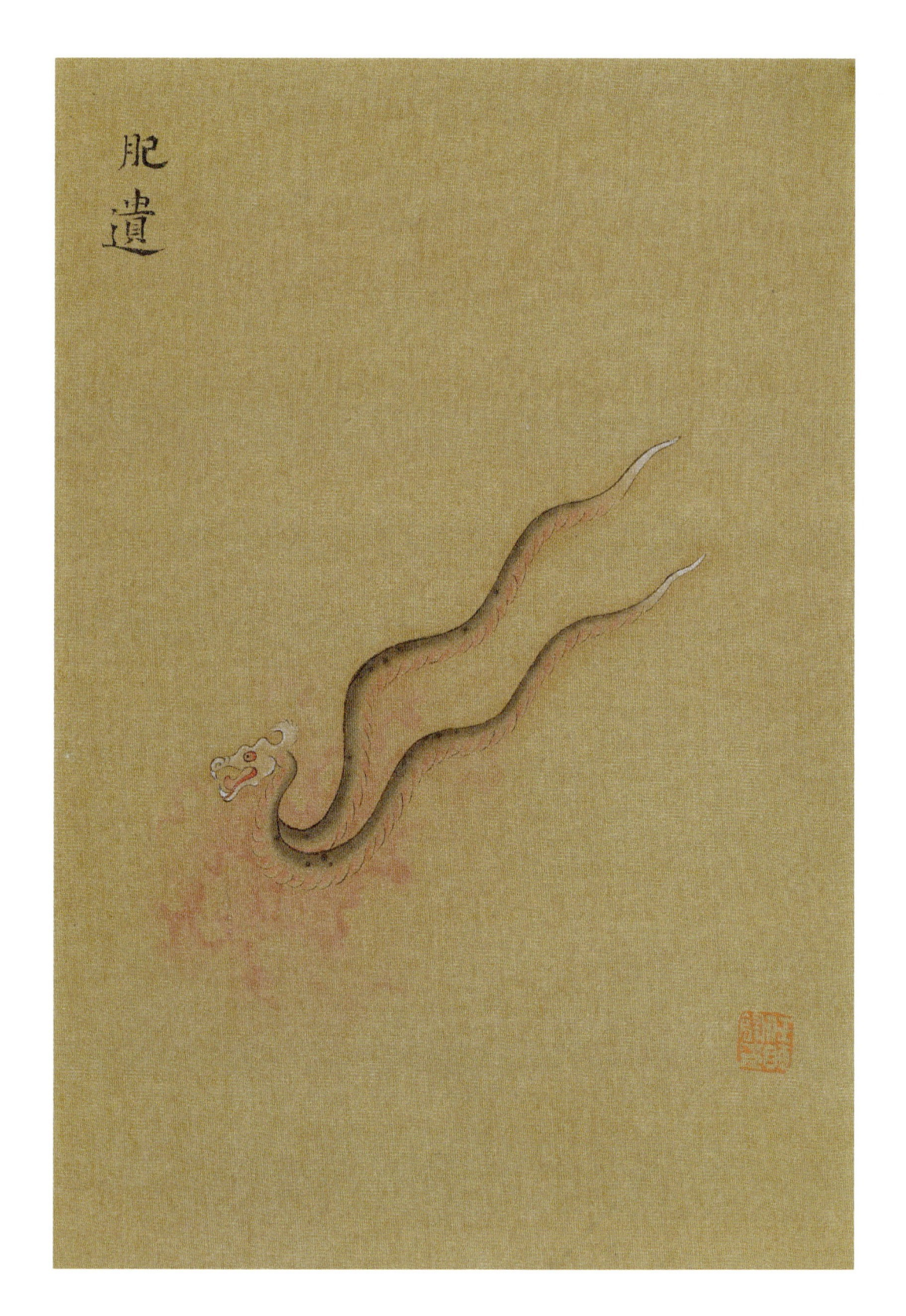

又北百里，曰罴差之山，无草木，多马❶。

注释　　❶ 多马：此山与下文北鲜之山、隄山接连三山皆多马，表明这一带是野马生息之地，但亦可能是放马的牧场。

译文　　继续北行一百里为罴差之山，山上草木稀疏，生活着许多野马。

又北百八十里，曰北鲜之山，是多马。鲜水出焉，而西北流注于涂吾之水。

译文　　继续北行一百八十里为北鲜之山，山上有很多野马。鲜水经此山西北流，注于涂吾之水。

又北百七十里，曰隄山，多马。有兽焉，其状如豹而文首，名曰狕❶。隄水出焉，而东流注于泰泽，其中多龙龟❷。

注释　　❶ 狕（yǎo）：狕"状如豹而文首"，应为某种猫科动物。
　　　　❷ 龙龟：古人称鳄鱼为龙，龙龟当是指某种身体特征像鳄鱼的龟。

译文　　继续北行一百七十里为隄山，山上生活着许多野马。此地有一种野兽，形体像豹子，脑门上生有花纹，名叫狕。隄水流经此山，向东流注大泽，水中多龙龟。

凡《北山经》之首，自单狐之山至于隄山，凡二十五山，五千四百九十里，其神皆人面蛇身。其祠之，毛用一雄鸡彘瘗，吉玉用一珪，瘗而不糈。其山北人，皆生食不火之物。

译文　　北方第一列山，从单狐之山到隄山，共二十五座山，经历五千四百九十里，这些山的山神都是人面蛇身。祭祀的礼仪，用一只公鸡、一只猪，埋进地里献给山神，同时还要埋一块美玉，只用埋祭，而不需撒精米。此山以北的人，都吃生食，不用火烹饪。

北次二经

《北次二经》之首，在河之东，其首枕汾，其名曰管涔之山。其上无木而多草，其下多玉。汾水出焉，而西流注于河。

译文　　北方第二个山列的第一座山，在黄河以东，山的首部濒临汾水，名叫管涔之山。山上不生树木，但野草丰茂。山下出产玉石。汾水流经此山，向西流进黄河。

又北二百五十里，曰少阳之山，其上多玉，其下多赤银①。酸水出焉，而东流注于汾水，其中多美赭②。

注释　　❶ 赤银：当是一种红色的银矿石。银矿石含硫、锑则为深红银矿，矿石为深红色、黑红色，半透明，呈金刚光泽。
　　　　❷ 美赭：赭即赭石，亦即赤铁矿，主要成分为三氧化二铁，但此处称之为"美赭"，表明其质地好于一般的赭石。

译文　　继续北行二百五十里，为少阳之山，山上出产玉石，山下出产赤银。酸水流经此山，东流注于汾水，酸水边出产上等的赭石。

又北五十里，曰县雍之山，其上多玉，其下多铜，其兽多闾①、麋，其鸟多白翟、白䳑②，晋水出焉，而东南流注于汾水。其中多鮆鱼③，其状如儵而赤鳞，其音如咤，食之不骄④。

注释　　❶ 闾：即驴，这里当指野驴。
　　　　❷ 白翟、白䳑：两者均为白色的雉科鸟类。
　　　　❸ 鮆鱼：鮆鱼即今常见于长江下游的刀鱼。刀鱼一般为青白色，但也有头尾发红者。
　　　　❹ 骄：郭璞注："或作骚，骚臭也。"骚臭即狐臭。

译文　　继续北行五十里，为县雍之山，山上出产玉石，山下出产铜。此山上生活着很多野驴、麋鹿，还有众多白翟、白䳑。晋水从此山流过，向东南流注于汾水。晋水中出产鮆鱼，形如白条鱼，长红色鱼鳞，叫声像咋呼的声音，吃了这种鱼，可以治疗狐臭。

又北二百里，曰狐歧之山，无草木，多青碧。胜水出焉，而东北流注于汾水，其中多苍玉。

> 译文　　继续北行二百里，为狐歧之山，山上不长草木，出产石青和石绿。胜水流经此山，向东北流注于汾水，胜水中出产青色的玉石。

又北三百五十里，曰白沙山，广员三百里，尽沙也，无草木鸟兽。鲔水出于其上，潜于其下，是多白玉。

> 译文　　继续北行三百五十里，为白沙山，此山方圆三百里，到处都是白色的沙，山上既不长草木，也没有鸟兽。鲔（wěi）水从此山上流下，在山下潜入沙中，河流中出产白色的玉石。

又北四百里，曰尔是之山，无草木，无水。

> 译文　　继续北行四百里，为尔是之山，山上不长草木，也没有水源。

又北三百八十里，曰狂山，无草木。是山也，冬夏有雪。狂水出焉，而西流注于浮水，其中多美玉。

> 译文　　继续北行三百八十里，为狂山，山上不长草木。这座山上的积雪直到夏天也不会融化。狂水流经此山，向西流注于浮水，狂水河道中出产质地上等的玉石。

又北三百八十里，曰诸馀之山，其上多铜玉，其下多松柏。诸馀之水出焉，而东流注于旄水。

译文　　继续北行三百八十里，为诸馀之山，山上出产铜和玉石，山下长满松树和柏树。诸馀之水流经此山，向东流注于旄水。

又北三百五十里，曰敦头之山，其上多金玉，无草木。旄水出焉，而东流注于邛泽，其中多䮀马①，牛尾而白身，一角，其音如呼。

注释　　❶ 䮀（bó）马：䮀马生活于水泽边，当是某种野马或野驴。至于"一角"云云，则属于误解或故意神化。

译文　　继续北行三百五十里，为敦头之山，山上出产黄金、玉石，不长草木。旄水流经此山，向东流注于邛泽。旄水中有许多䮀马，长着牛一样的尾巴，身上是白色的，头上长着一只角，叫唤起来声音高亢，像人呼喊的声音。

又北三百五十里，曰钩吾之山，其上多玉，其下多铜。有兽焉，其状如羊身人面，其目在腋下，虎齿人爪，其音如婴儿，名曰狍鸮①，是食人。

注释　　❶ 狍（páo）鸮：此兽羊身、人面、虎齿、人爪，目在腋下，长相怪异，与各类野兽形体皆相去甚远。但《山经》所记，当为实有之物。据其名称"狍鸮"，疑其当为鸟类，经文"兽"字当为讹文。如狍鸮果为鸟类，则当为某种角鸮：鸮类的面部较平，有似人脸，故谓之"人面"；角鸮有角，如羊之有角，故谓之羊身；鸮之指爪有似人手，故谓之人爪；鸮的叫声有如婴儿啼，故谓之其音如婴儿。至于目在腋下、虎齿，自属误解，或系误字，古人视鸱鸮为怪鸟，故有可能因恐惧而对之发生各种想象。

译文　　继续北行三百五十里，为钩吾之山，山上出产玉石，山下产铜。山上有一种野兽，体形像羊，面孔像人，眼睛长在腋窝下，长着老虎一样的牙齿，人手一样的爪子，叫起来像婴儿啼哭，这种野兽的名字叫狍鸮，会吃人。

騂馬

狍鸮

北山经·北次二经

又北三百里，曰北嚻之山，无石，其阳多碧，其阴多玉。有兽焉，其状如虎，而白身犬首，马尾彘鬣，名曰独㹨①。有鸟焉，其状如乌，人面，名曰鸓鶹②，宵飞而昼伏，食之已暍③。涔水出焉，而东流注于邛泽④。

注释　　❶ 独㹨（yù）：这是一种形体像老虎、身体为白色、脑袋像狗、尾巴像马尾、颈部或背部长着鬣毛的野兽，其为现实中何种动物，待考。
❷ 鸓鶹（pán mào）：此鸟昼伏夜飞，且面孔如人，当为鸱鸮科鸟类。"其状如乌"，大概说其颜色同乌鸦，据此，鸓鶹或当为乌雕鸮，乌雕鸮通体为灰黑色。
❸ 食之已暍（yē）：吃了此鸟可以预防中暑。暍即中暑。
❹ 邛泽：上文敦头之山条，"旄水出焉，而东流注于印泽"，此处邛泽与印泽上下文相邻，邛、印字形相近，当为一字之讹，而邛泽与印泽所指亦为同一泽。

译文　　继续北行三百里，为北嚻之山，山上没有石头，山阳出产石绿，山阴出产玉石。山上有一种野兽，体形如同老虎，身体是白色的，脑袋长得像狗，尾巴像马尾巴，长着猪鬃一样的鬣毛，名叫独㹨。山上有一种鸟，形状像乌鸦，长着人一样的面孔，名叫鸓鶹。这种鸟晚上飞出来，到白天就潜伏不见了，吃了这种鸟的肉可以预防中暑。涔水流经此山，东流注于邛泽。

又北三百五十里，曰梁渠之山，无草木，多金玉。脩水出焉，而东流注于雁门，其兽多居暨①，其状如彙而赤毛，其音如豚。有鸟焉，其状如夸父，四翼、一目、犬尾，名曰嚻②，其音如鹊，食之已腹痛，可以止衕③。

注释　　❶ 居暨：居暨"其状如彙而赤毛，其音如豚"，彙即刺猬，居暨身生与刺猬一样的棘刺，叫声像小猪，有可能是豪猪，豪猪确会发出如同小猪一样的声音。
❷ 嚻：经云嚻"其状如夸父"，郭璞注云："或作举父。"作为鸟名的"举父"，或本当作"瞿父"，《说文》云："瞿，鹰隼之视也。"知瞿父、举父当为鹰、鸮之类。嚻"四翼、一目、犬尾，……其音如鹊"，当是一种长相如鹰、鸮而叫声像喜鹊的鸟。这种鸟的名字叫嚻，嚻、鸮、枭音近，可能就是猫头鹰之类。
❸ 止衕（dòng）：郭璞注云："治洞下也。"《中山经》云："牛首之山，……是多飞鱼，其状如鲋鱼，食之已痔衕。"衕大概为痔疮或便血之类的疾病。

译文　　继续北行三百五十里，为梁渠之山，山上不长草木，出产黄金和玉石。脩水流经此山，向东流注于雁门。山上有一种野兽叫居暨，长相像刺猬，长红色的毛，叫声像小猪。有一种鸟，长相像夸父鸟，四个翅膀，一只眼睛，尾巴像狗尾巴，名叫嚻。这种鸟叫声像喜鹊，吃了它的肉可以治疗肚子痛，还可以治疗便血。

又北四百里，曰姑灌之山，无草木，是山也，冬夏有雪。

译文　　继续北行四百里，为姑灌之山，山上不长草木。这座山上的积雪，直到夏天也不会融化。

又北三百八十里，曰湖灌之山，其阳多玉，其阴多碧，多马。湖灌之水出焉，而东流注于海，其中多鳝①。有木焉，其叶如柳而赤理。

注释　　❶ 鳝（shàn）：同鳝，古字鳝通鼍，即今扬子鳄。"鳝"或借为"鳣"，指鲟鱼。

译文　　继续北行三百八十里为湖灌之山，山阳出产玉石，山阴出产石绿，此山生活着许多野马。湖灌之水流经此山，向东流注于海，水中多扬子鳄。山上有一种树木，树叶像柳树，木头的纹理是红色的。

又北水行五百里，流沙三百里，至于洹山，其上多金玉。三桑生之①，其树皆无枝，其高百仞②。百果树生之③，其下多怪蛇。

注释　　❶ 三桑："三桑"又见《海经》，《海外北经》云："三桑无枝，在欧丝东，其木长百仞，无枝。"《大荒北经》亦云："有三桑无枝。"三处"三桑"所指相同，都是生长于北海边的三棵巨大桑树，当是当地人供奉蚕神的神桑。
　　　　❷ 仞：古代长度单位，为成人双臂伸开的长度，一仞相当于古尺八尺。
　　　　❸ 百果树生之：意为此地生长各种各样的果树，此地为祭祀蚕神之所，当栽培各种果树，相当于今之果园。

译文　　继续北行五百里，然后再沿着流沙地带北行三百里，到达洹山，山上出产黄金、玉石。这里生长着三棵高大的桑树，全树上下没有杂枝，树高达到一百仞，桑树周围生长着各种果树，树下聚积着很多长相怪异的蛇。

又北三百里，曰敦题之山，无草木，多金玉。是錞于北海。

> 译文　　继续北行三百里，为敦题之山，山上无草木，出产黄金和玉石。此山位于北海边。

凡《北次二经》之首，自管涔之山至于敦题之山，凡十七山，五千六百九十里。其神皆蛇身人面。其祠：毛用一雄鸡彘瘞；用一璧一珪，投而不糈。

> 译文　　以上所述为北方第二个山列，从管涔之山到敦题之山，共十七座山，行经五千六百九十里。这些山的神都长着蛇身人面，祭祀这些神的礼仪是，用一只雄鸡、一只猪埋在地下献给山神，把一只玉璧、一只玉圭投进山林里献给山神，不必奉献精米。

北次三经

《北次三经》之首曰太行之山。其首曰归山,其上有金玉,其下有碧。有兽焉,其状如麢羊而四角,马尾而有距,其名曰䮝①,善还②,其鸣自訆。有鸟焉,其状如鹊,白身、赤尾、六足,其名曰鸓③,是善惊,其鸣自詨。

注释　　❶ 䮝(huī):䮝"其状如麢羊而四角,马尾而有距",麢羊即羚羊。䮝当即麋鹿,鹿科动物的尾巴均较短,只有麋鹿尾巴较长,像马尾;距指有蹄类动物脚后跟上部生的悬蹄,麋鹿生有很明显的悬蹄。
　　　　❷ 善还:喜欢盘旋。还,盘旋。
　　　　❸ 鸓(fén):经云鸓状如鹊,白身赤尾,且善惊,当是一种体形像喜鹊、白身、红尾且胆小怕人的鸟类,据此描述,可能指我国常见的红尾伯劳。

译文　　北方第三个山列的第一座山是太行之山,太行山的第一峰叫归山,山上出产黄金、玉石,山下出产石绿。山上有一种野兽,长相如羚羊,头长四只角,长着马的尾巴,蹄子上方长着悬蹄。这种野兽的名字叫䮝,喜欢盘旋身体,它的名字来自它的叫声。山上有一种鸟,长相像喜鹊,身上的羽毛是白色的,尾巴是红色的,长着六条腿,名叫鸓鸟。这种鸟的胆子很小,稍有动静就会受惊,它的名字也来自它的叫声。

又东北二百里,曰龙侯之山,无草木,多金玉。决决之水出焉,而东流注于河。其中多人鱼①,其状如䱱鱼②,四足,其音如婴儿,食之无痴疾。

注释　　❶ 人鱼:即大鲵,俗称娃娃鱼。
　　　　❷ 䱱(tí)鱼:即鲶鱼。除多出四肢外,娃娃鱼长得很像鲶鱼。

译文　　继续向东北行二百里,为龙侯之山。山上不生草木,出产黄金和玉石。决决之水流经此山,向东流进黄河。决决之水中有许多娃娃鱼,长得像鲶鱼,有四只脚,叫声像婴儿哭啼,吃了这种鱼,可以治疗痴呆病。

又东北二百里,曰马成之山,其上多文石,其阴多金玉。有兽焉,其状如白犬而黑头,见人则飞,其名曰天马①,其鸣自訆。有鸟焉,其状如乌,首白而身青、足黄,是名曰鶌鶋②,其鸣自詨,食之不饥,可以已寓③。

天馬

北山经·北次三经

注释　　❶ 天马：天马"其状如白犬而黑头，见人则飞"，郭璞注云："言肉翅飞行自在。"此种身生肉翅、状如犬的动物，当是狐蝠科的犬蝠或狐蝠，因其脑袋像狗或狐狸而得名。
❷ 鶌鶋（qū jū）：经云鶌鶋"其状如乌，首白而身青、足黄"，且"其鸣自詨"，这种鸟体形像乌鸦，头部羽毛发白而身上羽毛青色，双足为黄色，且叫起来的声音近似"鶌鶋"的发音，这种鸟很可能是常见的灰斑鸠。
❸ 已寓："寓"为"瘑"字假借，指人的皮肤上长的小疣瘤。

译文　　继续向东北行二百里，为马成之山，山上出产花纹美丽的石头，山阴出产黄金、玉石。山上有一种野兽，长相像白狗，脑袋是黑色的，见到人就会惊飞，名叫天马，它的名字得自其叫声。山上有一种鸟，长相像乌鸦，白色的脑袋，青色的身体，黄色的爪子，名叫鶌鶋，它的名字也是得自其叫声。吃了此种鸟的肉，可以除掉身上的疣瘤。

又东北七十里，曰咸山，其上有玉，其下多铜，是多松柏，草多茈草。条菅之水出焉，而西南流注于长泽。其中多器酸①，三岁一成，食之已疠。

注释　　❶ 器酸：器酸"三岁一成"，当是某种含有酸性物质的结晶矿物，很可能即可以提取明矾的明矾石，属隐晶矿物，一般为块状，纯净者为白色结晶。明矾有酸味，是传统医学常用药物，《本草纲目》卷十一云矾石"气味酸寒无毒，……主治寒热、泄痢、白沃、阴蚀、恶疮"等，与本经"食之已疠"疗效相近，疠即恶疮。

译文　　继续东北行七十里，为咸山，山上出产玉石，山下出产铜，这座山上长满了松柏，生长着很多可以做紫色颜料的紫草。条菅之水流经此山，向西南流注于长泽。河边出产器酸，三年才能长成，吃了可以治疗恶疮。

又东北二百里，曰天池之山，其上无草木，多文石。有兽焉，其状如兔而鼠首，以其背飞，其名曰飞鼠①。渑水出焉，潜于其下，其中多黄垩。

注释　　❶ 飞鼠：即鼯鼠。

译文　　继续东北行二百里，为天池之山，山上不长草木，出产花纹美丽的石头。山上有一种野兽，身体像兔子，脑袋像老鼠，用背上的肉翅飞行，名叫飞鼠。渑水流经此山，在山下潜入地下，渑水边出产黄色的垩土。

又东三百里，曰阳山，其上多玉，其下多金铜。有兽焉，其状如牛而赤尾，其颈䐿①，其状如勾瞿②，其名曰领胡③，其鸣自詨，食之已狂。有鸟焉，其状如雌雉，而五彩以文，是自为牝牡，名曰象蛇④，其鸣自詨。留水出焉，而南流注于河。其中有鮨父之鱼⑤，其状如鲋鱼，鱼首而彘身，食之已呕。

注释
❶ 䐿（shèn）：即牛的颈部下垂的肉。
❷ 勾瞿：斗之类的器物。
❸ 领胡：领指脖子，胡指下垂的肉，这种动物名叫"领胡"，即得自其颈部有垂肉的特征。
❹ 象蛇：经云象蛇"其状如雌雉，而五彩以文"，当是某种身形似母雉鸡、羽毛具五彩的鸟类，可能是指我国特有的雉科鸟类白冠长尾雉。白冠长尾雉的羽毛色彩不如一般雉鸡那样华丽，羽毛以棕色为主，间以黑、白花纹，与雌雉鸡相近。当雉鸡快速穿行于林间草丛时，其黑白相间的尾翎很像长蛇游动，故名为象蛇。
❺ 鮨（xiàn）父之鱼："鮨"当作"鮨"，即鮨鱼，亦即鳡鱼，又名黄鳝、黄颊鱼，详见《南次三经》鸡山条注。

译文　　继续东行三百里，为阳山，山上出产玉石，山下出产金和铜。山上有一种野兽，长得像牛，红色的尾巴，脖颈下长着大大的垂肉，形状像盛粮食的斗，这种野兽的名字叫领胡，它的名字得自它的叫声，吃了它的肉可以治疗发狂的病。这座山上还有一种鸟，样子像母野鸡，长着美丽的五彩羽毛，这种鸟一身兼具雌、雄两性器官，名字叫象蛇，它的名字也是得自它的叫声。留水流经此山，向南流注于黄河。留水中有一种鮨父之鱼，长得像鲫鱼，头部是鱼，身体却像猪，吃了这种鱼可以止呕吐。

又东三百五十里，曰贲闻之山，其上多苍玉，其下多黄垩，多涅石①。

注释　　❶ 涅石：即明矾石。

译文　　继续东行三百五十里，为贲闻之山，山上多苍色的玉石，山下有黄色的垩土，还出产明矾。

又北百里，曰王屋之山，是多石。㶌水出焉，而西北流注于泰泽。

译文　　继续北行一百里，为王屋之山，山上遍布石头。㶌（lián）水流经此山，西北流注于大泽。

又东北三百里，曰教山，其上多玉而无石。教水出焉，西流注于河，是水冬干而夏流，实惟干河。其中有两山，是山也，广员三百步，其名曰发丸之山，其上有金玉。

译文　　继续向东北行三百里，为教山，山上出产玉石，但没有石头。教水流经此山，向西流注于黄河。教水是一条季节河，冬天干涸，夏天才有流水，这实际上是一条干涸的黄河河道。河道中有两座山，这两座山方圆三百步，名叫发丸之山，山上出产黄金和玉石。

又南三百里，曰景山，南望盐贩之泽，北望少泽，其上多草藷藇①，其草多秦椒②，其阴多赭，其阳多玉。有鸟焉，其状如蛇，而四翼、六目、三足，名曰酸与③，其鸣自詨，见则其邑有恐。

注释　　❶ 藷藇（zhū yù）：即山药。
❷ 秦椒：先秦文献中"秦椒"一名仅见于《山经》，他书一无所见。秦为周代诸侯国，《山经》一书中，周之诸侯仅此一见，或据此认为《山经》为秦人所撰，其实，若此书果出秦人之手，恰恰不该称椒为秦椒。《山经》成书或当在春秋时期，其时已有秦国，但《山经》全书，除秦之外，其他周之诸侯国名一无所见，此句"秦"字不当作地名。此外，花椒为木本植物，而秦椒是草类，则当是草本，非通常所见的花椒树，当是某种结籽如同花椒的草本植物。
❸ 酸与：经云酸与之鸟"其状如蛇"，上文云："阳山，……有鸟焉，其状如雌雉，……名曰象蛇"，象蛇或为白冠长尾雉。酸与之鸟"其状如蛇"，大概也是象蛇之类，或亦即白冠长尾雉。

译文　　继续南行三百里，为景山，登上此山，向南可以望见盐贩之泽，向北可望见少泽。山上多山药，还生长着茂盛的秦椒草。此山的山阴出产赭石，山阳出产玉石。山上有一种鸟，长得像蛇的样子，有四只翅膀、六只眼睛、三只脚，名叫酸与，它的名字得自其叫声。这种鸟一出现，就会在附近的城乡引起惊恐。

酸與

北山经 · 北次三经

又东南三百二十里，曰孟门之山，其上多苍玉，多金，其下多黄垩，多涅石。

译文　　继续东南行三百二十里，为孟门之山，山上出产苍色的玉石和黄金，山下出产黄色的垩土和明矾。

又东南三百二十里，曰平山。平水出于其上，潜于其下，是多美玉。

译文　　继续东南行三百二十里，为平山，平水流经此山，在山下潜入地下，此山出产上好的玉石。

又东三百里，曰京山，有美玉，多漆木，多竹，其阳有赤铜，其阴有玄䃴①。高水出焉，南流注于河。

注释　　❶ 玄䃴（sù）：黑色的磨刀石。

译文　　继续东行三百里，为京山，山上出产上好的玉石，有茂密的漆树、竹子，山阳出产赤铜，山阴出产黑色的磨刀石。高水流经此山，向南流注于黄河。

又东二百里，曰虫尾之山，其上多金玉，其下多竹，多青碧。丹水出焉，南流注于河。薄水出焉，而东南流注于黄泽。

译文　　继续东行二百里，为虫尾之山。山上出产黄金和玉石，山下有茂密的竹林，出产石青和石绿。丹水流经此山，向南流注于黄河。薄水流经此山，向东南流注于黄泽。

又东三百里，曰彭毗之山，其上无草木，多金玉，其下多水。蚤林之水出焉，东南流注于河。肥水出焉，而南流注于床水，其中多肥遗之蛇①。

注释　　❶ 肥遗之蛇：即蜥蜴。

译文　　继续东行三百里为彭毗之山，山上不长草木，出产黄金和玉石，山下水源丰富。蚤林之水流经此山，向东南流注于黄河。肥水也流经此山，向南流注于床水，肥水中有很多蜥蜴。

又东百八十里，曰小侯之山。明漳之水出焉，南流注于黄泽。有鸟焉，其状如乌而白文，名曰鸪鹠①，食之不灂②。

注释　　❶ 鸪鹠（gū xí）：《山经》所记"其状如乌"的鸟有多种，其中，鸧鸹即红翅绿鸠，鹛鹠即灰斑鸠。鸪鹠白文，有白色花纹，或即珠颈斑鸠，其名"鸪鹠"，即当得自其斑鸠的叫声。
　　　　❷ 不灂（jiào）：灂指视力昏花。《本草纲目》卷四十九云："鸠肉气味甘平，无毒。主治明目。"可见传统医学确实认为斑鸠肉有明目的功效。

译文　　继续东行一百八十里，为小侯之山，明漳之水流经此山，向南流注于黄泽。山上有一种鸟，长得像乌鸦，有白色的羽毛，名叫鸪鹠，吃了这种鸟的肉可以治疗眼睛昏花的毛病。

又东三百七十里，曰泰头之山，共水出焉，南注于虖池①。其上多金玉，其下多竹箭。

注释　　❶ 虖池：下文又写作"虖沱"，"沱""池"二字通。本书里的虖池、虖沱并非后来的滹沱河，而是由河流溢出形成的池沼。另有虖池之水，则是一条由虖池泽发源的河流。

译文　　继续东行三百七十里，为泰头之山，共水流经此山，向南流注于虖池泽。山上出产黄金和玉石，山下生长着可以制作箭杆的竹子。

又东北二百里，曰轩辕之山，其上多铜，其下多竹。有鸟焉，其状如枭而白首，其名曰黄鸟①，其鸣自詨，食之不妒。

注释　　❶ 黄鸟：黄鸟状如枭而白首，或系草鸮。草鸮胸部皮黄色，上体深褐，脸部颜色较浅，近乎白色。

译文　　继续东北行二百里，为轩辕之山，山上出产铜，山下有大片竹林。这座山上有一种鸟，长得像猫头鹰，脑袋上的羽毛是白色的，名叫黄鸟，它的名字得自其叫声，吃了这种鸟的肉让人不妒忌。

又北二百里，曰谒戾之山，其上多松柏，有金玉。沁水出焉，南流注于河。其东有林焉，名曰丹林。丹林之水出焉，南流注于河。婴侯之水出焉，北流注于氾水。

译文　　继续北行二百里为谒戾之山，山上长满松柏，山下出产黄金和玉石。沁水流经此山，向南流注于黄河。该山的东边有一片树林，叫丹林，从那里流出一条河流，叫丹林之水，向南流注于黄河。还有一条婴侯之水，也从这里经过，向北流注于氾水。

东三百里，曰沮洳之山，无草木，有金玉。濝水出焉，南流注于河。

译文　　继续东行三百里，为沮洳之山，此山不长草木，出产黄金和玉石。濝（qí）水流经此山，向南流注于黄河。

又北三百里，曰神囷之山，其上有文石，其下有白蛇，有飞虫①。黄水出焉，而东流注于洹。滏水出焉，而东流注于欧水。

注释　　❶ 飞虫：大概指那种在潮湿的地方裹成一团飞行的昆虫。

译文　　继续北行三百里，为神囷（qūn）之山，山上出产有漂亮花纹的石头，山下有一种白蛇，有成群的飞虫。黄水流经此山，向东流注于洹水；滏水也流经此山，向东流注于欧水。

又北二百里，曰发鸠之山，其上多柘木。有鸟焉，其状如乌，文首、白喙、赤足，名曰精卫①，其鸣自詨。是炎帝之少女，名曰女娃②，女娃游于东海，溺而不返，故为精卫，常衔西山之木石，以堙于东海。漳水出焉，东流注于河。

注释　❶ 精卫：经云精卫"其状如乌"，《山经》中"其状如乌"之鸟凡七见，其名分别为鸱鵌（《西山经》）、鸧鸹（《北山经》）、鸑鸢、鵹鹕、鸪鹠、精卫、𪃧余，除鸑鸢外，其他几个鸟名音均近乎"鸠"音，当均为鸠鸟，说详上文。精卫"其状如乌"，《太平御览》所引又作"其状如鸠"，可见精卫当为鸠类之鸟。此外，精卫所在之山名曰发鸠之山，当正因此山多鸠而得名。精卫"文首、白喙、赤足"，很可能是山斑鸠。
❷ 女娃：女娃是炎帝的小女儿，去东海游玩，溺亡于海，死后变成精卫鸟，经常从西山衔树枝和石子，丢到东海里，誓要把东海填平。这个故事显然是当地民众根据斑鸠的习性编造的故事，斑鸠觅食于地，以树枝筑巢，被说成是衔树枝、石子填海。

译文　　继续北行二百里，为发鸠之山，山上长满柘树。这座山上有一种鸟，长得像乌鸦，头上有花纹，嘴巴是白色的，脚是红色的，名叫精卫，这个名字得名于它的叫声。当地传说，这种鸟是炎帝的小女儿所变，炎帝的小女儿叫女娃，去东海边游玩，掉进海里淹死了，死后变成了精卫鸟，时常从西山衔树枝、石子，填进东海里。漳水流经此山，向东流注于黄河。

又东北百二十里，曰少山，其上有金玉，其下有铜。清漳之水出焉，东流于浊漳之水。

译文　　继续东北行一百二十里，为少山，山上出产黄金和玉石，山下产铜。清漳之水流经此山，向东流进了浊漳之水。

又东北二百里，曰锡山，其上多玉，其下有砥。牛首之水出焉，而东流注于滏水。

精衛

译文　　　继续东北行二百里，为锡山，山上出产玉石，山下出产磨刀石。牛首之水流经此山，向东流进了滏水。

又北二百里，曰景山，有美玉。景水出焉，东南流注于海泽。

译文　　　继续北行二百里，为景山，山上出产上好的玉石。景水流经此山，向东南方流进了海泽。

又北百里，曰题首之山，有玉焉，多石，无水。

译文　　　继续北行一百里，为题首之山，山上出产玉石，遍布巨石，没有水源。

又北百里，曰绣山，其上有玉、青碧，其木多栒①，其草多芍药、芎䓖。洧水出焉，而东流注于河。其中有鱯②、黾③。

注释　　❶ 栒：当为今栒子木，为蔷薇科落叶灌木，枝条贴地面或岩石匍匐生长，俗称铺地蜈蚣。栒子木的木材坚韧，可作手杖、鞭杆及器物的手柄。
❷ 鱯（hù）：古书中又称为鮠，鮠鱼即长吻鮠，是鲇形目鲿科的淡水鱼类，俗称江团，形似鲶鱼，是我国特有的名贵鱼类。
❸ 黾（měng）：古书中指蛙类。

译文　　　继续北行一百里，为绣山，山上出产玉石、石青和石绿。山上生长着很多栒树，草类有芍药、芎䓖。洧水流经此山，向东流注于黄河，洧水中有鱯鱼、蛙。

又北百二十里，曰松山。阳水出焉，东北流注于河。

译文　　　继续北行一百二十里，为松山，阳水流经此山，东北流注于黄河。

又北百二十里，曰敦与之山，其上无草木，有金玉。溹水出于其阳，而东流注于泰陆之水。泜水出于其阴，而东流注于彭水。槐水出焉，而东流注于泜泽。

译文　　继续北行一百二十里，为敦与之山，山上不长草木，出产黄金和玉石。有三条河流经过此山：溹水流经山阳，东流注于泰陆之水；泜水流经山阴，东流注于彭水；槐水也流经此山，东流注于泜泽。

又北百七十里，曰柘山，其阳有金玉，其阴有铁。历聚之水出焉，而北流注于洧水。

译文　　继续北行一百七十里，为柘山，山阳出产黄金和玉石，山阴出产铁。历聚之水流经此山，北流注于洧水。

又北三百里，曰维龙之山，其上有碧玉，其阳有金，其阴有铁。肥水出焉，而东流注于皋泽，其中多礨①石。敞铁之水出焉，而北流注于大泽。

注释　　❶ 礨（lěi）石：重叠堆积的巨石。

译文　　继续北行三百里，为维龙之山，山上出产碧玉，山阳出产黄金，山阴出产铁。肥水流经此山，东流注于皋泽，肥水的河道中巨石累累。敞铁之水也流经此山，向北流进一片大泽之中。

又北百八十里，曰白马之山，其阳多石、玉，其阴多铁，多赤铜。木马之水出焉，而东北流注于虖池。

译文　　继续北行一百八十里，为白马之山，山阳到处都是石头，出产玉石，山阴出产铁、铜。

木马之水流经此山，向东北流进虖池之中。

又北二百里，曰空桑之山，无草木，冬夏有雪。冬桑之水出焉，东流注于虖池。

译文　　继续北行二百里，为空桑之山，山上不长草木。这座山上终年有雪，直到夏天也不融化。冬桑之水流经此山，向东流进虖池之中。

又北三百里，曰泰戏之山，无草木，多金玉。有兽焉，其状如羊，一角一目，目在耳后，其名曰㺎㺎①，其鸣自訆。虖池之水出焉②，而东流注于滱水。液女之水出于其阳，南流注于沁水。

注释　　❶ 㺎（dòng）㺎：㺎㺎"其状如羊，一角一目，目在耳后"，当是某种羊或羚羊，具体为何种，则不可考。"一角一目"，自属误解。
　　　　❷ 虖池之水：虖池是一片由河流溢出形成的陂泽，虖池之水则是由虖池流出的一条河流。

译文　　继续北行三百里，为泰戏之山，山上不长草木，出产黄金和玉石。山上有一种野兽，长得像羊，只有一只角、一只眼，眼睛长在耳朵后，名叫㺎㺎，它的名字得自其叫声。虖池之水流经此山，向东流进滱水。液女之水流经此山的南麓，向南流进沁水。

又北三百里，曰石山，多藏金玉。濩濩之水出焉，而东流注于虖池①。鲜于之水出焉，而南流注于虖池。

注释　　❶ 虖池：为河流溢出形成的池沼。

译文　　继续北行三百里，为石山，山上出产上等的黄金和玉石。濩濩之水流经此山，向东流注于虖池；鲜于之水也流经此山，向南流注于虖池。

辣㨨

又北二百里，曰童戎之山。皋涂之水出焉，而东流注于溇液水。

译文　　继续北行二百里，为童戎之山。皋涂之水流经此山，东流注于溇液水。

又北三百里，曰高是之山。滋水出焉，而南流注于虖池，其木多椶，其草多条①。滱水出焉，东流注于河。

注释　　❶ 条：《西山经》云："符禺之山，……其草多条，其状如葵，而赤华黄实，如婴儿舌。"又云："石脆之山，……其草多条，其状如韭，而白华黑实。"两处的条草虽然同名，但却不是同一种东西，前者为葵，后者为麦冬，说详上文。此山之条则未知何草。

译文　　继续北行三百里，为高是之山。滋水流经此山，南流注于虖池。此山上生长着许多棕榈树，生长着大片的条草。滱（kòu）水流经此山，向东流注于黄河。

又北三百里，曰陆山，多美玉。䣰水出焉，而东流注于河。

译文　　继续北行三百里，为陆山，山上出产上好的玉石。䣰（jiāng）水流经此山，向东流注于黄河。

又北二百里，曰沂山。般水出焉，而东流注于河。

译文　　继续北行二百里，为沂山，般水流经此山，东流注于黄河。

北百二十里，曰燕山，多婴石①。燕水出焉，东流注于河。

注释　　❶ 婴石："婴"通"燕"，婴石即燕石，今称燕子石，燕子石为三叶虫化石。三叶虫是一种海洋古生物，生活在距今3亿～5亿年之间。因三叶虫化石中的虫形像燕子，故俗称燕子石。

译文　　继续北行一百二十里，为燕山，山上多燕子石。燕水流经此山，向东流注于黄河。

又北山行五百里，水行五百里，至于饶山。是无草木，多瑶碧，其兽多橐驼，其鸟多鹠①。历虢之水出焉，而东流注于河。其中有师鱼②，食之杀人。

注释　　❶ 鹠（liú）：即鸺鹠，一种体型较小的猫头鹰。
　　　　❷ 师鱼：《北次一经》少咸之山条有鲋鲋之鱼，"食之杀人"，即河豚。"师""鲋"形近易讹，师鱼当即鲋鲋之鱼，亦即河豚。

译文　　继续北行五百里，然后乘船在水上行五百里，抵达饶山。此山不长草木，山上出产瑶玉和石绿，这座山上生活着很多骆驼，鸟类则多见鸺鹠鸟。历虢之水流经此山，向东流注于黄河。这条河中有河豚，人吃了会中毒身亡。

又北四百里，曰乾山，无草木，其阳有金玉，其阴有铁而无水。有兽焉，其状如牛而三足，其名曰獂①，其鸣自詨。

注释　　❶ 獂（yuán）：或说"獂"当为"豲"，豲指野猪，但经文说獂状如牛而三足，也可能是某种牛科动物。

译文　　继续北行四百里，为乾山，山上不长草木，山阳出产黄金和玉石，山阴有铁矿，山上没有水。这座山上有一种野兽，长得像牛，有三只脚，名叫獂，它的名字得自其叫声。

又北五百里，曰伦山。伦水出焉，而东流注于河。有兽焉，其状如麋，其川在尾上①，其名曰羆②。

注释　　❶ 其川在尾上："川"指臀部，又指肛门，一般动物的尾巴根部都在臀部上方，肛门在尾巴根部下面，这种形似麋鹿的野兽肛门或臀部在尾巴根的上方，不知道是何种动物。这里，"川"也许指动物臀部的斑纹，马鹿与麋鹿长相相似，其尾巴上方有明显的臀斑，这种动物可能即指马鹿。
　　　　❷ 羆：古书中常"熊、羆"并称，羆指棕熊。但此处羆状如麋，当是某种鹿科动物，显然非熊。

译文　　继续北行五百里，为伦山，伦水流经此山，向东流进黄河。山上有一种野兽，长得像麋鹿，尾巴上长着一块臀斑，名叫羆。

又北五百里，曰碣石之山。绳水出焉，而东流注于河，其中多蒲夷之鱼①。其上有玉，其下多青碧。

注释　　❶ 蒲夷之鱼：古书中称河豚为胡夷、鳠鲩、鲩鲩、魝鲩，蒲夷与胡夷等声均相近，可能也指河豚。

译文　　继续北行五百里，为碣石之山。绳水流经此山，向东流进黄河，绳水中生活着许多蒲夷鱼。碣石之山上出产玉石，山下出产石青和石绿。

又北水行五百里，至于雁门之山，无草木。

译文　　继续北行五百里，抵达雁门之山，山上不长草木。

又北水行四百里，至于泰泽。其中有山焉，曰帝都之山，广员百里，无草木，有玉金。

译文　　继续水上北行四百里，抵达泰泽，泰泽中有一座山，叫帝都之山，这座山方圆一百里，山上不长草木，出产黄金和玉石。

又北五百里，曰蹲于毋逢之山①，北望鸡号之山，其风如飙②；西望幽都之山，浴水出焉。是有大蛇，赤首白身，其音如牛，见则其邑大旱。

注释　　❶ 蹲于毋逢之山：此山为《北次三经》最后一座山，下文结语说："凡《北次三经》之首，自太行之山以至于无逢之山……"，无逢之山即毋逢之山，表明这座山的名字叫"毋逢之山"，而非"蹲于毋逢之山"。"蹲于"一语屡见《山经》，如"蹲于西海"、"蹲于北海"，即临于西海、临于北海之义，"蹲"意为蹲，"蹲于"为动词，由此可见，"蹲于"之后掉了几个字。该山在《北次三经》的最北端，当已到北海边，毋逢之山当在北海之滨，可见"蹲于"之后掉了"北海"二字，而且"蹲于北海"四字当在"曰毋逢之山"后，这句话原本当作"曰毋逢之山，蹲于北海"。
❷ 飙（biāo）：强劲的疾风。

译文　　继续北行五百里，为毋逢之山，此山坐落于北海之滨。登上此山，向北可以望见鸡号之山，强劲的北风从海上吹来；向西可以望见幽都之山，浴水从此山流过。这座山上有一种大蛇，红色的脑袋，白色的身子，叫声像牛一样，这种蛇一出现，当地就会大旱。

凡《北次三经》之首，自太行之山以至于无逢之山，凡四十六山，万二千三百五十里。其神状皆马身而人面者廿神。其祠之，皆用一藻茝瘗之①。其十四神，状皆彘身而载玉。其祠之，皆玉不瘗。其十神，状皆彘身而八足，蛇尾。其祠之，皆用一璧瘗之。大凡四十四神②，皆用稌糈米祠之，此皆不火食③。

注释　　❶ 藻茝（chǎi）：《中次七经》《中次八经》说用藻玉、藻圭埋祭山神，藻玉指刻有花纹的玉石，这里的藻茝亦当为玉器之名，"茝"或为"玉"字讹文。
❷ 四十四神：该篇共有四十六山，当有四十六位山神，"四十四神"当作"四十六神"，四、

六篆文形近易讹。《北次三经》为全书山数最多的一个山列，故分为三组祭祀，分别为廿神、十四神、十神，三组合计四十四神，"十四神"亦当为"十六神"之讹。

❸ 不火食：吃未经烹煮的生食。

译文 以上为北方第三个山列，从太行之山到毋逢之山，一共有四十六座山，经过了一万二千三百五十里。四十六位山神中，第一组二十位山神，都长着马的身体、人类的面孔，祭祀这组神的礼仪是把一块刻有花纹的玉石埋到山上；第二组十六位山神，都长着猪的身体，头上戴着玉饰，祭祀这组山神的礼仪是献上玉石，但不需掩埋；第三组十位山神，都长着猪的身子，生着八条腿，还长着蛇的尾巴。祭祀这组山神的礼仪是把一块玉石掩埋到山上。所有四十六位山神，都要献祭稌稻的精米。这些神都吃未经烹煮的生食。

右北经之山志，凡八十七山，二万三千二百三十里。

译文 上文记录的是北方行经的山，共八十七座山，山间里程共计二万三千二百三十里。

卷四

东山经

东次一经

《东山经》之首，曰𣛻𧈫之山，北临干昧。食水出焉，而东北流注于海。其中多鱅鱅之鱼，其状如犁牛，其音如彘鸣。

注释　　❶ 干昧：干昧当是河流或湖泊的名字。
　　　　❷ 鱅（yōng）鱅之鱼：这种长相如牛的鱼当即海牛，海牛是大型海洋哺乳动物，平均体长可达 2.8~3.0 米，体重可达 500 公斤，其整体外观像鱼，但长着像牛一样的头部，故被称为海牛。
　　　　❸ 状如犁牛："犁"通"黎"，即青色，犁牛即青色牛，青牛即水牛。海牛背部深灰色，腹部稍淡，全身有稀疏细软短毛，其颜色正像水牛的颜色。

译文　　东方第一个山列的第一座山为𣛻𧈫（sù zhū）之山，此山的北麓濒临干昧之水。食水流经此山，向东北流进大海。食水中生活着许多海牛，长得像青牛，叫起来像猪叫。

又南三百里，曰藟山，其上有玉，其下有金。湖水出焉，东流注于食水，其中多活师。

注释　　❶ 活师：郭璞注说活师即蝌蚪，即蛙类的幼虫，但蝌蚪并非罕见之物，青蛙繁殖季节到处都大量可见，过不久就会变成青蛙，古人肯定也明白这一点，何以要刻意加以记录？活师很可能也是某种鱼类或两栖类生物，或即上文提到的师鱼，即河豚。

译文　　继续南行三百里，为藟（lěi）山，山上出产玉石，山下出产黄金。湖水流经此山，向东流进食水，这条河流里有很多活师。

又南三百里，曰栒状之山，其上多金玉，其下多青碧石。有兽焉，其状如犬，六足，其名曰从从，其鸣自詨。有鸟焉，其状如鸡而鼠毛，其名曰鮆鼠，见则其邑大旱。㲲水出焉，而北流注于湖水。其中多箴鱼，其状如儵，其喙如箴，食之无疫疾。

注释　　❶ 从从：从从"其状如犬，六足"，六足自系误解，此兽当系一种犬科动物。
　　　　❷ 鮆（cí）鼠：经云鮆鼠"其状如鸡而鼠毛，……见则其邑大旱"，《山经》所载见则大旱的鸟类，均为鸱鸮之类。鸱鸮以田鼠为食，天气大旱田鼠增多，鸱鸮也随之而来，故古人认

從從

为鸱䳜的大量出现跟干旱有关系。蛰鼠也可能是鸱䳜之类的鸟。

❸ 箴鱼：经云箴鱼"其状如鯈，其喙如箴"，鯈即河溪水塘中常见的鲦鱼，一种体形像刀子、窄而扁的小鱼，又称白条鱼。"其喙如箴"指此鱼有长长的像针一样的尖吻，这种体形像白条鱼、头部长尖吻的鱼显然是颌针鱼，又称针良鱼。

| 译文 | 继续南行三百里，为枸状之山，山上出产黄金、玉石，山下出产石青和石绿。山上有一种野兽，长相像狗，长六只脚，名叫从从，它的名字得自其叫声。有一种鸟，长得像鸡，羽毛像老鼠毛，名叫蛰鼠，这种鸟一出现，当地就会发生大旱。沢（zhǐ）水流经此山，向北流进了湖水。沢水中有很多针鱼，长得像白条鱼，嘴巴又尖又长像一根针，吃了这种鱼可以预防瘟疫。|

又南三百里，曰勃㚒①之山，无草木，无水。

注释　❶ 㚒（qí）："齐"字的古体字。

译文　继续南行三百里，为勃齐之山，此山不长草木，山上没有水。

又南三百里，曰番条之山，无草木，多沙。减水出焉，北流注于海，其中多鱤鱼①。

注释　❶ 鱤（gǎn）鱼：又名鳡鱼、黄鳡、黄颊鱼，是鲤科的淡水鱼类，身体细长，背部灰黑色，腹部银白色，颊部黄色，故俗称黄颊鱼。

译文　继续南行三百里，为番条之山，山上不长草木，遍布沙砾。减水流经此山，向北流进了大海，减水中有很多鱤鱼。

又南四百里，曰姑儿之山，其上多漆，其下多桑、柘。姑儿之水出焉，北流注于海，其中多鱤鱼。

译文　继续南行四百里，为姑儿之山，山上长满了漆树，山下长满了桑树、柘树。姑儿之水流经此山，向北流进大海，姑儿之水中也有很多鱤鱼。

又南四百里，曰高氏之山，其上多玉，其下多箴石①。诸绳之水出焉，东流注于泽，其中多金玉。

注释　　❶ 箴石：即砭石，一种石质坚硬细腻的石头，古人用来制作刺破肿疮放血排脓的石针。

译文　　继续南行四百里，为高氏之山。山上出产玉石，山下出产砭石。诸绳之水流经此山，向东流进一处沼泽，该水出产黄金和玉石。

又南三百里，曰岳山，其上多桑，其下多樗。泺水出焉，东流注于泽，其中多金玉。

译文　　继续南行三百里，为岳山，山上长满了桑树，山下有大片樗树。泺水流经此山，向东流进一个湖泽，泺水中出产黄金和玉石。

又南三百里，曰犲山，其上无草木，其下多水，其中多堪𥥛之鱼①。有兽焉，其状如夸父而彘毛②，其音如呼③，见则天下大水④。

注释　　❶ 堪𥥛（xù）之鱼：古书中称鲢鱼为鲟，𥥛、鲟音通形近，不知道堪𥥛是否就是鲢鱼。
　　　　❷ 其状如夸父而彘毛：夸父即长臂猿，此兽状如夸父，且叫声像人呼啸，跟长臂猿习性相近，这种野兽可能就是长臂猿。彘毛，当指此兽生有像猪鬃一样的鬃鬣。
　　　　❸ 其音如呼：呼亦即啸，猿类善于发出长啸之声。
　　　　❹ 见则天下大水：《南次二经》的长右之山记载了一种"见则郡县大水"的野兽长右，就是长臂猿，由此亦可佐证，这里记载的这种见则天下大水的野兽，也是长臂猿。

译文　　继续南行三百里，为犲山，此山不长草木，山下多水，水中有很多堪𥥛之鱼。此山上有一种野兽，长相如同长臂猿，长着猪鬃一样的鬃毛，叫声如同呼啸，这种野兽一出现，预示着即将暴发洪水。

又南三百里，曰独山，其上多金玉，其下多美石。末涂之水出焉，而东南流注于沔，其中多䱻蠵①，其状如黄蛇，鱼翼，出入有光②，见则其邑大旱③。

注释　　❶ 䱻蠵（tiáo yóng）：䱻蠵"其状如黄蛇，鱼翼，……见则其邑大旱"，显然是某种飞蜥，飞蜥的翼膜很像鱼鳍，故谓之"鱼翼"。䱻蠵"状如黄蛇"，表明其色黄，或即斑飞蜥。
　　　　❷ 出入有光：斑飞蜥在滑翔时，其翼膜的颜色在阳光的映照下很有光彩，所谓"出入有光"盖谓此。
　　　　❸ 见则其邑大旱：《山经》记载了数种蜥蜴或飞蜥，均谓其"见则其邑大旱"，此因蜥蜴喜旱，天旱则多见。

译文　　继续南行三百里，为独山，山上出产黄金和玉石，山下有很多漂亮的石头。末涂之水流经此山，向东南流进了沔水。末涂之水中生活着许多飞蜥，长得像黄色的蛇，长着鱼鳍一样的翅膀，飞翔的时候光彩闪耀，这种动物大量出现，当地会出现大旱。

又南三百里，曰泰山，其上多玉，其下多金。有兽焉，其状如豚而有珠，名曰狪狪①，其名自訆。环水出焉，东流注于江，其中多水玉。

注释　　❶ 狪（tóng）狪："狪"亦作"狪"。经云狪狪"其状如豚而有珠"，当为某种野猪。其所谓"有珠"，不知何谓，或古人以野猪身体中某处骨头作为跟珍珠一样的饰品。

译文　　继续南行三百里，为泰山，山上出产玉石，山下出产黄金。山上有一种野兽，长得像猪，身体里面长珠子，名叫狪狪，它的名字得自其叫声。环水流经此山，向东流进了江水，环水中出产水晶。

又南三百里，曰竹山，錞于江，无草木，多瑶碧。激水出焉，而东南流注于娶檀之水，其中多茈蠃①。

注释　　❶ 茈蠃："蠃"当为"蠃"字讹文，"茈"通"紫"，"蠃"通"螺"，茈蠃即紫色螺。

译文　　继续向南行三百里，为竹山，这座山坐落在江边，山上不生草木，出产瑶玉和石绿。激水流经此山，向东南流进娶檀之水，激水中出产紫色的螺。

凡《东山经》之首，自樕䍱之山以至于竹山，凡十二山，三千六百里。其神状皆人身龙首。祠：毛用一犬祈，聊用鱼^①。

注释　　❶ 聊（èr）："聊"通"衈"，古人割破动物耳旁血管，取血祭神，称为衈。但鱼没有明显的耳朵，这里说"聊用鱼"，大概泛言以鱼为牺牲。

译文　　以上为东方第一个山列，从樕䍱之山到竹山，共有十二座山，经过三千六百里。这些山的神都长着像人的身子、龙的脑袋，祭祀这些神的礼仪是，割破一只狗的血管取血涂抹山神的神位，并献给山神一条鱼。

东次二经

《东次二经》之首，曰空桑之山，北临食水，东望沮吴①，南望沙陵②，西望湣泽。有兽焉，其状如牛而虎文，其音如钦③，其名曰𪊽𪊽④，其鸣自叫⑤，见则天下大水⑥。

注释　　❶ 沮吴：当是一片沼泽的名字。
　　　　❷ 沙陵：即长长的沙岗。
　　　　❸ 钦："铃"的讹文。
　　　　❹ 𪊽（líng）𪊽：𪊽𪊽所在的空桑之山为《东次二经》最北端之山，亦在渤海之滨，则𪊽𪊽当是一种海兽。𪊽𪊽"状如牛而虎文"，身上生有如同虎斑一样的斑纹，则𪊽𪊽当系渤海常见的斑海豹。
　　　　❺ 其鸣自叫：指𪊽𪊽的名字得自它的叫声，𪊽音灵，确实与海豹的叫声相近。
　　　　❻ 见则天下大水：海豹大部分时间都在水里，偶尔爬上岸休息，如果发大水，它也可随水势爬到离海岸更远的陆地。海豹多见与洪水正相关，故说它"见则天下大水"。

译文　　东方第二个山列的第一座山，叫空桑之山，此山北邻食水，向东可望见沮吴泽，向南可望见沙陵，向西可望见湣泽。此山有一种野兽，长得像牛，身上有老虎一样的斑纹，叫起来是"灵灵灵"一样的声音，它的名字即得自这种叫声，这种野兽一出现，天下就会发大水。

又南六百里，曰曹夕之山，其下多榖而无水，多鸟兽。

译文　　向南行六百里，为曹夕之山，山下有大片的构树，但没有水，山下鸟兽众多。

又西南四百里，曰峄皋之山，其上多金玉，其下多白垩。峄皋之水出焉，东流注于激女之水，其中多蜃珧①。

注释　　❶ 蜃珧（yáo）：蜃，大蚌；珧，小蚌。

译文　　继续西南行四百里，为峄（yì）皋之山，山上出产黄金、玉石，山下多白色的垩土。峄皋之水流经此山，向东流进激女之水，这条河流中有很多大大小小的河蚌。

又南水行五百里，流沙三百里，至于葛山之尾，无草木，多砥砺。

译文　　继续沿水向南行五百里，经过流沙地带三百里，抵达葛山的余脉，山上不长草木，出产可以制作磨刀石的石头。

又南三百八十里，曰葛山之首，无草木。澧水出焉，东流注于余泽，其中多珠蟞鱼①，其状如肺而有目②，六足有珠③，其味酸甘，食之无疠。

注释　　❶ 珠蟞（biē）鱼："珠"通"朱"，"蟞"即"鳖"的古体字，朱蟞鱼即鲎。鲎是一种海洋节肢动物，鲎有像鳖盖一样的壳，身体为酱红色，故称"朱鳖"。鲎是一种非常古老的生物，最早的鲎化石属于距今四亿年前的奥陶纪，故被称为"生物活化石"。
❷ 有目：别本作"有四目"，鲎确实有四只眼睛，头部一对，背上一对。
❸ 有珠：当指鲎的体内有某种类似于珍珠的骨质组织。

译文　　继续南行三百八十里，为葛山的主峰，山上不长草木。澧水流经此山，向东流进余泽，其中有大量的鲎，鲎的身体很像肺片的样子，有四只眼睛、六只脚，身体里面长着珠子，鲎的味道有点酸甜，吃了可以预防皮肤病。

又南三百八十里，曰馀峨之山，其上多梓、楠，其下多荆、芑①。杂余之水出焉，东流注于黄水。有兽焉，其状如菟而鸟喙，鸱目蛇尾，见人则眠②，名曰犰狳③，其鸣自訆，见则螽蝗为败④。

注释　　❶ 芑：通"杞"，即枸杞。
❷ 见人则眠：见到人装死
❸ 犰狳："犰狳"当作"犰𤝣"（jǐ yú），与名为犰狳的美洲动物无关。据经文描述，犰狳外形像兔子，嘴巴长而尖，有细长的尾巴，而且有假死的习性，以蝗虫之类为食，很可能是鼱鼩（jīng qú），又名精鼩。
❹ 见则螽蝗为败：螽蝗即蝗虫，鼱鼩以昆虫为食，蝗虫为其食物之一，蝗灾爆发，则鼱鼩随之多见。

译文　　继续南行三百八十里，为馀峨之山，山上长满了梓树和楠树，山下生长着牡荆和枸杞。杂余之水流经此山，向东流进黄水。山上有一种野兽，长得像兔子，嘴巴像鸟嘴，眼睛像猫头鹰，尾巴像蛇尾巴，看到人会装死，名字叫犰狳，它的名字源于其叫声，这种动物出现，预示着会闹蝗灾。

珠鱉魚

犰狳

东山经·东次二经

又南三百里，曰杜父之山，无草木，多水。

译文　　继续向南行三百里，为杜父之山，不长草木，山上水很多。

又南三百里，曰耿山，无草木，多水碧①，多大蛇。有兽焉，其状如狐而鱼翼，其名曰朱獳②，其鸣自叫，见则其国有恐③。

注释　　❶ 水碧：绿色的水晶石。
　　　　❷ 朱獳（rú）：朱獳"其状如狐而鱼翼"，是一种长相像狐狸而有像鱼鳍一样的肉翅的动物，这显然是某种狐蝠科动物。
　　　　❸ 见则其国有恐：狐蝠体型很大，大者两翼展开可达90厘米以上。狐蝠昼伏夜出，白天成群倒挂在树枝或洞穴中，夜间成群结队倾巢而出，觅食野果、花蕊等，对果园危害极大，其出现必然给人带来不安，故"见则其国有恐"。

译文　　继续南行三百里，为耿山，山上草木稀疏，出产绿水晶，常有大蛇出没。山上有一种野兽，长得像狐狸，有鱼鳍一样的翅膀，名叫朱獳，它的名字得自其叫声，这种动物很可怕，它一出现就会在当地引起恐慌。

又南三百里，曰卢其之山，无草木，多沙石。沙水出焉，南流注于涔水，其中多鵹鹕①，其状如鸳鸯而人足②，其鸣自訆，见则其国多土功③。

注释　　❶ 鵹（lí）鹕：即鹈鹕。
　　　　❷ 状如鸳鸯而人足：鹈鹕是水鸟，有似于鸳鸯，故说它像鸳鸯；鹈鹕的脚比较长，有点像人的脚板，故说它"人足"。
　　　　❸ 见则其国多土功：土功谓大兴土木，指修路、疏浚河流之类，鹈鹕成群结队捕鱼于河流湖泊中，仿佛是在清理、疏浚河道，故古人称之为淘河、淘沙，因此把它当成大兴土木的象征。

译文　　继续南行三百里，为卢其之山，山上草木稀疏，遍布沙石。沙水流经此山，向南流进涔水，沙水中生活着许多鹈鹕，长得像鸳鸯，双脚像人脚，它的名字得自其叫声。如果鹈鹕大量出现，预示着当地将会大兴土木。

朱獳

东山经·东次二经

又南三百八十里，曰姑射之山，无草木，多水。

译文　　继续南行三百八十里，为姑射之山，山上草木稀疏，水源充足。

又南水行三百里，流沙百里，曰北姑射之山，无草木，多石。

译文　　驾船在水上继续南行三百里，经过一百里流沙，到达北姑射之山，山上草木稀疏，遍地石头。

又南三百里，曰南姑射之山，无草木，多水。

译文　　继续南行三百里，为南姑射之山，山上草木稀疏，水源充足。

又南三百里，曰碧山，无草木，多大蛇，多碧水玉①。

注释　❶ 碧水玉：即水碧，绿水晶。该山名为碧山，当因出产绿水晶而得名。

译文　　继续南行三百里，为碧山，山上草木稀疏，有大蛇出没，山上出产绿水晶。

又南五百里，曰维氏之山，无草木，多金玉。原水出焉，东流注于沙泽。

译文　　继续南行五百里，为维氏之山，山上草木稀疏，出产黄金和玉石。原水流经此山，向东流进沙泽。

又南三百里，曰姑逢之山，无草木，多金玉。有兽焉，其状如狐而有翼，其音如鸿雁，其名曰獙獙①，见则天下大旱。

注释　　❶ 獙（bì）獙：獙獙"其状如狐而有翼"，显然也是狐蝠，详见上文。

译文　　继续南行三百里，为姑逢之山，山上草木稀疏，出产黄金和玉石。山上有一种野兽，长得像狐狸，生有翅膀，叫声像鸿雁，名叫獙獙，这种动物出现，预示着会发生大旱。

又南五百里，曰凫丽之山，其上多金玉，其下多箴石。有兽焉，其状如狐，而九尾、九首、虎爪，名曰蠪姪①，其音如婴儿，是食人。

注释　　❶ 蠪姪（lóng zhì）："姪"当作"蛭"，此兽"状如狐，而九尾、九首、虎爪，……其音如婴儿"，可能就是某种狐狸，"九尾"谓其尾巴蓬大，"其音如婴儿"则形容狐狸的叫声。

译文　　继续南行五百里，为凫丽之山，山上出产黄金和玉石，山下出产砭石。山上有一种野兽，长得像狐狸，有九条尾巴、九个脑袋，爪子像老虎，名叫蠪蛭，叫起来像婴儿的啼哭。这种野兽吃人。

又南五百里，曰䃌山，南临䃌水，东望湖泽。有兽焉，其状如马，而羊目、四角、牛尾，其音如獆狗，其名曰峳峳①，见则其国多狡客。有鸟焉，其状如凫而鼠尾，善登木，其名曰絜狗②，见则其国多疫。

注释　　❶ 峳（yōu）峳：峳峳长相像马，眼睛似羊，有四只角，尾巴像牛，叫声像狗嗥叫，这可能是麋鹿。鹿科动物的尾巴都甚短，唯有麋鹿的尾巴较长，有似牛尾，麋鹿体形像马，且麋鹿的叫声如同嗥叫，可以断定峳峳即麋鹿。
　　　　❷ 絜狗：絜狗"其状如凫而鼠尾，善登木"，凫即野鸭，鸟的尾巴与鼠尾相去甚远，故絜狗可能并非鸟类，而可能是鼯鼠。鼯鼠尾巴像松鼠，四肢间有飞膜可以滑翔，尤其善于攀缘。

译文　　继续南行五百里，为䃌（yīn）山，该山南临䃌水，东面可以望见湖泽。山上有一种野兽，体形像马，眼睛像羊，长四只角，尾巴像牛尾巴，叫声像狗嗥叫，这种野兽名叫峳峳，这种野兽出没，意味着当地会出现各种来路不明的陌生人。这座山上有一种鸟，长得像野鸭子，尾巴像松鼠尾巴，善于爬树，其名字叫絜狗，这种鸟出现时当地会闹瘟疫。

猭
猱

絜𩕳狗

东山经·东次二经

凡《东次二经》之首,自空桑之山至于䃌山,凡十七山,六千六百四十里。其神状皆兽身人面载觡①。其祠:毛用一鸡祈,婴用一璧瘗。

注释　　❶ 觡(gé):指鹿科动物的角。

译文　　以上为东方第二个山列,从空桑之山到䃌山,共有十七座山,经过六千六百四十里,这些山的山神都是兽身人面,头上长着分叉的角。祭祀他们的礼仪:用一只鸡取血涂抹神位,用一块玉璧埋在山上。

东次三经

又《东次三经》之首，曰尸胡之山，北望䍃山，其上多金玉，其下多棘①。有兽焉，其状如麋而鱼目，名曰妴胡②，其鸣自訆。

注释　　❶ 棘：即山枣树，因树上长满棘刺而得名。
　　　　❷ 妴（wǎn）胡：妴胡状如麋鹿，眼睛似鱼眼，当是某种鹿科动物，很可能就是麋鹿。

译文　　东方第三列山的第一座山，叫尸胡之山，此山向北，可以望见䍃（xiáng）山。此山上出产黄金、玉石，山下遍生山枣树。山上有一种野兽，长相像麋鹿，眼睛像鱼眼，名叫妴胡，它的名字得自其叫声。

又南水行八百里，曰岐山①，其木多桃、李，其兽多虎。

注释　　❶ 水行：水行指在水上乘船而行，《东次三经》共记述九座山，从上一座山到下一座山之间皆为"水行"数百里，说明这九座山都在水里，相互之间水域广阔，这意味着九座山实为九座海岛。

译文　　继续乘船在水上南行八百里，为岐山，山上生长着许多桃树、李树，上面常有老虎出没。

又南水行五百里，曰诸钩之山，无草木，多沙石。是山也，广员百里，多寐鱼①。

注释　　❶ 寐鱼：又作鲦鱼，可能即鳡鱼，又称鳖鱼，今俗称刀鱼。

译文　　继续乘船在水上南行五百里，为诸钩之山，山上草木稀疏，遍地沙石。这座山方圆有一百里，河流中有很多寐鱼。

又南水行七百里，曰中父之山，无草木，多沙。

译文　　继续乘船在水上南行七百里，为中父之山，山上草木稀疏，到处都是沙子。

又东水行千里，曰胡射之山，无草木，多沙石。

译文　　继续乘船在水上东行一千里，为胡射之山，山上草木稀疏，遍地都是沙石。

又南水行七百里，曰孟子之山，其木多梓桐，多桃李，其草多菌蒲，其兽多麋鹿。是山也，广员百里。其上有水出焉，名曰碧阳，其中多鳣鲔。

注释　　❶ 菌蒲：此处菌、蒲并列，蒲为水草，菌亦当水草。《广雅·释草》云："菌，蕙也。"菌当即蕙草，常生长于河流、湖泊的岸边和沼泽地。
　　　　❷ 鳣鲔：鳣即中华鲟，详见《西山经》鸟鼠同穴之山条注。鲔又名鳣，鲟鳇鱼，即鳇鱼。鳇鱼寿命长，个头大，最久可活一百岁，最大个体可达一千公斤。

译文　　继续乘船在水上南行七百里，为孟子之山，此山生长着很多梓树、梧桐树、桃树、李树，生长着茂盛的蒲草、蕙草，还有许多麋鹿。这座山方圆一百里，山上有一条河流发源，名叫碧阳，河中生活着许多鲟鱼、鳇鱼。

又南水行五百里，曰流沙，行五百里，有山焉，曰跂踵之山，广员二百里，无草木，有大蛇，其上多玉。有水焉，广员四十里皆涌，其名曰深泽，其中多蠵龟。有鱼焉，其状如鲤，而六足鸟尾，名曰鲐鲐之鱼，其鸣自叫。

注释　　❶ 大蛇：《山经》记载的有大蛇的山共五座，即《南山经》的禺稾之山，《北山经》的毋逢之山，《东山经》的耿山、碧山、跂踵之山，大蛇当为巨大的蟒蛇之类，可见上古时期巨蟒分布之广，不仅见于南方。
　　　　❷ 有水焉，广员四十里皆涌：方圆四十里之内水皆涌，这当是一处泉源密集、喷泉竞发的多泉地带。
　　　　❸ 蠵（xī）龟：一种大型海龟。
　　　　❹ 鲐（gé）鲐之鱼：此鱼生有六足，显然不是一般的鱼类，而是海洋哺乳动物，可能是海豹。海豹体形如纺锤，近似于鲤鱼体形，其后肢蜕化为鱼鳍状的尾巴，有似于鸟尾，海豹的叫声也跟"鲐鲐"的发音相近。

译文　　继续乘船在水上南行五百里，遇到一片面积很大的流沙，沿流沙南行五百里，有一座山，叫跂踵之山，该山方圆二百里，山上草木稀疏，却常有巨蟒出没，出产玉石。这一带有一片泉水，方圆四十里内到处都有泉水喷涌，这片泉水名叫深泽，其中生活着很多蠵龟。这片水域中还

鮯鮯魚

有一种鱼，体形像鲤鱼，有六条腿，尾巴像鸟的尾巴，名叫鲐鲐之鱼，这个名字源于它的叫声。

又南水行九百里，曰跂踵之山，其上有草木，多金玉，多赭。有兽焉，其状如牛而马尾，名曰精精①，其鸣自叫。

注释　❶ 精精："其状如牛而马尾"，当为某种牛科或鹿科动物。

译文　　继续乘船在水上南行九百里，为跂（mǔ）踵之山，山上生长着树木和野草，出产黄金和玉石，还出产可以用来制作红色颜料的赭石。这座山上有一种野兽，体形像牛，尾巴像马，名叫精精，这个名字源于它的叫声。

又南水行五百里，流沙三百里①，至于无皋之山，南望幼海②，东望榑木③，无草木，多风。是山也，广员百里。

注释　❶ 流沙三百里：本篇所记九山实为九座海岛，流沙三百里当为一片广阔的沙滩，不可理解为沙漠。
　　　❷ 幼海：又名少海，指三面被陆地包围的海湾。
　　　❸ 榑（fú）木：即扶桑，古书中指东方日出之地的神树。

译文　　继续乘船在水上南行五百里，经过三百里流沙，抵达无皋之山，登上此山，南望可见到名叫幼海的海湾，东望可见到太阳升起的扶桑。这座山上草木稀疏，经常刮大风，山方圆有一百里。

凡《东次三经》之首，自尸胡之山至于无皋之山，凡十九山，六千九百里。其神状皆人身而羊角。其祠：用一牡羊，米用黍。是神也，见则风雨水为败①。

注释　❶ 见则风雨水为败：谓此神一旦出现，就会导致风雨成灾。

译文　　以上为东方第三个山列，从尸胡之山到无皋之山，共有十九座山，经过了六千九百里。这些山的山神都长着人类的身体，头上生着羊角。祭祀这些山神的礼仪：杀一只公羊献祭，用黍米作为祭神的米。这些山上的神一旦出现，就会带来疾风骤雨，引起灾难性后果。

东次四经

又《东次四经》之首，曰北号之山，临于北海。有木焉，其状如杨，赤华，其实如枣而无核，其味酸甘，食之不疟。食水出焉，而东北流注于海。有兽焉，其状如狼，赤首鼠目，其音如豚，名曰獦狙，是食人。有鸟焉，其状如鸡而白首，鼠足而虎爪，其名曰𪃑雀，亦食人。

注释　　❶ 有木焉：这种植物的树叶形状像杨树，果实形状像枣子，味道酸甜，可能是山楂。
　　　　❷ 獦狙（gě jū）：经云獦狙"其状如狼，赤首鼠目，其音如豚，……是食人"，当为豺、狼之类的犬科野兽。
　　　　❸ 𪃑（qí）雀：经云𪃑雀"其状如鸡而白首，鼠足而虎爪"，鼠足和虎爪相矛盾，当有错字，"鼠足"或当为鼠毛、鼠尾之讹。𪃑雀爪如虎爪，且能食人，当为某种猛禽，"白首"，表明其头部是白色的，或较身体颜色为浅。这种鸟生活于濒临北海的地方，可能是鹗，即鱼鹰，鹗的白首特征很明显。

译文　　东方第四个山列的第一座山，是北号之山，此山坐落于北海之滨。山上有一种树木，树叶像杨树，开红色的花，结的果实像枣，但没有核，味道又酸又甜，吃了这种果实可以防止疟疾。食水流经此山，向东北流进北海。这座山上还有一种野兽，体形像狼，脑袋是红色的，双眼像老鼠的眼睛，叫声像小猪，名叫獦狙，这种野兽吃人。山上还有一种鸟，体形像鸡，毛色像老鼠，爪子像老虎，名叫𪃑雀，这种鸟也吃人。

又南三百里，曰旄山，无草木。苍体之水出焉，而西流注于展水。其中多鱃鱼，其状如鲤而大首，食者不疣。

注释　　❶ 鱃（xiū）鱼：鱃鱼似鲤而大头，当即俗称大头鱼的鲢鱼，又名鳙鱼。《本草纲目》卷四十四"鳙鱼"释名："鱃鱼，音秋，出《海经》。"并引本条为释。

译文　　继续南行三百里，为旄山，山上不生草木。苍体之水流经此山，向西流进展水，水中生活着许多鱃鱼，长得像鲤鱼，但头很大，吃了这种鱼可以消除身体上的疣瘤。

又南三百二十里，曰东始之山，上多苍玉。有木焉，其状如杨而赤理，其汁如血，不实，其名曰芑，可以服马。泚水出焉，而东北流注于海，其中多美贝，多茈鱼，其状如鲋，一首而十身，其臭如蘪芜，食之不䊫。

注释　　❶ 芭（qǐ）："芭"通"杞"，杞一般指枸杞，但经文说这种树其状如杨（垂柳），木材纹理为红色，树汁像血一样是红色的，当是指的杞柳，即常见的旱柳。
　　　　❷ 服马：调教马匹使之驯良，柳条柔软而坚韧，可以用来鞭挞、调教马匹。
　　　　❸ 茈鱼：茈鱼"其状如鲋，一首而十身，其臭如蘪芜"，当即章鱼，章鱼头身一体，有八条腿，将其头身一体的部分视为头部，八条腿视为多个身体，故有"一首而十身"之说。"茈"通"紫"，章鱼身体紫色，故谓之紫鱼。
　　　　❹ 食之不糒（bì）：糒即放屁，吃了紫鱼可以让人少放屁或不放屁。

译文　　继续南行三百二十里，为东始之山，山上出产青色的玉石。这座山上生长着一种树木，树叶像垂柳的叶子，木纹是红色的，树汁像血一样红，只开花不结实，名叫芭树，这种树的枝条可以做鞭子用来调教马匹。泚水流经此山，向东北流进了北海。泚水中生长着很多味道鲜美的贝类，还有一种紫鱼，形状像鲫鱼，一个脑袋，十个身子，气味浓郁，像蘪芜的味道，吃了这种鱼，可以避免放屁。

又东南三百里，曰女烝之山，其上无草木。石膏水出焉，而西注于鬲水，其中多薄鱼①，其状如鳣鱼而一目，其音如欧②，见则天下大旱。

注释　　❶ 薄鱼：经云薄鱼"其状如鳣鱼"，"鳣"为"鲤"的讹文。薄鱼"见则天下大旱"，《南山经》黑水中有一种鱄鱼，亦"见则天下大旱"，这种鱼"其状如鲋"，鲋即鲫鱼，鲫鱼和鲤鱼体形相近，据此推断，薄鱼和鱄鱼当为同一种鱼。
　　　　❷ 其音如欧："欧"通"呕"，指人呕吐的声音，但亦可能通"讴"，指人歌讴的声音。

译文　　继续东南行三百里，为女烝之山，山上不生草木，石膏水流经此山，向西流注于鬲水。鬲水中有许多薄鱼，形状像鲤鱼，只有一只眼睛，叫声像人呕吐的声音。这种鱼大量出现，预示着会发生大旱。

又东南二百里，曰钦山，多金玉而无石。师水出焉，而北流注于皋泽，其中多鳝鱼①，多文贝。有兽焉，其状如豚而有牙，其名曰当康②，其鸣自叫，见则天下大穰③。

注释　　❶ 鳝鱼：鳝鱼即鲢鱼，见上文旄山条注。
　　　　❷ 当康：经云当康"其状如豚而有牙"，豚为小猪，牙当指獠牙，野猪有突出嘴外的獠牙，当康当即某种体型较小的野猪。
　　　　❸ 见则天下大穰：郝疏云："'当康'、'大穰'，声转义近，盖岁将丰稔，兹兽先出以鸣瑞，圣人通知鸟兽之音，故特记之。凡经中诸物或出而兆妖祥，皆动于几先，非所常有，故世人

薄魚

东山经·东次四经

當康

希得见之尔。""康"有丰盛之义,"当康"又与"大穰"谐音,故古人借此口彩以当康的出现为丰收的吉兆。

| 译文 | 继续东南行二百里,为钦山。钦山上出产黄金,没有石头。师水流经此山,向北流进了皋泽,水中有众多鳡鱼,还有很多文贝。山上有一种野兽,长得像猪,长着獠牙,名字叫当康,它的名字得自其叫声。这种野兽出现,预示着天下大丰收。|

又东南二百里,曰子桐之山。子桐之水出焉,而西流注于馀如之泽。其中多<u>鱎鱼</u>①,其状如鱼而鸟翼,出入有光,其音如<u>鸳鸯</u>②,见则天下大旱。

注释　❶ 鱎鱼:郭注云:"音滑。"郝疏云:"鱎鱼见郭氏《江赋》。李善注引此经及郭音并与今本同。《玉篇》云:'鱎,鱼如鸟。'"经云鱎鱼"如鱼而鸟翼,出入有光",这当是一种飞鱼:"鸟翼",表明它能如鸟一样飞翔;"出入有光",表明此鱼能出入于水。
❷ 音如鸳鸯:鱎鱼"其音如鸳鸯",证明其为飞鱼:《西山经》有赢鱼,"鱼身而鸟翼,音如鸳鸯",赢鱼也是飞鱼,也是音如鸳鸯,《西山经》又有文鳐鱼,"状如鲤鱼,鱼身而鸟翼,……以夜飞,其音如鸾鸡",音如鸾鸡与音如鸳鸯,其义相通。

| 译文 | 继续向东南行二百里,为子桐之山。子桐之水流经此山,向西流进了馀如之泽。子桐之水中有许多鱎鱼,体形像一般的鱼,生着鸟翼一样的翅膀,进出水面时伴随着光芒闪耀,叫声像鸳鸯。这种鱼大量出现,预示着会天下大旱。|

又东北二百里,曰剡山,多金玉。有兽焉,其状如彘而人面,黄身而赤尾,其名曰<u>合窳</u>①,其音如婴儿。是兽也,食人,亦<u>食虫蛇</u>②,见则天下大水。

注释　❶ 合窳(yǔ):合窳"其状如彘而人面,黄身而赤尾",当即野猪。野猪的毛一般为棕黑色,幼年野猪则为黄褐色,故经谓之"黄身而赤尾"。
❷ 食虫蛇:野猪确实捕食包括毒蛇在内的蛇类。

| 译文 | 继续东北行二百里,为剡山,出产黄金和玉石。山上有一种野兽,长得像野猪,面孔像人,身上的毛是黄色的,尾巴是红色的,名叫合窳,叫声像婴儿啼哭。这种野兽会吃人,也吃蛇和昆虫,如果频频出现,就预示着将发大水。|

鯮魚

又东二百里，曰太山，上多金玉、桢木①。有兽焉，其状如牛而白首，一目而蛇尾，其名曰蜚②，行水则竭，行草则死，见则天下大疫。钩水出焉，而北流注于劳水，其中多鳡鱼。

注释　　❶ 桢木：即女贞树，常绿灌木或乔木，为常见观赏树木。
　　　　❷ 蜚：经云蜚"状如牛而白首，一目而蛇尾"，显然是一种实有的野兽，至于说此兽"行水则竭，行草则死"，以及"一目"，则属对此兽"见则天下大疫"的恐惧而引起的误解。蜚究为何兽，待考。

译文　　继续东行二百里，为太山，山上出产黄金和玉石，生长着很多女贞树。山上有一种野兽，长相像牛，脑袋是白色的，只有一只眼睛，尾巴像蛇尾一样，名叫蜚。凡是这种野兽经过的河流，都会干涸，凡是被这种野兽踩过的草，就会枯死，这种野兽一出现，就预示着会暴发大瘟疫。钩水流经此山，向北流进劳水，钩水中有许多鳡鱼。

凡《东次四经》之首，自北号之山至于大山①，凡八山，一千七百二十里。

注释　　❶ 大山：即上一条的"太山"，"大""太"字通。

译文　　以上是东方第四列山，从北号之山到大山，共八座山，经过一千七百二十里。

右东经之山志，凡四十六山，万八千八百六十里。

译文　　上文记录的是东方行经的山，共四十六座，山间里程共计一万八千八百六十里。

韭

卷五

中山经

中次一经

《中山经》薄山之首，曰甘枣之山。共水出焉，而西流注于河。其上多杻木，其下有草焉，葵本而杏叶，黄华而荚实，名曰萚①，可以已瞢。有兽焉，其状如𪕒②鼠而文题，其名曰𪕈③，食之已瘿。

注释　❶ 萚（tuò）：经云萚"葵本而杏叶，黄华而荚实"，这是一种根茎像葵菜、叶子像杏树、开黄花、结荚果的草，应是豆科植物。经云此草"可以已瞢"，即治疗眼睛昏花、视力不明，这种草很可能就是决明子，为一年生草本，叶卵形，开黄花，结豆荚，具有清肝明目之功效。
　　　❷ 𪕒：读作"䖝"，此字罕见，其义不明，当指某种鼠科动物。
　　　❸ 𪕈（nuó）：经云此兽"其状如𪕒鼠而文题"，𪕒鼠、𪕈均无考。

译文　　　中央之山的第一列名为薄山，其第一座山为甘枣之山。共水流经此山，向西流进黄河。山上遍生杻木，山下有一种草，根茎像葵菜，叶子像杏树，开黄花，结豆荚，名叫萚草，吃了可以治疗眼睛昏花。山上有一种野兽，长相像𪕒鼠，脑门上长有花纹，名叫𪕈，吃了可以治疗大脖子病。

又东二十里，曰历儿之山，其上多橿，多枥木①，是木也，方茎而员叶，黄华而毛，其实如楝，服之不忘②。

注释　❶ 枥（lì）木：这是一种嫩枝有棱、树叶圆形、开黄花、树叶或花朵生有柔毛、结的果实像楝实的树木，为今之何树，待考，或即楝树之一种。
　　　❷ 服之不忘："忘"指健忘，记性不好。

译文　　　继续东行二十里，为历儿之山，山上遍生橿木和枥木，枥木的茎是方的，叶子是圆形的，开黄花，花朵上生有绒毛，结实像苦楝树的果实，佩戴这种树的果实，可以治疗健忘症。

又东十五里，曰渠猪之山，其上多竹。渠猪之水出焉，而南流注于河。其中是多豪鱼①，状如鲔，赤喙、尾，赤羽②，可以已白癣。

注释　❶ 豪鱼：经云豪鱼"状如鲔，赤喙、尾，赤羽"，鲔即今鳇鱼，豪鱼当为鲟科之一种，我国境内的史氏鲟，背部及喙、尾、鳍为灰黄色，与豪鱼赤喙、赤尾、赤羽的特征最为接近，豪鱼或即史氏鲟。

❷ 赤羽：鱼不长羽毛，这里羽当指鱼鳍。

译文　　继续东行十五里，为渠猪之山，山上有大片的竹子。渠猪之水流经此山，南流注于黄河。渠猪之水中有豪鱼，体形像鳡鱼，嘴巴、尾巴和鱼鳍都是红色的，可以用来治疗白癣病。

又东三十五里，曰葱聋之山，其中多大谷，是多白垩，黑、青、黄垩。

译文　　继续东行三十五里，为葱聋之山，山上有好几条高深的峡谷，山谷中出产白色、黑色、青色和黄色的各种黏土。

又东十五里，曰倭山，其上多赤铜，其阴多铁。

译文　　继续东行十五里，为倭（wō）山，山上出产红铜矿石，山阴出产铁矿石。

又东七十里，曰脱扈之山。有草焉，其状如葵叶而赤华，荚实，实如棕荚，名曰植楮①，可以已癙②，食之不眯。

注释
❶ 植楮：经云植楮"其状如葵叶而赤华，荚实，实如棕荚"，这是一种叶形似锦葵、开红色花、结豆荚的草本植物，为今何种植物，待考。
❷ 癙（shǔ）：即癙瘘，长在颈部称为瘰疬，长在肛门称为痔瘘。

译文　　继续东行七十里，为脱扈之山。山上长一种草，叶子像葵菜，开红花，结豆荚，种子像棕榈实，名叫植楮，可以治疗癙瘘，吃了可以不做噩梦。

又东二十里，曰金星之山，多天婴①，其状如龙骨，可以已痤②。

注释
❶ 天婴：经云天婴状如龙骨，龙骨常见于古医书，当指各种大型古动物化石，而不仅指恐

龙化石。

❷ 痤：痤疮一类的皮肤病。

译文　　继续东行二十里，为金星之山，此山上面有许多叫天婴的东西，形状像龙骨，可以用来治疗痤疮。

又东七十里，曰泰威之山，其中有谷曰枭谷，其中多铁。

译文　　继续东行七十里，为泰威之山，这座山中有一条山谷叫枭谷，山谷中有丰富的铁矿石。

又东十五里，曰橿谷之山，其中多赤铜。

译文　　继续东行十五里，为橿谷之山，山上出产红铜。

又东百二十里，曰吴林之山，其中多葌草①。

注释　　❶ 葌（jiān）草："葌"通"蕳"，即兰草，又称佩兰、泽兰，为菊科多年生草本，全株及花均有香味，香气似薰衣草，古人主要用为香氛和药物。

译文　　继续东行一百二十里，为吴林之山，山中生满兰草。

又北三十里，曰牛首之山。有草焉，名曰鬼草①，其叶如葵而赤茎，其秀如禾，服之不忧。劳水出焉，而西流注于潏水。是多飞鱼②，其状如鲋鱼，食之已痔衕③。

注释　　❶ 鬼草：经云鬼草"其叶如葵而赤茎，其秀如禾"，当即红蓼，一年生草本植物，其叶与葵

菜叶形相近，茎或为红色，开鲜艳的淡红色花朵，总状花序呈穗形，与经文关于鬼草的描述颇为吻合。红蓼在我国十分常见，常生长于沼泽、河边湿地。

❷ 飞鱼：即海中常见的飞鱼。飞鱼为海洋鱼类，牛首之山所出之水有飞鱼，表明其地必离海洋不远。

❸ 痔衕：痔为痔疮，衕指肛瘘下血之类的疾病。

译文　　继续北行三十里，为牛首之山。山上有一种草，叫鬼草，叶子像葵菜，草茎是红色的，开花像谷穗，把这种草的花朵佩戴在身上，可以消除忧愁。劳水流经此山，向西流进潏（jué）水。劳水中常见飞鱼，飞鱼的形状像鲫鱼，吃了它的肉可以治疗痔疮、肛瘘之类的病。

又北四十里，曰霍山，其木多榖。有兽焉，其状如狸，而白尾有鬣，名曰朏朏①，养之可以已忧。

注释　　❶ 朏朏：经云朏朏"其状如狸，而白尾有鬣"，当即大灵猫，大灵猫两肩中央及背脊有黑色鬃毛，尾巴有明显的白色环纹。

译文　　继续北行四十里，为霍山，山上生长着众多构树。这座山上有一种野兽，长得跟灵猫很像，尾巴是白色的，脖颈上有鬣毛，名叫朏朏，家里养着这种动物，就可以消除忧愁。

又北五十二里，曰合谷之山，是多薝棘①。

注释　　❶ 薝（zhān）棘：《本草》书中天门冬一名颠棘，"薝""颠"音近，薝棘当即天门冬。天门冬的根为常见中药。

译文　　继续北行五十二里，为合谷之山，山上生长着很多天门冬。

又北三十五里，曰阴山，多砺石、文石。少水出焉，其中多雕棠①，其叶如榆叶而方，其实如赤菽②，食之已聋。

注释　　❶ 雕棠："雕"有小的含义，雕棠树叶似榆树，结实如赤豆，或即山茱萸，山茱萸果实为红色椭圆形，果实很小，形状确有几分像红小豆。中医认为山茱萸有治疗耳聋的药效，与雕棠药效吻合。

❷ 而方：按照《山经》记述体例，"而方"后可能掉了一个字，可能是"茎"字。

译文　　继续北行三十五里，为阴山，山上出产磨刀石和纹理美丽的石头。少水从此山流过。这座山上到处都生长着雕棠树，这种树的叶子像榆树，茎是方棱形，结实像红小豆，吃了可以治疗耳聋。

又东北四百里，曰鼓镫之山，多赤铜。有草焉，名曰荣草，其叶如柳①，其本如鸡卵，食之已风。②

注释　　❶ 荣草：经云荣草"其叶如柳，其本如鸡卵"，这是一种叶形像柳叶、根茎像鸡蛋的草本植物。据其药效"食之已风"推断，荣草很可能即天麻。天麻肉质根茎形如芋头，常见为椭圆形，近乎鸡蛋的形状，天麻的一个重要功能就是祛风。
　　❷ 其叶如柳：意为荣草的叶像柳叶，但天麻孤茎直上，只开花，不长叶，与此不符。但此草名为"荣草"，荣指花，或表明此草只开花，不生叶，"其叶（葉）如柳"云云或为"其华（華）如柳"之讹，天麻的总状花序，颇似初绽的柳条。荣草又见《中次十二经》，当为同物。此外，《中次十一经》又有嘉荣草、《中次九经》有嘉荣，或亦荣草，皆为天麻之属。

译文　　继续东北行四百里，为鼓镫之山，此山有丰富的赤铜矿。山上有一种草，叫荣草，开花像柳条，根茎是鸡蛋的形状，可以治疗风寒、风湿等病。

凡薄山之首，自甘枣之山至于鼓镫之山，凡十五山，六千六百七十里。历儿，冢也，其祠礼：毛，太牢之具；县以吉玉①。其余十三山者，毛用一羊，县婴用桑封②，瘗而不糈。桑封者，桑主也，方其下而锐其上，而中穿之，加金③。

注释　　❶ 县以吉玉："县"通"悬"，指将献给山神的玉器悬挂在树上。
　　❷ 桑封：即桑主。古人祭神，立石或木作为神的象征，即所谓"神主"，桑主就是用桑木制作的神位。
　　❸ 方其下而锐其上，而中穿之，加金：此言祭山神主的构造，是一个底阔而顶狭的方形柱体，中央有一个自底部至顶部的穿孔，上面镶嵌黄金为饰。

译文　　以上为薄山山列，从甘枣之山到鼓镫之山，共十五座山，经过六千六百七十里。其中，历儿之山是本山列之首，祭祀此山的礼仪是：用牛、羊、猪齐备的太牢作为牺牲，将献给山神的玉石悬挂在树上。其余十三座山，仅用一只羊作为牺牲，把献给山神的玉石挂在树上，用桑木制作山神的神主，祭祀结束后把献神的祭品埋到山上，不需要用精米。桑木神主是一根四方形的木柱，下面大、上面小，柱子的中央穿一个洞，镶嵌黄金作为装饰。

中次二经

《中次二经》济山之首，曰辉诸之山，其上多桑，其兽多闾、麋，其鸟多鹖①。

注释　❶ 鹖：即褐马鸡，详见《西山经》松果之山注。

译文　中央第二个山列的第一座山，叫辉诸之山，山上长满桑树，野驴、麋鹿成群，有大量的褐马鸡栖息在山上。

又西南二百里，曰发视之山，其上多金玉，其下多砥砺。即鱼之水出焉，而西流注于伊水。

译文　继续西南行二百里，为发视之山，山上出产黄金和玉石，山下盛产磨刀石。即鱼之水流经此山，向西流进伊水。

又西三百里，曰豪山，其上多金玉而无草木。

译文　继续西行三百里，为豪山，山上多见黄金和玉石，但草木稀疏。

又西三百里，曰鲜山，多金玉，无草木。鲜水出焉，而北流注于伊水。其中多鸣蛇①，其状如蛇而四翼，其音如磬，见则其邑大旱。

注释　❶ 鸣蛇：经云鸣蛇"其状如蛇而四翼，其音如磬"，这是一种会发出像石磬一样声音的飞蜥，因其能发出叫声，故谓之鸣蛇。

译文　继续西行三百里，为鲜山，山上出产黄金和玉石，草木稀疏。鲜水流经此山，向北流进伊水。鲜水中常见一种鸣蛇，长相似蛇，有四个翅膀，叫起来像石磬一样嘹亮，如果这种蛇频频出现，就预示着当地会发生大旱。

鳴蛇

又西三百里，曰阳山，多石，无草木。阳水出焉，而北流注于伊水。其中多化蛇^①，其状如人面而豺身，鸟翼而蛇行，其音如叱呼，见则其邑大水。

注释　❶ 化蛇：经云化蛇"人面而豺身，鸟翼而蛇行，其音如叱呼"，《山海经》中，"豺"字仅此一见，疑"豺"字本当作"豹"，二字形近而讹，"豹身"指其身生如豹纹一样的斑纹。化蛇很可能是指俗称蛤蚧的大壁虎。蛤蚧身上布满砖红、紫灰、灰白等颜色的斑点，有似豹子身上的斑点，故谓之"豹身"。蛤蚧是少见的能够发出叫声的蜥蜴类动物，在求偶时雌、雄蛤蚧相互呼唤，故云"其音如叱呼"。

译文　继续西行三百里，为阳山，山上石头遍布，草木稀疏。阳水流经此山，向北流进伊水。阳水中有很多化蛇，长着像人一样的面孔，身上长着豹子一样的斑点，有鸟一样的翅膀，跟蛇一样蜿蜒爬行，叫起来跟人叱咤呼叫一样，如果这种蛇频频出现，就预示着当地将发大水。

又西二百里，曰昆吾之山，其上多赤铜。有兽焉，其状如彘而有角，其音如号，名曰蠪蚳^①，食之不眯。

注释　❶ 蠪蚳（lóng chí）：经云蠪蚳"其状如彘而有角，其音如号，"彘即野猪，蠪蚳亦当是一种野猪，"有角"当出于误解，或是因野兽凶猛产生的想象。

译文　继续西行二百里，为昆吾之山，山上有丰富的赤铜矿。这座山上有一种野兽，长得像野猪，但头上长角，叫声像人哭号，名叫蠪蚳，吃了它可以不做噩梦。

又西百二十里，曰葌山，葌水出焉，而北流注于伊水，其上多金玉，其下多青雄黄。有木焉，其状如棠而赤叶，名曰芒草^①，可以毒鱼。

注释　❶ 芒草：经云芒草"可以毒鱼"，这是一种可以用来致鱼死亡或者麻醉的植物。经文所记芒草形态，"其状如棠"，当指其叶形如棠梨（杜梨），则芒草或系芫花。芫花为木本植物而非草本植物，但其植株矮小，故以草视之而名其为"芒草"。芫花开淡红色花，"赤叶"或为"赤华"之讹。

译文　继续西行一百二十里，为葌山，葌水流经此山，向北流进了伊水。山上出产黄金和玉石，山下出产青雄黄。山上有一种树木，树叶像棠梨的叶子，开红花，名叫芒草，当地人用来毒鱼。

化蛇

又西一百五十里，曰独苏之山，无草木而多水。

译文　　继续西行一百五十里，为独苏之山，山上草木稀疏，泉水众多。

又西二百里，曰蔓渠之山，其上多金玉，其下多竹箭。伊水出焉，而东流注于洛。有兽焉，其名曰马腹①，其状如人面虎身②，其音如婴儿，是食人③。

注释　　❶ 马腹：经云马腹"其状如人面虎身，其音如婴儿"，当即水獭。水獭为鼬科动物，其面部较平，故谓之"人面"，其体形与猫科动物相似，故谓之"虎身"，水獭能发出如婴儿一样娇滴滴的声音，故云"其音如婴儿"。
　　❷ 其状如人面虎身："其状如"后当有脱文。《山经》记述鸟兽形态，皆先言"其状如某某"，然后描述其各部位如何，如狌狌"其状如禺而白耳"、旋龟"其状如龟而鸟首虺尾"之类，是知此句本当作"其状如某，人面虎身"。
　　❸ 食人：水獭主要以鱼类为食，而不会伤害人，但在水中出没的野兽十分少见，水獭又是捕猎高手，在水中浮沉出没，行踪不定，游泳时常常只将头、背、尾巴露出水面，令人误以为是某种隐于水下的庞然大物，因此常被认作水怪，故古人误认为它能吃人。

译文　　继续西行二百里，为蔓渠之山，山上出产黄金和玉石，山下长满可以用来做箭杆的竹子。伊水流经此山，向东流进洛水。伊水中有一种野兽，名叫马腹，其面孔像人，体形像老虎，叫声像婴儿啼哭。这是一种吃人的野兽。

凡济山经之首，自辉诸之山至于蔓渠之山，凡九山，一千六百七十里，其神皆人面而鸟身。祠用毛，用一吉玉，投而不糈。

译文　　以上为济山山列，从辉诸之山到蔓渠之山，一共有九座山，共经过一千六百七十里。这些山的神都长着人的面孔、鸟的身体，祭祀这些山神，要用生灵献祭，同时将一块美玉献给神，把玉和牺牲投进山林里，不需要播撒精米。

鳥身人面神

中次三经

《中次三经》萯山之首，曰敖岸之山，其阳多㻬琈之玉，其阴多赭、黄金。神熏池①居之。是常出美玉。北望河林②，其状如蒨如举③。有兽焉，其状如白鹿而四角，名曰夫诸④，见则其邑大水。

注释　　❶ 熏池：敖岸之山的山神。
　　　　❷ 河林：河指黄河，河林即生长于河滨湿地或沼泽的丛林。
　　　　❸ 如蒨（qiàn）如举：形容草木茂盛、郁郁葱葱的景象。
　　　　❹ 夫诸：经云夫诸"其状如白鹿而四角"，夫诸生活于河林之中，当是某种喜欢栖息于沼泽树林的鹿科动物，很可能是麋鹿或水鹿。水鹿喜雨爱水，夏天喜欢在河溪里洗澡，尤其喜欢在泥沼中打滚，靠近沼泽、水源的山麓林地是水鹿的理想生境。经云夫诸"见则其邑大水"，表明夫诸喜欢下雨天气，很可能就是水鹿。

译文　　　　中央第三个山列是萯山山列，其第一座山叫敖岸之山，山阳出产㻬琈之玉，山阴出产赭石和黄金。熏池神住在这座山上，山上常发现美玉。登上此山，北望可见到黄河边有一片郁郁葱葱的树林。山上有一种野兽，长相像白鹿，有四只角，名叫夫诸，如果这种野兽频频出现，就预示着当地会发大水。

又东十里，曰青要之山，实维帝之密都①。北望河曲②，是多驾鸟③。南望墠渚④，禹父之所化⑤，是多仆累、蒲卢⑥。䰠武罗⑦司之，其状人面而豹文，小腰而白齿，而穿耳以鐻⑧，其鸣如鸣玉⑨。是山也，宜女子。畛水出焉⑩，而北流注于河。其中有鸟焉，名曰鴢⑪，其状如凫，青身而朱目赤尾，食之宜子。有草焉，其状如葌⑫，而方茎黄华赤实，其本如藁本，名曰荀草⑬，服之美人色⑭。

注释　　❶ 帝之密都：上帝隐秘的居所，"密""秘"通，又通"禖"，"帝之密都"即高禖之所在，为古代男女相会、野合求子的地方。
　　　　❷ 河曲：河指黄河，河曲指黄河拐弯的地方。
　　　　❸ 驾鸟：即大雁或天鹅之类的大型水禽。
　　　　❹ 墠（shàn）渚：祭天为坛，祭地为墠，墠是祭祀地神的祭坛，渚表示这座祭坛四面环水，像一座岛渚。
　　　　❺ 禹父之所化：禹即大禹，禹父即鲧。传说鲧未经上帝准许，偷了上帝的息壤填水造地，上帝派祝融杀死鲧。鲧死后，尸体没有腐烂，变成一头黄熊，一说鲧死后从肚子里生出禹。"禹父所化"，当指鲧死后化为熊并生出了禹的事迹。
　　　　❻ 仆累、蒲卢：即螺、蛤之类，至今山东沿海犹称海螺为波罗，与仆累、蒲卢声相近。

夫諸

中山经·中次三经

武羅

卷
二
二
五 〇

鸩

中山经 · 中次三经

❼ 魖（shén）武罗："魖""神"字通，但把"神"写成"魖"，当旨在表明武罗为异族之神。
❽ 穿耳以鐻（jù）：指魖武罗耳朵上戴着金环。华夏民族的男性不戴耳环，武罗神戴金耳环，足以表明他是异族崇拜的神。古代的北狄、西戎少数民族都戴金耳环。
❾ 鸣如鸣玉：鸣玉指用玉石制作的磬，魖武罗的声音如同敲击玉磬一样清越。
❿ 宜女子："女子"指女儿和儿子，即子女的意思。青要之山为帝之密都，密都即高禖，为古人拜神求子之所，故云此山"宜女子"，即有助于生育子女。
⓫ 鴢（yāo）：经云鴢"其状如凫，青身而朱目赤尾"，凫即野鸭，鴢状如同野鸭而青身、赤尾，当即鸳鸯。鸳鸯在求偶期间雌鸟和雄鸟双栖双飞、形影不离，故被古人视为美好姻缘的象征。
⓬ 食之宜子：意为吃了鸳鸯有益于生儿育女。因为鸳鸯被视为美好姻缘的象征，因此古人相信吃了鸳鸯有益于生育。
⓭ 荀草：经云荀草"其状如菱，而方茎黄华赤实，其本如藁本"，"菱"即兰草。荀草状如兰草，黄花赤实，根茎如藁本，很可能是川芎。川芎又名蘼芜，多年生草本，根茎发达，形如藁本，有浓烈的香气。
⓮ 服之美人色：荀草是香草，女人把它戴在身上，会变得更漂亮，更有魅力。

译文　　继续东行十里，为青要之山，此山是上帝的秘密宫殿。登上此山，向北望可以看到黄河拐弯的地方，河面上有众多大雁、天鹅等水鸟；向南望可以看到一座建在水中的祭坛，那是祭祀土地神的地方，大禹的父亲鲧就在这个地方死后化生，并生下了禹。祭坛周围的水中，螺、蚌之类到处可见。这座山归武罗神主管，武罗神长着人类的面孔，身上有豹子的斑点，腰肢修长，牙齿白皙，双耳戴着金耳环，声音像敲击玉磬一样悦耳动人。这座山有益于促进夫妇生儿育女的能力。畛水流经此山，向北流进了黄河。畛水中有一种鸟，名叫鴢鸟，样子像野鸭，身上的羽毛是青色的，眼睛是红色的，尾巴的羽毛是红色的，吃了这种鸟有助于生儿育女。这里还生长着一种草，长得像兰草，草茎带棱，开黄色的花，草籽是红色的，像藁本一样，名叫荀草，把这种草戴在身上，会让人变得更加妩媚动人。

又东十里，曰騩山，其上有美枣，其阴有琈㻬之玉。正回之水出焉，而北流注于河。其中多飞鱼①，其状如豚而赤文，服之不畏雷，可以御兵。

注释　　❶ 飞鱼：经云飞鱼"其状如豚而赤文"，"豚"或意指此鱼身体滚圆如同小猪的身段，《中次一经》牛首之山条云："多飞鱼，其状如鲋鱼。"《西次三经》泰器之山文鳐鱼亦即飞鱼，云："状如鲤鱼，鱼身而鸟翼，苍文而白首赤喙。"用语不同，但所言皆为同物。

译文　　继续东行十里，为騩（wèi）山，山上生长着果实甘美的枣树，山的北坡有琈㻬之玉。正回之水流经此山，向北流进了黄河。正回之水中有很多飞鱼，飞鱼体形像小猪，身上有红色的花纹，把这种鱼带在身上，不会害怕霹雳，还可以抵御刀枪的伤害。

飞鱼

中山经·中次三经

又东四十里，曰宜苏之山，其上多金玉，其下多蔓居之木①。潇潇之水出焉，而北流注于河，是多黄贝②。

注释　　❶ 蔓居之木：当即"蔓荆"的声转，蔓荆为唇形科牡荆属小灌木，有香味，常生于沙滩、海边及湖畔，果实可入药。
　　　　❷ 黄贝：黄贝当指宝贝科软体动物货贝，详见《西次三经》篇邽山条注。

译文　　继续东行四十里，为宜苏之山，山上出产黄金和玉石，山下生长着大片的蔓荆。潇（yōng）潇之水流经此山，向北流进黄河，水中有很多黄贝。

又东二十里，曰和山，其上无草木而多瑶碧，实惟河之九都①。是山也五曲，九水出焉，合而北流注于河，其中多苍玉。吉神泰逢②司之，其状如人而虎尾，是好居于萯山之阳，出入有光。太逢神动天地气也。

注释　　❶ 河之九都："河"谓黄河，"都"谓水所聚，河之九都盖即九河之都，即黄河下游众多支流（九河）汇聚而成的渊泽。
　　　　❷ 吉神泰逢：泰逢即下文太逢，亦即大逢，"逢""风"声通，大逢当即"大风"，吉神泰逢当是风神，泰逢"动天地气"，谓泰逢神能鼓荡风气，足见其为风神。

译文　　继续东行二十里，为和山，山上草木稀疏，但出产瑶玉和石绿。这座山是黄河众多支流汇合的地方。和山的山势蜿蜒连绵，共有五道弯，有九条山溪从这座山里发源，在山下汇合后向北流进了黄河，这些山溪中出产青玉。这座山由风神泰逢主管，泰逢神长相像人，但长着老虎尾巴，他喜欢居住在萯山之阳，此神出入总是伴随着闪耀的光芒。泰逢神神通广大，能够让天地之间大风鼓荡，风云变色。

凡萯山之首，自敖岸之山至于和山，凡五山，四百四十里。其祠太逢、熏池、武罗皆一牡羊副①，婴用吉玉。其二神用一雄鸡瘗之，糈用稌。

注释　　❶ 一牡羊副：副即剖，"一牡羊副"谓将一只公羊剖为两半献祭。

译文　　以上为萯山山列，从敖岸之山到和山，共五座山，共经过了四百四十里。其中，泰逢神、熏池神、武罗神三位大神，均用一只公羊剖成两半献祭，用美玉陈列在四周。另外两座山的神用一只公鸡献祭，把公鸡埋在山里，用稌米作为祭祀用米。

泰逢

中山经·中次三经

中次四经

《中次四经》釐山之首，曰鹿蹄之山，其上多玉，其下多金。甘水出焉，而北流注于洛，其中多泠石①。

注释　　❶ 泠石：泠石当作冷石，即滑石，一种白色、质软的硅酸盐矿物，可入药，详见《西次四经》号山条注。

译文　　　　中央第四个山列叫釐山，其第一座山为鹿蹄之山，山上出产玉石，山下出产黄金。甘水流经此山，向北流进洛水，甘水中出产滑石。

西五十里，曰扶猪之山，其上多礝石①。有兽焉，其状如貉而人目，其名曰䴞②。虢水出焉，而北流注于洛，其中多瓀石③。

注释　　❶ 礝石："礝"当作"碝"（ruǎn），"耎"通"软"，碝石当因其石质柔软而得名，则礝石亦当为滑石。滑石是已知最软的石质矿物，用指甲可以在滑石上留下划痕。
　　　　❷ 䴞（yín）：经云䴞"其状如貉而人目"，貉系犬科动物，其形似狐而肥壮，体色乌棕，吻部白色，面部眼睛周围有类似"海盗面罩"的黑斑。"䴞"从鹿，其状如貉，当是一种有似于貉的中等体型鹿科动物，很可能即豚鹿。豚鹿体型中等，四肢较短，臀部钝圆，显得矮胖，姿态像猪，因而得名豚鹿。
　　　　❸ 瓀石：即礝石。

译文　　　　西行五十里，为扶猪之山，山上多礝石。山上有一种野兽，长相像貉，眼睛像人，名叫䴞。虢水流经此山，向北流进洛水，虢水中有许多礝石。

又西一百二十里，曰釐山，其阳多玉，其阴多蒐①。有兽焉，其状如牛，苍身，其音如婴儿，是食人，其名曰犀渠②。滽滽之水出焉，而南流注于伊水。有兽焉，名曰𤟤③，其状如獳犬而有鳞，其毛如彘鬣。

注释　　❶ 蒐：即茅蒐，又名茜草，为多年生草本攀缘植物，根黄赤色，可提取红色染料，故名茜草。
　　　　❷ 犀渠：经云犀渠"其状如牛，苍身"，似即犀牛或水牛，但"其音如婴儿，是食人"，却与犀牛、水牛不符，或出自当地人的想象夸张。
　　　　❸ 𤟤（jié）：经云𤟤"其状如獳犬而有鳞，其毛如彘鬣"，且𤟤居水中，当即水獭。水獭俗

獠

称獭猫、鱼猫、水狗、水猴等，谓之水狗，说明其形似犬。水獭经常出没于水，皮毛具丝绢光泽，故古人误以为它像鱼一样生有鳞片。水獭全身毛短而密，如同猪毛，故云"其毛如彘鬣"。

译文　　继续西行一百二十里，为釐山，山阳出产玉石，山阴生长着众多茜草。山上有一种野兽，长得像牛，身体是青色的，叫声像婴儿哭啼，这种野兽吃人，名叫犀渠。滽滽之水流经此山，向南流进伊水。滽滽之水中有一种野兽，名叫獭，长得像狗，身生鱼鳞，长着像猪鬣一样的毛。

又西二百里，曰箕尾之山，多榖，多涂石①，其上多㻬琈之玉。

注释　　❶ 涂石："涂石"亦当作"冷石"，即滑石。

译文　　继续西行二百里，为箕尾之山，山上生长着众多构树，出产滑石，还出产㻬琈之玉。

又西二百五十里，曰柄山，其上多玉，其下多铜。滔雕之水出焉，而北流注于洛。其中多羬羊。有木焉，其状如樗，其叶如桐而荚实，其名曰茇①，可以毒鱼。

注释　　❶ 茇：茇"其状如樗，其叶如桐而荚实，……可以毒鱼"，当即古书所记的狼跋子，狼跋子为藤本植物，圆叶似梧桐，结实似皂荚，可以毒鱼，与此经相合。

译文　　继续西行二百五十里，为柄山，山上出产玉石，山下产铜。滔雕之水流经此山，向北流进洛水。山上有众多羬羊，还生长着一种树木，树形像樗树，树叶像梧桐，结豆荚，名叫茇，可以用来毒鱼。

又西二百里，曰白边之山，其上多金玉，其下多青雄黄。

译文　　继续西行二百里，为白边之山，山上出产黄金和玉石，山下多青雄黄。

又西二百里，曰熊耳之山，其上多漆，其下多棕。浮濠之水出焉，而西流注于洛，其中多水玉，多人鱼①。有草焉，其状如苏而赤华，名曰葶薴②，可以毒鱼。

注释　　❶ 人鱼：即娃娃鱼。
　　　　❷ 葶薴（tíng níng）：葶薴"其状如苏而赤华，……可以毒鱼"，当为荨麻，荨麻的叶形有似于苏子，荨麻叶可以用来毒鱼。

译文　　继续西行二百里，为熊耳之山，山上长着众多漆树，山下长着众多棕榈树。浮濠之水流经此山，向西流进洛水。浮濠之水中出产水晶，生活着许多娃娃鱼。河边长着一种草，形状像苏子，开红色的花，名叫葶薴，可以用来毒鱼。

又西三百里，曰牡山，其上多文石，其下多竹箭、竹𥳑，其兽多㸲牛、羬羊，鸟多赤鷩。

译文　　继续西行三百里，为牡山，山上有众多纹理优美的石头，山下生长着成片的可制作箭杆的细竹、竹𥳑，生活着大量㸲牛、羬羊，还有众多红腹锦鸡。

又西三百五十里，曰谨举之山。雒水①出焉，而东北流注于玄扈之水。其中多马肠之物②。此二山者，洛间也。

注释　　❶ 雒水：即洛水。
　　　　❷ 马肠之物：即马腹，马腹即水獭，见《中次二经》蔓渠之山条注。

译文　　继续西行三百五十里，为谨举之山，洛水流经此山，向东北流进玄扈之水。洛水中有众多水獭。牡山和谨举之山所在称为洛间。

凡釐山之首，自鹿蹄之山至于玄扈之山，凡九山，千六百七十里。其神状皆人面兽身。其祠之，毛用一白鸡，祈而不糈，以彩衣之①。

注释　❶ 以彩衣之：给用来献祭的白鸡披红挂彩。

译文　　　以上为釐山山列，从鹿蹄之山到玄扈之山，共九座山，经过了一千六百七十里。这些山的神都是人面兽身，祭祀的礼仪：用一只白公鸡献祭，无须用精米，献祭时要给白鸡披红挂彩。

中次五经

《中次五经》薄山之首，曰苟床之山①，无草木，多怪石。

注释　　❶ 苟床之山：根据篇末结语，"苟床"作苟林，"床"或作"牀"，易讹为"林"字。

译文　　中央第五列山叫薄山山列，其第一座山为苟林之山，山上不长草木，有很多形状奇怪的石头。

东三百里，曰首山，其阴多榖、柞，草多㐮①、芫，其阳多㻬琈之玉，木多槐；其阴有谷，曰机谷，多䴅鸟②，其状如枭，而三目有耳，其音如录，食之已垫③。

注释　　❶ 㐮（zhú）：即山蓟，又称白术，初夏开紫红色花，全草可供药用。
　　　　❷ 䴅（tài）鸟：经云䴅鸟"其状如枭，而三目有耳"，当为某种角鸮，角鸮有明显的耳羽，仿佛两只耳朵，故曰有耳。
　　　　❸ 食之已垫：垫是因环境潮湿而导致的疾病。

译文　　继续东行三百里，为首山，山阴生长着大量的构树、柞树以及㐮草、芫花，山阳出产㻬琈之玉，生长着很多槐树。山阴有一道山谷，叫机谷，山谷中生活着许多䴅鸟，长得像猫头鹰，有三只眼睛，还长着耳朵，叫声像"录"的发音，吃了这种鸟可以治疗下湿之病。

又东三百里，曰县䰠之山，无草木，多文石。

译文　　继续东行三百里，为县䰠（zhú）之山，山上草木稀疏，有许多纹理优美的石头。

又东三百里，曰葱聋之山，无草木，多㕍石①。

注释　　❶ 㕍石：㕍字的音、义均不详，㕍石当是某种像玉石的石头。

译文　　继续东行三百里，为葱聋之山，山上草木稀疏，出产一种叫㕍石的石头。

馱鳥

巻　二三四
五

东北五百里，曰条谷之山，其木多槐、桐，其草多芍药、虋冬①。

注释　　❶ 虋（mén）冬：虋冬当作䕲冬，即天门冬，其块根是常用的中药。

译文　　继续东北行五百里，为条谷之山，山上生长着众多槐树、梧桐、芍药和天门冬。

又北十里，曰超山，其阴多苍玉，其阳有井，冬有水而夏竭。

译文　　继续北行十里，为超山，山阴出产青色的玉石，山阳有一口水井，这座井冬天有水，到夏天水就干了。

又东五百里，曰成侯之山，其上多櫄木①，其草多芃②。

注释　　❶ 櫄（chūn）木：即香椿，香椿因其嫩叶有香气可食用而得名。
　　　　❷ 芃：当为"芁"（jiāo）的讹字，当即秦艽，为龙胆科多年生草本植物，叶阔而长，六月开紫花，可作散风湿、治痹痛之药。

译文　　继续东行五百里，为成侯之山，山上生长着众多椿树和芁草。

又东五百里，曰朝歌之山，谷多美垩。

译文　　继续东行五百里，为朝歌之山，山谷中出产优良的垩土。

又东五百里，曰槐山，谷多金锡。

译文　　继续东行五百里，为槐山，山谷中出产黄金和锡。

又东十里，曰历山，其木多槐，其阳多玉。

译文　　继续东行十里，为历山，山上生长着大量槐树，山阳出产玉石。

又东十里，曰尸山，多苍玉，其兽多麖①。尸水出焉，南流注于洛水，其中多美玉。

注释　　❶麖（jīng）：即麠（jīng），指马鹿，一种体型较大的鹿科动物。

译文　　继续东行十里，为尸山，山上多青色的玉石，生活着众多麖鹿。尸水流经此山，向南流进洛水。尸水中出产优良的玉石。

又东十里，曰良馀之山，其上多榖、柞，无石。馀水出于其阴，而北流注于河；乳水出于其阳，而东南流注于洛。

译文　　继续东行十里，为良馀之山，山上生长着众多构树、柞树，没有石头。馀水流经此山山阴，向北流进黄河；乳水流经此山山阳，向东南流进洛水。

又东南十里，曰蛊尾之山，多砺石、赤铜。龙馀之水出焉，而东南流注于洛。

译文　　继续东南行十里，为蛊尾之山，山上出产磨刀石、红铜。龙馀之水流经此山，向东南流进洛水。

又东北二十里，曰升山，其木多榖、柞、棘，其草多藷藇、蕙，多寇脱①。黄酸之水出焉，而北流注于河，其中多琁玉②。

注释　❶ 寇脱：寇脱为草类，当指木通，古书常将木通与通脱木混淆。木通为藤本植物，其茎、根和果实供药用，具利尿、通乳、消炎等功能，用以治疗风湿关节炎和腰痛。
❷ 琁（xuán）玉：红色的玉石。

译文　继续向东北方向行二十里，为升山，山上生长着众多构树、柞树和酸枣树，还生长着大量的山药、蕙草和寇脱。黄酸之水流经此山，向北流进了黄河，黄酸之水中有许多红色的玉石。

又东十二里，曰阳虚之山，多金，临于玄扈之水。

译文　继续东行十二里，为阳虚之山，山上出产黄金，此山靠近玄扈之水。

凡薄山之首，自苟林之山至于阳虚之山，凡十六山，二千九百八十二里。升山，冢也。其祠礼：大牢，婴用吉玉。首山，䰠也，其祠用稌、黑牺、大牢之具、蘖①酿；干儛②，置鼓③；婴用一璧。尸水，合天也④，肥牲祠之，用一黑犬于上，用一雌鸡于下，刉一牝羊，献血⑤。婴用吉玉，彩之⑥，飨之。

注释　❶ 蘖（niè）酿："蘖"通"糵"，生芽的米，蘖酿即以生芽的米酿的酒。
❷ 干儛：干即盾牌，"儛"同"舞"，干舞为执盾牌而舞。
❸ 置鼓："置"通"植"，植鼓即将鼓安置于竖立的柱子上，叫作建鼓。
❹ 尸水，合天也：指尸水为祭祀天神的地方。
❺ 刉一牝羊，献血：刉羊，献血，即刺取羊的血用以献祭。
❻ 彩之：用缯彩装点献给神的玉石。

译文　以上为薄山山列，从苟林之山到阳虚之山，共十六座山，经过二千九百八十二里。其中，升山是该山列的众山之首，祭祀该山的礼仪：用牛、羊、猪三牲齐备的太牢，周围环绕象征祥瑞的玉器。首山是该山列的神山，祭祀该山的礼仪：祭品有稌米、黑色的牛和牛、羊、猪

首山山神

三牲具备的太牢，还有用发芽的米酿制的甜酒；敲击建鼓，举行盾牌舞；要陈列一块玉璧献祭。尸水，是祭祀天神的地方，要用肥硕的牺牲献祭，在牺牲的上面加一只黑狗，在牺牲的下面放一只母鸡，要杀一只母羊，把羊血献给神。陈列象征祥瑞的玉器，用彩帛装饰玉器，敬请神明前来享用。

中次六经

《中次六经》缟羝山之首,曰平逢之山,南望伊洛,东望穀城之山,无草木,无水,多沙石。有神焉,其状如人而二首,名曰骄虫①,是为螫虫,实惟蜂蜜之庐。其祠之:用一雄鸡,禳而勿杀②。

注释　❶ 骄虫:经云:"有神焉,其状如人而二首,名曰骄虫,是为螫虫,实惟蜂蜜之庐。"骄虫为蜜蜂之神,蜂蜜之庐则为蜜蜂聚集之所,亦为祭祀蜜蜂之所。这一记载表明早在《山经》成书的时代,古人已经采集野生蜂蜜了。
❷ 禳而勿杀:禳指禳除不祥之气。抱着一只活公鸡祭祀蜜蜂之神,为之辟除凶恶之气,保护蜜蜂不受危害。

译文　中央第六个山列名为缟羝(gǎo dī)山,该山列的第一座山叫平逢之山。登上此山,向南可以望见伊水和洛水,向东可以望见穀城山。该山草木稀疏,水流缺乏,到处都是沙砾石头。山上有一位神,长得像人,但有两个脑袋,名叫骄虫,这是一种会蜇人的昆虫,其实,这座山是供奉蜂蜜神的地方。祭祀蜂蜜神的方法是,抱着一只大公鸡,举行除秽仪式,把危害蜜蜂的东西赶走,公鸡要活的,所以不要杀死它。

西十里,曰缟羝之山,无草木,多金玉。

译文　西行十里,为缟羝之山,山上草木稀疏,出产黄金和玉石。

又西十里,曰廆山,其阴多㻬琈之玉。其西有谷焉,名曰雚谷,其木多柳、楮。其中有鸟焉,状如山鸡而长尾,赤如丹火而青喙,名曰鸰䴔①,其鸣自呼,服之不眯。交觞之水出于其阳,而南流注于洛;俞随之水出于其阴,而北流注于穀水。

注释　❶ 鸰䴔(líng yāo):经云鸰䴔"状如山鸡而长尾,赤如丹火而青喙",显然即红腹锦鸡。

译文　继续西行十里,为廆山,山阴出产㻬琈之玉。山的西边有一道山谷,叫雚谷,山谷中长满了柳树和楮树。山谷中有一种鸟,长得像山鸡,有长长的尾巴,红色的羽毛像红彤彤的火焰,嘴巴是青色的,名字叫鸰䴔,这个名字得自其叫声,吃了这种鸟就可以避免做噩梦。交觞之水流经该山南面,向南流进了洛水;俞随之水流经该山北面,向北流进了穀水。

又西三十里，曰瞻诸之山，其阳多金，其阴多文石。谢水出焉，而东南流注于洛；少水出其阴，而东流注于榖水。

译文　　继续西行三十里，为瞻诸之山，山阳出产黄金，山阴多纹理优美的石头。谢水流经此山，向东南流进了洛水；少水流经该山的北面，向东流进了榖水。

又西三十里，曰娄涿之山，无草木，多金玉。瞻水出于其阳，而东流注于洛；陂水出于其阴，而北流注于榖水，其中多茈石、文石。

译文　　继续西行三十里，为娄涿之山，山上草木稀疏，出产黄金和玉石。瞻水流经此山南面，向东流进了洛水；陂水流经此山北面，向北流进了榖水，陂水中有许多紫水晶和纹理优美的石头。

又西四十里，曰白石之山，惠水出于其阳，而南流注于洛，其中多水玉。涧水出于其阴，西北流注于榖水，其中多麋石、栌丹①。

注释　　❶ 麋石、栌丹："麋""眉"字通，麋石即画眉石，即石墨；"栌""卢"字通，"卢"有"黑"的意思，栌丹即黑丹，黑丹也是石墨之类。

译文　　继续西行四十里，为白石之山，惠水流经此山之阳，向南流进了洛水，惠水中出产水晶石；涧水流经此山之阴，向西北流进了榖水，涧水中有许多画眉石、黑丹。

又西五十里，曰榖山，其上多榖，其下多桑。爽水出焉，而西北流注于榖水，其中多碧绿①。

注释　　❶ 碧绿：碧、绿义近，单称为碧，即石绿。

译文　　　继续西行五十里，为穀山，山上生长着众多构树，山下生长着众多桑树。爽水流经此山，向西北流进了穀水，爽水中出产石绿。

又西七十二里，曰密山，其阳多玉，其阴多铁。豪水出焉，而南流注于洛，其中多旋龟①，其状鸟首而鳖尾，其音如判木。无草木。

注释　　❶ 旋龟：详见《南次一经》杻阳之山注。

译文　　　继续西行七十二里，为密山，山阳出产玉石，山阴出产铁矿石。豪水流经此山，向南流进洛水，豪水中有许多旋龟，这种龟长着鸟一样的脑袋，尾巴像鳖，叫声像劈木头的声音。山上草木稀疏。

又西百里，曰长石之山，无草木，多金玉。其西有谷焉，名曰共谷，多竹。共水出焉，西南流注于洛，其中多鸣石①。

注释　　❶ 鸣石：即用来制作磬的石头，磬是一种石质敲击乐器。

译文　　　继续西行一百里，为长石之山，山上草木稀疏，出产黄金和玉石。这座山以西有一道山谷，叫共谷，谷中长满竹林。共水流经此山，向西南流进洛水，共水中出产可用来制作磬的石头。

又西一百四十里，曰傅山，无草木，多瑶碧。厌染之水出于其阳，而南流注于洛，其中多人鱼。其西有林焉，名曰墦冢。穀水出焉，而东流注于洛，其中多珚玉①。

注释　　❶ 珚（yīn）玉：一种玉石。

译文　　　继续西行一百四十里，为傅山，山上草木稀疏，出产瑶玉和石绿。厌染之水流经此山之阳，向南流进了洛水，洛水中有很多娃娃鱼。此山以西有一片树林，名叫墦冢。穀水流经此

山，向东流进了洛水，榖水中出产珚玉。

又西五十里，曰橐山，其木多樗，多楷木①，其阳多金玉，其阴多铁，多萧②。橐水出焉，而北流注于河。其中多脩辟之鱼③，状如黾而白喙，其音如鸱，食之已白癣。

注释　　❶ 楷（bèi）木：即五倍子，又名五倍子，即盐麸木，为漆树科落叶小乔木或灌木，中药用的五倍子特指五倍子蚜虫寄生于盐麸木果实中而形成的虫瘿。
❷ 萧：一种蒿属植物。
❸ 脩辟之鱼：经云脩辟之鱼"状如黾而白喙，其音如鸱"，黾指蛙类，脩辟之鱼当为某种蛙类。

译文　　继续西行五十里，为橐山，此山生长着很多樗树、五倍子树。山阳出产黄金和玉石，山阴有铁矿石，生长着很多萧蒿。橐水流经此山，向北流进了黄河。橐水中生活着很多脩辟之鱼，形状像蛙类，嘴巴是白色的，叫起来像鸱鹗的声音，吃了这种鱼可以治疗白癣病。

又西九十里，曰常烝之山，无草木，多垩。潐水出焉，而东北流注于河，其中多苍玉。菑水出焉，而北流注于河。

译文　　继续西行九十里，为常烝（zhēng）之山，山上草木稀疏，出产垩土。潐水流经此山，向东北流进了黄河，潐水中出产青色的玉石。菑水流经此山，向北流进黄河。

又西九十里，曰夸父之山，其木多棕、楠，多竹箭，其兽多㸲牛、羬羊，其鸟多赤鷩①，其阳多玉，其阴多铁。其北有林焉，名曰桃林，是广员三百里，其中多马。湖水出焉，而北流注于河，其中多珚玉。

注释　　❶ 赤鷩：即红腹锦鸡。

译文　　继续向西行九十里，为夸父之山，山上生长着众多棕榈树、楠树，有大片的可制作箭杆的细竹，山上生活着众多牦牛、羬羊，有成群的红腹锦鸡。山阳出产玉石，山阴多铁矿石。山北有一片树林，叫桃林，方圆足有三百里，树林中生活着很多野马。湖水流经该山，向北流进了黄河，湖水中出产珚玉。

又西九十里，曰阳华之山，其阳多金玉，其阴多青雄黄，其草多藷藇，多苦辛①，其状如橚，其实如瓜，其味酸甘，食之已疟。杨水出焉，而西南流注于洛，其中多人鱼。门水出焉，而东北流注于河②，其中多玄䃲③。䣛姑之水出于其阴，而东流注于门水。其上多铜。门水至于河，七百九十里，入雒水。

注释　　❶ 苦辛：经云苦辛"其状如橚"，橚即楸树。苦辛是一种叶子像楸树的草类，可能即中药细辛，为马兜铃科多年生草本，其叶形有似于楸叶，果实近似球形。
❷ 注于河：据下文"门水至于河，七百九十里，入雒水"，"注于河"当作"注于洛"。
❸ 玄䃲：黑色的磨刀石。

译文　　继续西行九十里，为阳华之山，山阳出产黄金、玉石，山阴多青雄黄，山上生长着很多山药和苦辛草，苦辛的叶子像楸树，结实像瓜，味道又酸又甜，吃了可以治疗疟疾。杨水流经此山，向西南流进了洛水，杨水中有很多娃娃鱼。门水流经此山，向东北流进了洛水，门水中出产黑色的砥石。䣛姑之水流经此山之阴，向东流进了门水。这座山上出产铜矿石。门水距离黄河有七百九十里，最后流进洛水。

凡缟羝山之首，自平逢之山至于阳华之山，凡十四山，七百九十里。岳在其中①，以六月祭之，如诸岳之祠法，则天下安宁。

注释　　❶ 岳：当指五岳之一。

译文　　以上为缟羝山山列，从平逢之山到阳华之山，共十四座山，经过七百九十里。十四座山中有一座是岳，每年六月要祭祀此山，按照祭祀其他诸岳的方法祭祀此山，就可保证天下安宁。

中次七经

《中次七经》苦山之首，曰休与之山①。其上有石焉，名曰帝台之棋②，五色而文，其状如鹑卵③，帝台之石，所以祷百神者也，服之不蛊④。有草焉，其状如蓍，赤叶而本丛生，名曰夙条⑤，可以为簳⑥。

注释　　① 休与之山："与（與）"当作"舆"，"舆"指车舆，休舆之山为传说中上帝停车休息的地方。
　　　　② 帝台：帝台即上帝之台，当即下文鼓锺之山。
　　　　③ 五色而文，其状如鹑卵：休与之山出产的这种石头，具五彩纹理，形状如同鹌鹑蛋，当系一种类似于南京所出雨花石的玛瑙石。
　　　　④ 服之不蛊：谓身上佩戴帝台之石可以辟除污秽、抵御毒虫侵害，正与后人佩戴辟邪饰物同其用意。
　　　　⑤ 夙条：经云夙条状如蓍，当即蓍草，为菊科蓍属多年生草本植物，因其茎干挺直，故古人取其茎作为占卦用的筮签。蓍草的茎条经历数岁而犹生，故谓之夙条，"夙"有夙昔、夙旧之义。
　　　　⑥ 可以为簳（gǎn）："簳"即箭杆。蓍草的茎挺拔坚韧，故可以作为箭杆。

译文　　中央第七个山列，叫苦山山列，第一座山为休舆之山。山上有一种石头，有五彩的纹理，形状像鹌鹑蛋，被称为帝台之石，用来作为上帝下棋的棋子，献给众神，用以祈福，把这种石子戴在身上可以辟邪。山上生长着一种草，样子像蓍草，叶子发红，根茎丛生，名叫夙条，可以用来制作箭杆。

东三百里，曰鼓锺之山，帝台之所以觞百神也①。有草焉，方茎而黄华，员叶而三成，其名曰焉酸②，可以为毒③。其上多砺，其下多砥。

注释　　① 帝台之所以觞百神：郭注云："举觞燕会则于此山，因名为鼓锺也。"觞本义指酒杯，又谓敬酒、劝酒。帝台当指祭祀上帝的祭坛。古人在祭祀时以酒敬神，且佐以钟鼓之乐，此山当即古人在祭祀上帝百神时鼓钟奏乐献酒之所，故谓之鼓锺之山。
　　　　② 焉酸：郝疏云："焉酸，一本作乌酸。"焉、乌形近易讹。经云焉酸"方茎而黄华，员叶而三成"，这是一种茎为方形、花为黄色、叶为圆形的草本植物，其为何草，待考。
　　　　③ 可以为毒：郭注云："为，治。"郝疏云："治，去之也。"为毒即解毒。

译文　　继续东行三百里，为鼓锺之山，在帝台上祭拜众神时，即在这座山上击鼓敲钟奏乐，向上帝众神献酒。山上有一种草，茎上有棱，开黄花，长着三重的圆形叶子，名字叫焉酸，这种草可以用来解毒。山上出细磨石，山下出粗磨石。

又东二百里,曰姑媱之山,帝女死焉,其名曰女尸,化为䔄草①,其叶胥成,其华黄,其实如菟丘,服之媚于人②。

注释　　❶ 䔄草:经谓䔄草"其华黄,其实如菟丘",菟丘即菟丝,菟丝是一年生寄生草本,只长茎不生叶,开白色小花,其种子称为菟丝子。所谓"其叶胥成",当指菟丝不生叶而言,"胥"有相义,"胥成"即"相成",盖谓此草不生叶,需待其所寄生之草而成。
　　　　❷ 服之媚于人:菟丝纤细柔弱,如同丝线般蔓延纠缠于其他植物上,古人将之视为上帝的女儿所化,或正因其如同女子般柔媚缠绵而依附于人。

译文　　继续东行二百里,为姑媱之山。上帝的女儿死在这座山上,被称为女尸,死后变成䔄草。䔄草不长叶子,攀援在其他植物的叶子上,开黄色的小花,结实像菟丝子,女子将这种草佩戴在身上,会招人怜爱。

又东二十里,曰苦山。有兽焉,名曰山膏①,其状如逐,赤若丹火,善詈。其上有木焉,名曰黄棘②,黄华而员叶,其实如兰,服之不字③。有草焉,员叶而无茎,赤华而不实,名曰无条④,服之不瘿。

注释　　❶ 山膏:经云山膏"其状如逐","逐"当为"豚"讹字,即小猪。山膏"赤若丹火",盖即小野猪,野猪的幼崽皮毛为浅棕色,有白色条纹,故经谓其"赤若丹火"。
　　　　❷ 黄棘:当因其树枝上生有棘刺而得名。经谓黄棘"黄华而员叶",即开黄花、生圆叶,或当指黄刺玫或黄蔷薇。
　　　　❸ 服之不字:不字即不生孩子,意谓此木有令女子不孕或流产的功用。
　　　　❹ 无条:无条"员叶而无茎,赤华而不实",所言当系堇菜。堇菜为多年生草本植物,其叶为心形或肾形,近乎"员叶";其叶柄甚短,叶如同从根上直接生出,可视为"无茎";开紫色或白色小花,可谓之"赤华"。堇菜称为"无条",盖因其叶贴地而生、叶柄粗短而得名。堇菜可治疮疖、肿毒等症,正与此处所言无条"服之不瘿"的药效相合,瘿即颈部肿瘤之类的疾病。

译文　　继续东行二十里,为苦山。山上有一种野兽,名叫山膏,长相如同小猪,皮毛红似火焰,常发出气势汹汹的叫声。山上有一种树木,名叫黄棘,开黄色的花,叶子是圆形的,结实如同兰草的果实,将这种果实佩戴在身上可以避免怀孕。山上还有一种草,叶子是圆形的,只长叶子不长茎,开红色的花,不结果实,名叫无条,将这种草佩戴在身上,可以消除脖子上的肿瘤。

又东二十七里，曰堵山，神天愚居之，是多怪风雨。其上有木焉，名曰天楄，方茎而葵状，服者不哽。

注释　　❶ 天愚：经云堵山多怪风雨，天愚为居于堵山的神，或即风雨之神。古人常祈雨于山，故以山为风雨之神所居。
　　　　❷ 怪风雨：无缘无故地刮风下雨。山中气象变幻不定，风雨无常，难以捉摸，故谓之怪风雨。
　　　　❸ 天楄（piān）：经云天楄"葵状"，葵谓蜀葵，蜀葵不仅花如木槿，叶亦似木槿，天楄很可能即木槿。木槿为我国常见园林观赏树木，其花可食，其茎皮可造纸。
　　　　❹ 服者不哽："哽"同"噎"，即噎食。《本草纲目》卷三十六云："木槿皮及花并滑如葵花，故能润燥。"木槿的花、皮皆滑利，故古人相信食之可以润滑肠胃，避免噎食。

译文　　继续东行二十七里，为堵山，山上住着一位叫天愚的神，这座山经常无缘无故地下雨。山上有一种树木，名叫天楄，树茎上有棱，这种树长得像蜀葵，可以用来治疗噎食。

又东五十二里，曰放皋之山。明水出焉，南流注于伊水，其中多苍玉。有木焉，其叶如槐，黄华而不实，其名曰蒙木，服之不惑。有兽焉，其状如蜂，枝尾而反舌，善呼，其名曰文文。

注释　　❶ 蒙木：经云蒙木"其叶如槐，黄华而不实"，当即槐树，俗称国槐。槐树开花为淡黄色，果实为串珠状荚果，经谓蒙木"黄华而不实"，盖因槐树的荚果虽多肉而成熟后却不饱满。
　　　　❷ 文文：经云文文"其状如蜂，枝尾而反舌"，意为此兽的长相像蜂，尾巴有分叉，舌头倒着长。野兽的形象不当用蜂打比方，尾巴也不得有分叉，此文"兽"字当作"鸟"字，待考。

译文　　继续东行五十二里，为放皋之山。明水流经此山，向南流进了伊水，明水中出产青色的玉石。山上生长着一种树木，树叶像槐树，开黄色花，不结实，名叫蒙木，将这种树的花或叶子佩戴在身上，可以不犯糊涂。山上有一种野兽，长相像蜂，尾巴分叉，舌头倒着长，喜欢大声叫唤，名叫文文。

又东五十七里，曰大䃠之山，多㻬琈之玉，多麋玉。有草焉，其状叶如榆，方茎而苍伤，其名曰牛伤，其根苍文，服者不厥，可以御兵。其阳狂水出焉，西南流注于伊水，其中多三足龟，食者无大疾，可以已肿。

三足龜

注释　　❶ 麋玉：《山经》记某山多玉、多某某玉，每一山"玉"字只出现一次，而不会兼记两种玉，据此可知此处"玉"字或为衍文，原文当作"多麋"，麋即麋鹿。
❷ 牛伤：伤指植物的茎或叶上长的棘刺。牛伤当为一种叶似榆树、茎为四棱形、茎或叶生有棘刺的草本植物。其为何物，待考。
❸ 服者不厥：厥谓因气血上行而突然闭气、昏倒。

译文　　继续东行五十七里，为大𦘕之山，山上多㻬琈之玉，多麋鹿。山上有一种草，叶子像榆树叶，茎上有棱，长有青色的刺，名叫牛伤，它的根有青色的纹理，把它戴在身上，可以治疗昏厥，可以抵御刀枪伤害。狂水流经此山之南，向西南流进了伊水，狂水中生活着一种只有三只脚的乌龟，吃了就不会生大病，还可以消肿。

又东七十里，曰半石之山，其上有草焉，生而秀，其高丈余，赤叶赤华，华而不实，其名曰嘉荣①，服之者不霆②。来需之水出于其阳，而西流注于伊水，其中多鯩鱼③，黑文，其状如鲋，食者不睡。合水出于其阴，而北流注于洛，多䲤鱼④，状如鳜，居逵，苍文赤尾，食者不痈，可以为瘘⑤。

注释　　❶ 嘉荣：嘉荣疑即天麻。天麻是腐生草本植物，其形似芋头的块根膨大，即名贵药物天麻。天麻孤茎直立，只开花，不长绿叶，是为"生而秀"；天麻植株高1～1.5米，甚至高达2米，是为"其高丈余"；天麻品种之一为红天麻，其茎为橙红色，花黄色而略带橙红色，是为"赤叶赤华"；天麻为总状花序，长达数十厘米，开数十朵花，果实为细长而不起眼的蒴果，可谓之"华而不实"。天麻因为孤茎独立，不长叶只开花，且其块根为良药，故古人谓之"嘉荣"，可谓名副其实。
❷ 服之者不霆："霆"上脱"畏"字，当作"服之者不畏霆"，即不害怕打雷。
❸ 鯩（lún）鱼：经谓此鱼"黑文，其状如鲋"，当即鲫鱼之一种。
❹ 䲤（téng）鱼：经云䲤鱼"状如鳜，居逵，苍文赤尾"，鳜即鳜鱼，逵是水底的洞穴。䲤鱼当即鳜鱼之一种。鳜鱼白天常钻入水底的坑洞、石缝内，夜间出来觅食。
❺ 食者不痈，可以为瘘：痈为肿疮，瘘则为颈部肿疮。

译文　　继续东行七十里，为半石之山。山上有一种草，先开花后长叶，能长到一丈多高，长红色的叶子，开红色的花，只开花不结实，名叫嘉荣，把这种草佩戴在身上就不怕打雷。来需之水流经此山之阳，向西流进伊水。来需之水中有很多鯩鱼，身上长黑色的斑点，体形像鲫鱼，吃了这种鱼，人就会不犯困少睡觉。合水流经此山之阴，向北流进洛水，合水中有很多䲤鱼，体形像鳜鱼，平时喜欢藏在水底的洞穴中，身上有青色的斑点，尾巴是红色的，吃了这种鱼，身上不长脓疮，还可以治疗脖子上的瘘疮。

又东五十里，曰少室之山，百草木成囷①。其上有木焉，其名曰帝休②，叶状如杨，其枝五衢，黄华黑实，服者不怒。其上多玉，其下多铁。休水出焉，而北流注于洛，其中多䱤鱼③，状如盩蜼而长距，足白而对，食者无蛊疾，可以御兵。

注释　　❶ 百草木成囷：囷是圆形的粮囤，"百草木成囷"形容此山树丛茂密的样子。
　　　　❷ 帝休：经云帝休"叶状如杨，其枝五衢"，衢为道路交叉之处，"其枝五衢"谓此树枝重叠歧出如街衢纵横，大概是形容树干粗壮、枝繁叶茂。树名"帝休"，其义盖谓此树高大繁茂，上帝曾于其下休憩。
　　　　❸ 䱤鱼：经云此鱼"状如盩蜼而长距，足白而对"，盩蜼指猕猴，这种形如猕猴的䱤鱼，当是水獭。水獭体形、大小、颜色均与猕猴相近。水獭有长长的手指，指间生蹼，即所谓"长距"，水獭习惯拍手，经文所谓"足白而对"当即指这一习性。水獭为鼬科哺乳动物，并非鱼类，但古人把水生动物都视为鱼。

译文　　继续东行五十里，为少室之山，山上草木茂盛，密密丛丛。山上有一棵大树，名字叫帝休，意为上帝休息的地方，这棵树的叶子像杨树，有五根粗壮的分枝，开黄色的花，结黑色的果实，将这种树的叶子或果实佩戴在身上，就不会轻易发火。山上出产玉石，山下出产铁矿石。休水流经此山，向北流进了洛水，休水中有一种䱤鱼，长得像猴子，有长长的脚趾，双手是白颜色的，喜欢拍巴掌。人吃了这种鱼的肉，肚子里就不会长蛊虫，还可以抵御刀枪的伤害。

又东三十里，曰泰室之山。其上有木焉，叶状如梨而赤理，其名曰栯木①，服者不妒。有草焉，其状如术②，白华黑实，泽如蘡薁，其名曰䔄草③，服之不昧④，上多美石。

注释　　❶ 栯木："栯"音郁，栯"叶状如梨而赤理"，当即郁李树。郁李树叶形似梨树，与经文对栯的描述相合。
　　　　❷ 术：即白术，又名山蓟。
　　　　❸ 䔄草：䔄草又见上文姑媱之山，即菟丝。经云䔄草"白华黑实"，正与菟丝的特征相合，菟丝开细碎的白色小花，结球形蒴果，成熟后种子为淡褐色。经云䔄草结实"泽如蘡薁"，蘡薁（yīng yù）又名野葡萄，其果实成熟时为成串的直径5~8毫米的球形果，"泽如蘡薁"当指菟丝的果实有如野葡萄一样成串地生于藤丝间。经云䔄草"其状如术"，菟丝子与山蓟相去甚远，与山蓟类似的草也不可能得名为䔄草，"术"或为讹字。
　　　　❹ 服之不昧：昧谓冥昧、暗昧，引申指心智昏昏，又指视力不明，《本草纲目》卷十八记载菟丝子的药效，正有"久服明目，轻身延年"之功效，可见菟丝子自古相传有明目之功效。

译文　　继续东行三十里，为泰室之山。山上有一种树木，树叶像梨树叶，木纹是红颜色，名叫栯木，把这种树的花或叶子戴在身上，可以令人不嫉妒。山上有一种草，形状像苿草，开白色花，结黑色籽，结籽像野葡萄一样，名叫䓬草。将这种草戴在身上，会防止眼花。这座山上出产好看的石头。

又北三十里，曰讲山，其上多玉，多柘，多柏。有木焉，名曰帝屋①，叶状如椒，反伤赤实，可以御凶②。

注释　　❶ 帝屋：经云"叶状如椒，反伤赤实，可以御凶"，伤指棘刺，反伤指尖端弯曲的棘刺。此树叶子像花椒，枝生棘刺，棘端内曲（反伤），结籽赤色，当即某种花椒树。此树名为"帝屋"，意为此树为上帝所居之屋，古人常用花椒混合在涂料中涂饰房屋墙壁，既可以防虫，又可以清洁空气，称为"椒房"。
　　❷ 可以御凶：花椒因气味辛香郁烈，且树生棘刺，故古人相信其不仅可以治病，且可以驱除凶祟。

译文　　继续北行三十里，为讲山，山上出产玉石，生长着众多柘树、柏树。山上有一棵树，当地人称为帝屋，这棵树的叶子像花椒树，树枝上长着弯曲的棘刺，结籽是鲜红色，可以用来避除凶祟。

又北三十里，曰婴梁之山，上多苍玉，錞于玄石①。

注释　　❶ 錞于玄石："錞"是"蹲"的意思，"錞于"即位于，如果就字面解释，"錞于玄石"指这座山位于一片黑色的岩石之上。

译文　　继续北行三十里，为婴梁之山，山上有很多青色的玉石，这座山位于一片黑色的岩石之上。

又东三十里，曰浮戏之山。有木焉，叶状如樗而赤实，名曰亢木①，食者不蛊。汜水出焉，而北流注于河。其东有谷，因名曰蛇谷，上多少辛②。

注释　　❶ 亢木：亢木叶似樗，果实为红色，或为黄连木。黄连木又名黄楝树、楷木等，树叶很像

樗树和香椿树的叶子，果实成熟时为紫红色，与经文对于亢木的描述相符合。
❷ 少辛：即细辛，多年生草本植物，其叶心形似葵，其根极细，其味极辛，故称细辛，全株均入药。

译文　　继续东行三十里，为浮戏之山。山上有一种树，树叶像樗树，结红色的果实，名叫亢木，吃这种树的果实可以防止肚子里长虫。汜水流经此山，向北流进黄河。此山的东边有一道山谷，名叫蛇谷，蛇谷中生长着很多细辛。

又东四十里，曰少陉之山。有草焉，名曰葌草①，叶状如葵，而赤茎白华，实如蘡薁，食之不愚②。器难之水出焉，而北流注于役水。

注释　　❶ 葌（gāng）草：经云葌草"叶状如葵，而赤茎白华"，当即野葵之一种。野葵有紫茎和白茎两种，叶片为肾形或圆形，开白色或淡红色花。经文又说此草"实如蘡薁"，蘡薁即野葡萄，野葡萄与野葵的叶形相似，开花近白色，嫩枝为紫色，与经云葌草"叶状如葵，而赤茎白华"相吻合，则葌草亦可能指蘡薁。
❷ 食之不愚：吃了可以增进心智。

译文　　继续东行四十里，为少陉之山。山上有一种草，叫葌草，叶子的形状像葵菜，茎为红色，开白花，结实像野葡萄，吃了可以让人变得更聪明。器难之水流经此山，向北流进役水。

又东南十里，曰太山。有草焉，名曰梨①，其叶状如荻而赤华，可以已疕②。太水出于其阳，而东南流注于没水，承水出于其阴，而东北流注于没。

注释　　❶ 梨：经云梨"叶状如荻而赤华"，"荻"当作"萩"，是一种蒿类。梨是一种叶似蒿而开红花的草，或即角蒿。角蒿茎叶像常见的艾蒿，开漏斗形淡玫瑰色或粉红色花。
❷ 可以已疕：疕指毒疮。《本草纲目》卷十五说角蒿云："主治干湿䘌、诸恶疮有虫者，治口齿疮绝胜。"正与梨"可以已疕"之说相符合。

译文　　继续东南行十里，为太山。山上有一种草，名字叫梨，叶子像艾蒿，开红色的花，可以用来治疗毒疮。太水流经此山之阳，向东南流进没水；承水流经此山之阴，向东北流进了没水。

又东二十里，曰末山，上多赤金。末水出焉，北流注于没。

译文　　继续东行二十里，为末山，山上多赤金。末水流经此山，向北流进没水。

又东二十五里，曰役山，上多白金，多铁。役水出焉，北注于河。

译文　　继续东行二十五里，为役山，山上多白金，多铁矿石。役水流经此山，向北流进黄河。

又东三十五里，曰敏山。上有木焉，其状如荆，白华而赤实，名曰蓟柏①，服者不寒。其阳多㻬琈之玉。

注释　　❶ 蓟（jì）柏：经云蓟柏"其状如荆，白华而赤实"，荆指牡荆，蓟柏是一种形态像牡荆、花朵白色或浅色、结实为红色或近红色的树木，具体为何种树木，待考。

译文　　继续东行三十五里，为敏山。山上有一种树木，树的形状像牡荆，开白花，结红色的果实，名叫蓟柏，把它的果实戴在身上，可以让人不怕冷。这座山的阳坡出产㻬琈之玉。

又东三十里，曰大騩之山，其阴多铁、美玉、青垩。有草焉，其状如蓍而毛，青华而白实，其名曰䕞①，服之不夭②，可以为腹疾③。

注释　　❶ 䕞（láng）：经云䕞草"状如蓍而毛，青华而白实"，蓍草为多年生草本，茎上被有较密的长柔毛，蓍草的花有白色、粉红色、浅黄色等多种，此处所说的䕞草状如蓍而被毛，很可能就是蓍草之一种。
❷ 服之不夭：指身上佩戴䕞草能让人长寿。《本草纲目》卷十五载蓍草的功效："久服不饥，不老轻身。"可见古人确认为蓍草有令人延寿不老之功效。
❸ 可以为腹疾："为"即治，谓䕞草可用来治疗腹病。《本草纲目》卷十五云蓍草"叶主治痞疾"，"痞"指腹中积食导致的腹胀之症。

译文　　继续东行三十里，为大騩之山，山阴出产铁矿石、美玉、青垩土。山上生长一种草，形

状像蓍草，茎上长细毛，开青色花，结实是白色的，名叫蒗草，把这种草戴在身上可以延年益寿，还可以治疗腹病。

凡苦山之首，自休与之山至于大騩之山，凡十有九山，千一百八十四里，其十六神者，皆豕身而人面。其祠：毛牷用一羊羞①，婴用一藻玉瘗②。苦山、少室、太室皆冢也，其祠之：太牢之具，婴以吉玉。其神状皆人面而三首，其余属皆豕身人面也。

注释　　❶ 羞：意为进献。"毛牷用一羊羞"，谓用一只全羊献给山神。
　　　　❷ 藻玉：有五彩纹理的玉石。

译文　　以上为苦山山列，从休舆之山到大騩之山，共有十九座山，经过一千一百八十四里。这些山分为两组，其中十六座山的神，都长着猪身人脸，祭祀他们的礼仪：用一只全羊进献，把一块有五色纹理的玉石埋到山里。其他三座山，即苦山、少室山、太室山，都是这一山列中的大山，祭祀这三座山的礼仪：用牛、羊、猪三牲齐备的太牢，陈列象征吉祥的瑞玉。这几座山的神，都长着三个脑袋，三个脑袋上都是人的面孔，除这三座山的神之外，其他那些山神都是猪身人面。

中次八经

《中次八经》荆山之首，曰景山，其上多金玉，其木多杼^①、檀。雎水出焉，东南流注于江，其中多丹粟，多文鱼^②。

注释　　❶ 杼："杼"通"栩"，栩即柞栎，今名麻栎，壳斗科落叶乔木，木质坚硬，所结坚果形如橡实，可食。
　　　　❷ 文鱼：为某种身体上有彩色斑纹的鱼。

译文　　中央第八个山列，叫荆山山列，其第一座山为景山，山上出产黄金和玉石，生长着众多麻栎树和檀树。雎水流进此山，向东南流进江水，雎水边上出产丹砂，水中有大量色彩斑斓的鱼类。

东北百里，曰荆山，其阴多铁，其阳多赤金，其中多犛牛^①，多豹、虎，其木多松、柏，其草多竹，多橘、櫾。漳水出焉，而东南流注于雎，其中多黄金，多鲛鱼^②。其兽多闾、麋。

注释　　❶ 犛（lí）牛："犛"简化为"牦"，但此处犛牛不是牦牛。"犛"通"黎"，指青黑色，犛牛为青黑色的牛，当即水牛。
　　　　❷ 鲛：鲛即鲨鱼，鲨鱼为海洋鱼类，但也有少数种类会进入淡水，我国沿海有多种鲨鱼出没。

译文　　继续东北行一百里为荆山，山阴多铁矿石，山阳多赤金，山上有青牛、老虎和豹子，山上长满松树、柏树和竹子，还生长着许多橘树、柚子树。漳水流经该山，向东南流进雎水，漳水中出黄金，还有鲛鱼。这座山上有成群的野驴、麋鹿。

又东北百五十里，曰骄山，其上多玉，其下多青䨼，其木多松柏，多桃枝、钩端。神䍶围^①处之，其状如人面^②，羊角虎爪，恒游于雎漳之渊，出入有光。

注释　　❶ 神䍶（tuó）围：神䍶围是居于雎漳之渊的水神。
　　　　❷ 其状如人面：《山经》记述鸟兽神怪之形象，惯例为先以"其状如某"说明其整体形态，随之说明其面、首、身、尾、爪分别如何，如"赤鱬，其状如鱼而人面"、"有鸟焉，其

蛊
图

中山经·中次八经

状如鸱而人手"之类,此处"其状如人面"不合体例,"如"下当脱去一字。神以"蛊围"为名,"蛊"通"鼍",鼍即扬子鳄。蛊围作为水神,当以鼍为形,"如"后所脱之字或为"鼍""蛟""鱼""蛇"等。

译文　　继续东北行一百五十里,为骄山,山上出产玉石,山下多石青,山上生长着许多松树、柏树,还有成片的桃枝竹和钩端竹。蛊围神住在这座山上,此神长着人的面孔,头上长着羊角,爪子像虎爪,经常在雎水和漳水交会形成的深潭中游玩,他每次从潭水中出入,都会伴随着光芒闪耀。

又东北百二十里,曰女几之山,其上多玉,其下多黄金,其兽多豹虎,多闾、麋、麖、麂①,其鸟多白鷮②,多翟,多鸩③。

注释　　❶ 麂:一种小型鹿科动物,体型比鹿小,毛黄黑色。雄麂生有短角,雌麂不生角,麂跟麝、獐一样生有獠牙状的上犬齿。
❷ 白鷮(jiāo):郭璞注云:"鷮,似雉而长尾,走且鸣。"《说文》云:"鷮,走鸣长尾雉也。"鷮当是锦鸡,而白鷮当是白腹锦鸡。
❸ 鸩:据传说,鸩的羽毛有剧毒,以其羽毛蘸水,即可毒杀人。但《山海经》中的鸩并非毒鸟,《山海经》中鸩凡四见,皆见于《中山经》,除本条外,《中次八经》的琴鼓之山"其鸟多鸩",《中次九经》的玉山"其鸟多鸩",《中次十一经》瑶碧之山"有鸟焉,其状如雉,恒食蜚,名曰鸩"。据《中次十一经》的记述,鸩状如雉,且食飞虫(蜚),很可能就是雉鸡之一种。鸩是雉鸡,可由《楚辞》得到佐证。《离骚》:"望瑶台之偃蹇兮,见有娀之佚女。吾令鸩为媒兮,鸩告余以不好。"王逸注也说鸩是毒鸟,但这句诗说的是诗人请鸩鸟给自己当媒人向有娀之佚女求爱,诗人倾慕有娀之女,岂会糊涂到托付毒鸟为自己说媒?《离骚》以鸩为媒,正源于雉鸡的习性。民间常以豢养的雉鸡作为诱饵,引诱雉鸡落网,称为雉媒。

译文　　继续东北行一百二十里,为女几之山,山上出产玉石,山下出产黄金。山上的野兽有老虎、豹子,还有成群的野驴、麋鹿、麖鹿、麂,鸟类有白腹锦鸡、长尾山雉、鸩鸟。

又东北二百里,曰宜诸之山,其上多金玉,其下多青䨼。滧水出焉,而南流注于漳,其中多白玉。

译文　　继续东北行二百里,为宜诸之山,山上出产黄金、玉石,山下出产石青。滧水流经此山,向南流进了漳水,滧水中出产白玉。

又东北三百五十里,曰纶山,其木多梓、楠,多桃枝,多柤①、栗、橘、櫾,其兽多闾、麈、麢、㚟②。

注释　❶ 柤:"柤"又作"樝",即山楂,山楂在我国有着久远的栽培史。
❷ 㚟:郭璞注云:"㚟,似菟而鹿脚,青色。""㚟"或当作"㲋"(chuò),《说文》云:"㲋,兽也。似兔,青色而大。……头与兔同,足与鹿同。"㲋似兔而大,四肢像鹿,㚟或㲋当即小鼷鹿。小鼷鹿是鼷鹿科动物,是世界上体形最小的鹿,其体形比野兔略大,小鼷鹿面部尖长,头上无角,前肢较短,身体小,眼睛大,因此看起来很像啮齿类动物,奔跑也像兔子一样一蹦一跳,故俗称鼠鹿、小跳麂。

译文　　继续东北行三百五十里,为纶山。山上生长着众多梓树、楠树,有大片的桃枝竹林,还生长着许多山楂树、栗树、橘树、柚子树,树林中生活着众多野驴、麈鹿、羚羊、小鼷鹿。

又东北二百里,曰陆郐之山,其上多㻁琈之玉,其下多垩,其木多杻、橿。

译文　　继续东北行二百里,为陆郐(guǐ)之山。山上出产㻁琈之玉,山下出产垩土,山上生长着众多杻树和橿树。

又东百三十里,曰光山,其上多碧,其下多木。神计蒙①处之,其状人身而龙首,恒游于漳渊,出入必有飘风暴雨。

注释　❶ 神计蒙:经云神计蒙"恒游于漳渊,出入必有飘风暴雨",计蒙游于漳渊,出入伴随风雨,即居于漳水之渊中的水神。

译文　　继续东行一百三十里,为光山。山上出产石绿,山下树木葱茏。这座山上住着计蒙神,此神有人类的身体,长着龙首,经常在漳水的深潭里游玩,每当他从水里出来或潜入水中时,总会伴随着狂风暴雨。

計蒙

卷五　二六二

又东百五十里，曰岐山，其阳多赤金，其阴多白珉，其上多金玉，其下多青䨼，其木多樗。神涉蠱处之，其状人身而方面、三足。

注释　　❶ 白珉：珉为似玉的石头。
　　　　❷ 神涉蠱："蠱"即"鼍"字别体，鼍指扬子鳄。

译文　　继续东行一百五十里，为岐山。山阳出产赤金，山阴出产白色的珉石，山上出产黄金和白玉，山下有石青。山上生长着众多樗树。涉蠱神住在这座山上，该神长着人类的身体，四四方方的面孔，有三条腿。

又东百三十里，曰铜山，其上多金银铁，其木多榖、柞、柤、栗、橘、櫾，其兽多犳。

注释　　❶ 犳：即"豹"。

译文　　继续东行一百三十里，为铜山。山上出产黄金、白银和铁，生长着众多构树、柞树、山楂树、栗子树、橘树、柚子树，有很多豹子在山上出没。

又东北一百里，曰美山，其兽多兕牛，多闾麈，多豕鹿，其上多金，其下多青䨼。

注释　　❶ 豕鹿：即豚鹿，又称猪鹿，为中等体型的鹿科动物，体形矮胖，四肢较短，臀部钝圆且较低，姿态像猪，因而得名为豚鹿。

译文　　继续东北行一百里，为美山，山上生活着很多青水牛、野驴、麈鹿、豚鹿，山上出产黄金，山下出产石青。

又东北百里，曰大尧之山，其木多松柏，多梓桑，多机，其草多竹，其兽多豹、虎、麖、麂。

译文　　继续东北行一百里，为大尧之山。山上生长着很多松树、柏树、梓树和桑树，还生长着许多机树，有大片的竹林，山上生活着很多豹子、老虎、羚羊和小麂鹿。

又东北三百里，曰灵山，其上多金玉，其下多青䨼，其木多桃、李、梅①、杏。

注释　　❶ 梅：即梅树，蔷薇科小乔木，冬、春开花，五、六月结果，是我国重要的观赏树木。

译文　　继续东北行三百里，为灵山。山上出产黄金、玉石，山下出产石青，山上生长着众多桃树、李树、梅树和杏树。

又东北七十里，曰龙山，上多寓木①，其上多碧，其下多赤锡②，其草多桃枝、钩端。

注释　　❶ 寓木：即桑寄生，因寄生于其他树木之上而得名，通常高 0.5～1 米，除寄生于桑树外，还寄生于梨树、李树、梅树、油茶、厚皮香、漆树、核桃等植物上。
　　　　❷ 赤锡：没有红色的锡，因为锡矿往往与铜矿并生，赤锡或为赤铜。

译文　　继续东北行七十里为龙山。龙山上生长着许多寄生树，山上出产石绿，山下出产红锡，生长着很多桃枝竹和钩端竹。

又东南五十里，曰衡山，上多寓木、榖、柞，多黄垩、白垩。

译文　　继续东南行五十里，为衡山。衡山上生长着很多寄生树、构树、柞树，有黄色和白色的垩土。

又东南七十里，曰石山，其上多金，其下多青䨼，多寓木。

译文　　继续东南行七十里，为石山。山上出产黄金，山下出产石青，山上生长着众多寄生树。

又南百二十里，曰若山，其上多琈㻬之玉，多赭，多邦石①，多寓木，多柘。

注释　　❶ 邦石：当为封石之讹，本草书中有封石，可入药，见《本草纲目》卷十一。

译文　　继续南行一百二十里，为若山。山上出产琈㻬之玉、赭石、封石，生长着大量的寄生树和柘树。

又东南一百二十里，曰彘山，多美石，多柘。

译文　　继续东南行一百二十里，为彘山，山上出产漂亮的石头，生长着很多柘树。

又东南一百五十里，曰玉山，其上多金玉，其下多碧、铁，其木多柏。

译文　　继续东南行一百五十里，为玉山。山上出产黄金和玉石，山下出产石绿和铁矿石，生长着很多柏树。

又东南七十里，曰谨山，其木多檀，多邦石①，多白锡。郁水出于其上，潜于其下，其中多砥砺。

注释　　❶　邦石：当为"封石"之讹。

译文　　继续东南行七十里，为谨山。山上生长着众多檀树，出产封石，出产白锡。郁水从此山上发源，在山下潜流到地下，水中出产磨刀石。

又东北百五十里，曰仁举之山，其木多榖、柞，其阳多赤金，其阴多赭。

译文　　继续东北行一百五十里，为仁举之山。山上生长着众多构树和柞树，山阳出产赤金，山阴出产赭石。

又东五十里，曰师每之山，其阳多砥砺，其阴多青䕫，其木多柏，多檀，多柘，其草多竹。

译文　　继续东行五十里，为师每之山。山阳出产磨刀石，山阴出产石青。山上生长着众多柏树、檀树、柘树，还有大片的竹林。

又东南二百里，曰琴鼓之山，其木多榖、柞、椒、柘，其上多白珉，其下多洗石，其兽多豕鹿，多白犀，其鸟多鸩。

译文　　继续东南行二百里，为琴鼓之山。山上生长着很多构树、柞树、花椒树、柘树，山上有白色的珉石，山下出产可用于搓澡的蜂窝石。山中的野兽主要有豚鹿，还有白色的犀牛，鸟类多为鸩鸟。

凡荆山之首，自景山至琴鼓之山，凡二十三山，二千八百九十里。其神状皆鸟身而人面。其祠：用一雄鸡祈瘗，用一藻圭，糈用稌。骄山，冢也，其祠：用羞酒少牢祈瘗，婴毛一璧。

译文　　以上为荆山山列，从景山到琴鼓之山，共有二十三座山，经过了二千八百九十里。这些山的神都是鸟身人面，祭祀他们的礼仪：用一只公鸡杀死取血献神后，把公鸡埋掉，用一块有花纹的玉圭献神，用稌米作为祭祀用米。骄山是这一山列的众山之首，祭祀的礼仪是：先向神献酒，然后进献由羊和猪组成的少牢，杀死取血献神，然后埋掉，将一块玉璧系在羊、猪的脖子上。

中次九经

《中次九经》岷山之首，曰女几之山，其上多石涅，其木多杻、檀，其草多菊、䓕。洛水出焉，东注于江，其中多雄黄，其兽多虎豹。

译文　　中央第九个山列叫岷山山列，其第一座山叫女几之山。山上出产石墨，山下生长着许多杻树、檀树，还有很多菊花、山蓟。洛水流经该山，东流注于江水。该山出产雄黄，山上生活着很多老虎和豹子。

又东北三百里，曰岷山，江水出焉，东北流注于海，其中多良龟，多鼍①。其上多金玉，其下多白珉，其木多梅、棠，其兽多犀、象，多夔牛②，其鸟多翰、鷩③。

注释　　❶ 鼍：即扬子鳄。
　　　　❷ 夔牛：重数千斤的大牛。
　　　　❸ 翰、鷩：即《西山经》嶓冢之山的"白翰、赤鷩"，白翰指白鹇，赤鷩指红腹锦鸡。

译文　　继续东北行三百里，为岷山。江水流经此山，向东北流进了大海。江水中生活着许多乌龟、扬子鳄。山上出产黄金、玉石，山下出产白色的珉石，生长着众多梅树、海棠。这座山上生活着很多犀牛、大象和夔牛，还有许多白鹇和红腹锦鸡。

又东北一百四十里，曰崃山，江水出焉，东流注大江。其阳多黄金，其阴多麋、麈，其木多檀、柘，其草多薤、韭，多药①、空夺②。

注释　　❶ 药：药为白芷别名，根可入药。
　　　　❷ 空夺："空夺"与"寇脱"音近，寇脱即木通，见《中次五经》升山条注。

译文　　继续东北行一百四十里，为崃山。江水流经此山，向东流进大江。崃山之阳出产黄金，山阴生活着很多麋鹿和麈鹿，生长着大量檀树、柘树，还有很多野薤子、野韭菜、白芷和寇脱草。

鼉

又东一百五十里，曰崌山，江水出焉，东流注于大江，其中多怪蛇，多鳌鱼，其木多楢、杻，多梅、梓，其兽多夔牛、羬、臭、犀、兕。有鸟焉，状如鸮而赤身白首，其名曰窃脂，可以御火。

注释　　❶ 鳌（zhì）鱼：鳌鱼，《山经》仅此一见，且不见其他古书记载，为今何鱼，殆难考定，但《山经》仅载其名，而未加描述，表明其为当时人常见之物。
　　　　❷ 楢（yóu）：据郭璞和郝懿行注，楢木坚硬而有韧性，适合制作车轮，很可能是胡桃楸或槭属树木。胡桃楸和槭树均木材坚硬，材质细密，可作车轮、家具、农具、枕木及建筑材料。
　　　　❸ 窃脂：经云窃脂"状如鸮而赤身白首"，《太平御览》卷四十四及卷八百七十引"鸮"作"鹗"。鹗即鱼鹰。窃脂似鹗，赤身白首，或是栗鸢。栗鸢又叫红老鹰，为中型猛禽，其头、颈、胸为白色，身体和翅膀均为栗红色，以蟹、蛙、鱼等为食。
　　　　❹ 可以御火：谓此鸟可以预防火灾。

译文　　　继续东行一百五十里，为崌山。江水流经此山，向东流进大江。江水中生活着许多怪异的蛇，有很多鳌鱼。这座山上生长着楢树、杻树、梅树、梓树，生活着夔牛、羚羊、小麂鹿、犀牛、水牛等野兽。山上有一种鸟，长相像鸱鸮，身上是红色的羽毛，脑袋有白色的羽毛，名叫窃脂，这种鸟可以预警火灾。

又东三百里，曰高梁之山，其上多垩，其下多砥砺，其木多桃枝、钩端。有草焉，状如葵而赤华，荚实，白柎，可以走马。

注释　　❶ 可以走马：意为马吃了此草会变得健走。《西山经》天帝之山有杜衡，"其状如葵"，也可以走马。此处没有说明这种草的名字，但其所言形态和功能与杜衡相同，或者就是杜衡。

译文　　　继续东行三百里，为高梁之山。山上出产垩土，山下出产磨刀石。山上生长着众多桃枝竹和钩端竹。山上有一种草，形状像葵菜，开红花，结豆荚，花柎是白色的，马吃了这种草能增加耐力。

又东四百里，曰蛇山，其上多黄金，其下多垩，其木多栒，多豫樟，其草多嘉荣、少辛。有兽焉，其状如狐，而白尾长耳，名犺狼，见则国内有兵。

臙脂

狰狼

中山经·中次九经

注释　❶ 相：别本作"枸"，"相"当为"枸"的讹文。
　　　❷ 嘉荣：即天麻，《中次七经》半石之山条注。
　　　❸ 少辛：即细辛，《中次七经》浮戏之山条注。
　　　❹ 狼（shì）狼：狼狼其状如狐，白尾长耳，当为犬科动物。犬科动物中，豺的耳朵较大，但豺的尾尖为黑色，而非白色。犬科动物的毛色因环境而变化，差异较大，所谓狼狼，大概即犬科之一种。

译文　继续东行四百里，为蛇山。山上出产黄金，山下多垩土。山上生长着众多梅树、樟树，草类则有嘉荣、细辛。这座山上有一种野兽，长相像狐狸，长着白色的尾巴、长长的耳朵，名叫狼狼，这种野兽出现，预示着当地会爆发战乱。

又东五百里，曰鬲山，其阳多金，其阴多白珉。蒲鸏之水出焉，而东流注于江，其中多白玉。其兽多犀、象、熊、罴，多猨①、蜼②。

注释　❶ 猨："猨"通"猿"，即长臂猿。
　　　❷ 蜼：郭注云："蜼，似猕猴，鼻露上向，尾四五尺，头有歧，苍黄色，雨则自悬树以尾塞鼻孔，或以两指塞之。"当即金丝猴。金丝猴都生有长尾，且有一个特征鲜明的朝天鼻，故民间传说天下雨的时候为了避免雨水流进鼻孔，它们会用尾巴塞住鼻孔。

译文　继续东行五百里，为鬲山。山阳出产黄金，山阴出产白珉。蒲鸏（hōng）之水流经此山，向东流进了江水，其中出产白玉。这座山上生活着众多犀牛、大象、黑熊、棕熊、长臂猿、金丝猴等异兽。

又东北三百里，曰隅阳之山，其上多金玉，其下多青䨼，其木多梓、桑，其草多茈。徐之水出焉，东流注于江，其中多丹粟。

译文　继续东北行三百里，为隅阳之山，山上出产黄金和玉石，山下出产石青，山上生长着众多梓树、桑树，还生长着大量紫草。徐之水流经此山，向东流进了江水，徐之水中出产丹砂。

又东二百五十里，曰岐山，其上多白金，其下多铁，其木多梅、梓，多杻、楢。减水出焉，东南流注于江。

译文　　继续东行二百五十里，为岐山。山上出产白金，山下出产铁矿石。这座山上生长着众多梅树、梓树，还有柤树、楮树。减水流经此山，向东南流进了江水。

又东三百里，曰勾檷之山，其上多玉，其下多黄金，其木多栎、柘，其草多芍药。

译文　　继续东行三百里，为勾檷（nǐ）之山。山上出产玉石，山下出产黄金，山上生长着大量栎树、柘树，还生长着众多芍药。

又东一百五十里，曰风雨之山，其上多白金，其下多石涅，其木多椒①、樿②，多杨③。宣余之水出焉，东流注于江，其中多蛇。其兽多闾、麋，多麈、豹、虎，其鸟多白鹇④。

注释　　❶ 椒（zōu）：椒罕见记载，其为何木，今不可考。
　　❷ 樿（shàn）：樿见于古书，古人常以樿木制作梳子和木勺，可以推断樿树当即黄杨木。黄杨树生长缓慢，材质坚韧细致，纹理均匀，木材颜色较浅，雕刻性能好，适合制作各种精致木器、雕刻印章和工艺品，一直就是制作木梳的首选。
　　❸ 杨：古书中的杨非指今之杨树，而是今之垂柳。
　　❹ 白鹇：白鹇即白腹锦鸡，见《中次八经》女儿之山条注。

译文　　继续东行一百五十里，为风雨之山。山上出产白金，山下出产石墨，山上生长着大量椒树、樿树和垂柳。宣余之水流经此山，向东流进江水，宣余之水中有很多蛇。这座山上生活着众多野驴、麋鹿、麈鹿、豹子、老虎，还有很多白腹锦鸡。

又东北二百里，曰玉山，其阳多铜，其阴多赤金，其木多豫樟、楢、杻，其兽多豕、鹿、麢、㚟，其鸟多鸩。

译文　　继续东北行二百里，为玉山。山阳出产铜矿石，山阴出产赤金，山上生长着众多樟树、楢树、杻树，生活着众多野猪、鹿、羚羊、小额鹿，还有很多鸩鸟。

又东一百五十里，曰熊山。有穴焉，熊之穴，恒出神人①。夏启而冬闭②；是穴也，冬启乃必有兵③。其上多白玉，其下多白金，其木多樗、柳，其草多寇脱。

注释　❶ 恒出神人：常常有神人从熊穴中出现。所谓神人，即指熊，当地人崇拜熊，故将熊视为神，并将之想象为具有人的形象，谓之神人。
❷ 夏启而冬闭：熊有冬眠的习性，冬天藏在洞穴内睡大觉，春天结束冬眠重新出现，熊穴夏启冬闭，说的就是熊冬眠的习惯。
❸ 冬启乃必有兵：冬天熊本该蛰伏冬眠，如果熊一反常态在冬天活动，古人即认为是不祥之兆。因熊强壮威猛，故古人将熊视为武力的象征，将熊行为反常视为即将爆发战争的预兆。

译文　　继续东行一百五十里，为熊山。这座山上有一个洞穴，叫熊穴，经常有神仙从这座洞穴里走出来。这座洞夏天打开，冬天就会关上，如果冬天打开，就预示着即将爆发战争。这座山上出产白玉，山下出产白金。山上生长着众多樗树、柳树，还有很多寇脱草。

又东一百四十里，曰騩山，其阳多美玉、赤金，其阴多铁，其木多桃枝、荆、芑①。

注释　❶ 芑："芑"当为"杞"，即旱柳。

译文　　继续东行一百四十里，为騩山。山阳产上好的玉石和赤金，山阴产铁矿石。山上生长着众多桃枝竹、荆棘和旱柳。

又东二百里，曰葛山，其上多赤金，其下多瑊石①，其木多柤、栗、橘、櫾、楢、杻，其兽多羚、㹠，其草多嘉荣。

注释　❶ 瑊（jiān）石："瑊""箴"字通，瑊石即箴石，亦即砭石，见《东次一经》高氏之山条注。

译文　　继续东行二百里，为葛山。山上多赤金，山下多砭石。山上生长着众多山楂树、栗子树、橘树、柚子树、楢树、杻树，生活着羚羊、小麂鹿等野兽，山上还生长着许多嘉荣。

又东一百七十里，曰贾超之山，其阳多黄垩，其阴多美赭，其木多柤、栗、橘、櫾，其中多龙修①。

注释　　❶ 龙修：即龙须草。龙须草为禾本科野草，生长于林边湿地、山溪旁、山坡路旁湿地上或灌木丛中，用于编织草席。

译文　　继续东行一百七十里，为贾超之山。山阳出产黄垩土，山阴出产上好的赭石。山阴生长着众多山楂树、栗子树、橘树、柚子树，树林中有很多龙须草。

凡岷山之首，自女几山至于贾超之山，凡十六山，三千五百里。其神状皆马身而龙首。其祠：毛用一雄鸡瘗，糈用稌。文山①、勾檷、风雨、騩之山，是皆冢也。其祠之：羞酒，少牢具，婴毛一吉玉。熊山，席也②，其祠：羞席③，大牢具，婴毛一璧。干儛，用兵以禳④；祓⑤，璆冕舞。

注释　　❶ 文山："文"通"岷"，文山即岷山。
❷ 熊山，席也："席"为"帝"字之讹，意为熊山为祭祀上帝的山。
❸ 席：宋本作"席"，"羞席"不可通，"席"当作"酒"，涉上"席"字而讹。
❹ 干儛，用兵以禳：干即盾牌，儛通舞，禳通攘，谓攘除、驱逐。干舞用兵以禳，意谓祭祀者挥舞兵器起舞，借耀武扬威以恐吓、攘除凶邪之物。
❺ 祓，璆冕舞："祓"，别本作"祈"，当据改。祈指祈福，璆为美玉，冕是帽子。祈璆冕舞，谓祈祷者头戴装饰着美玉的冠冕而起舞。

译文　　以上为岷山山列，从女几之山到贾超之山，共十六座山，经过三千五百里。这些山的山神都是马身龙首，祭祀他们的礼仪：把一只雄鸡埋到山上，用稌米作为祭神的精米。其中，文山、勾檷山、风雨山、騩山，是该山列中的大山，祭祀这几座山的山神的礼仪：献酒，牺牲用羊和猪组成的少牢，在牺牲的脖子上挂一块象征吉祥的玉石。熊山是祭祀上帝的神山，祭祀的礼仪是：献酒，用牛、羊、猪三牲具备的大牢为牺牲，在牺牲的脖子上挂一块玉璧。然后举行盾牌舞，跳舞者挥舞着武器，驱赶魑魅魍魉；向上帝祈福时，戴着装饰有璆玉的冠冕起舞。

馬身龍首神

中次十经

《中次十经》之首，曰首阳之山，其上多金玉，无草木。

译文　　　　中央第十个山列的第一座山，叫首阳之山，山上出产黄金和玉石，却不生草木。

又西五十里，曰虎尾之山，其木多椒、㭆，多封石，其阳多赤金，其阴多铁。

译文　　　　继续西行五十里，为虎尾之山。山上生长着众多花椒树、㭆树，出产封石。山阳出产赤金，山阴出产铁矿石。

又西南五十里，曰繁缋之山，其木多楢、杻，其草多枝勾①。

注释　　❶　枝勾：一种野草，为今何草，已难详考。

译文　　　　继续西南行五十里，为繁缋之山。山上有很多楢树、杻树，生长着众多枝勾草。

又西南二十里，曰勇石之山，无草木，多白金，多水。

译文　　　　继续西南行二十里，为勇石之山。山上草木稀疏，出产白金，山间水源充足。

又西二十里，曰复州之山，其木多檀，其阳多黄金。有鸟焉，其状如鸮①，而一足彘尾，其名曰跂踵②，见则其国大疫③。

注释　　❶　其状如鸮：郝疏云："《太平御览》七百四十七卷引此经作'鸡'。"此鸟出现会导致大疫，

跂踵

中山经·中次十经

可见为恶鸟，当以作"鸮"为是。

❷ 跂踵：经云跂踵"其状如鸮"，亦当为鸱鸮之类，谓之"一足"，大概是因为此鸟喜欢独足站立，"跂踵"的名字可能正由独足站立而来。

❸ 见则其国大疫：直到现在，民间还相信听到鸱鸮在晚上叫预兆会死人，这种观念也许跟鸱鸮是食腐鸟类有关。瘟疫流行，尸横遍野，作为食腐鸟类的鸱鸮自然会闻风而至，因此古人把鸱鸮跟瘟疫、死亡联系了起来，视之为不祥之鸟。

译文　　继续西行二十里，为复州之山。山上生长着很多檀树，山阳出产黄金。这座山上有一种鸟，长相像鸱鸮，只有一只脚，长着猪尾巴，名叫跂踵。这种鸟出现，预示着这个国家将会暴发大瘟疫。

又西三十里，曰楮山，多寓木，多椒、棷，多柘，多垩。

译文　　继续西行三十里，为楮山，山上生长着众多寄生树、花椒树、椐树，还有很多柘树。这座山出产垩土。

又西二十里，曰又原之山，其阳多青雘，其阴多铁，其鸟多鸜鹆①。

注释　　❶ 鸜鹆（yù）：郭注云："鸲鹆也。"则"鸜"当为"鸲"字之讹。鸜鹆又名鸲鹆，即八哥。

译文　　继续西行二十里，为又原之山，山阳出产石青，山阴出产铁矿石，山上生活着许多八哥鸟。

又西五十里，曰涿山，其木多榖、柞、杻，其阳多㻬琈之玉。

译文　　继续西行五十里，为涿山。山上生长着众多构树、柞树、杻树。山阳出产㻬琈之玉。

又西七十里，曰丙山，其木多梓、檀，多弞杻①。

注释　　① 弞（shěn）杻：《方言》云："弞，长也，东齐曰弞。"弞杻即长杻，可能指树形高大的杻树，杻即杜梨，详见《西次一经》英山条注。

译文　　继续西行七十里，为丙山。山上生长着众多梓树、檀树和高大的杻树。

凡首阳山之首，自首山至于丙山，凡九山，二百六十七里。其神状皆龙身而人面。其祠之：毛用一雄鸡瘗，糈用五种之糈。堵山①，冢也，其祠之，少牢具，羞酒祠，婴毛一璧瘗；騩山，帝也，其祠羞酒，大牢其②，合巫祝二人儛③，婴一璧。

注释　　① 堵山：本山列中无堵山，有楮山，"堵山"当为"楮山"之讹。
　　　　② 大牢其："大牢"同"太牢"，"其"为"具"字之讹。
　　　　③ 巫祝：巫和祝都是负责祭神仪式的神职人员，巫管跳舞，祝管祈祷。

译文　　以上为首阳山山列，从首山到丙山，共有九座山，经过了二百六十七里。这些山的山神都是龙身人面，祭祀的礼仪是：把一只公鸡埋到山上，用五谷作为祭神的米。其中，楮山是该山列中的大山，祭祀的礼仪是：用羊、猪齐备的少牢，向神献酒，把一块玉璧挂在牺牲的脖子上一起埋葬。騩山是祭祀上帝的地方，祭祀的礼仪是：向上帝献酒，用牛、羊、猪三牲具备的太牢献祭，把一块玉璧挂在牺牲的脖子上，献祭的时候，巫和祝两人一起跳舞。

中次十一经

《中次一十一山经》荆山之首，曰翼望之山。湍水出焉，东流注于济。贶水出焉，东南流注于汉，其中多蛟①。其上多松、柏，其下多漆、梓，其阳多赤金，其阴多珉。

注释　　❶ 蛟：古书中的蛟，又称蛟龙，即扬子鳄。

译文　　中央第十一个山列名叫荆山山列，其第一座山是翼望之山。湍水流经此山，向东流进济水。贶（kuàng）水流经此山，向东南流进汉水，贶水中生活着很多鳄鱼。这座山上长满松树、柏树，山下长满漆树、梓树，山的阳坡出产赤金，山的阴坡出产珉石。

又东北一百五十里，曰朝歌之山。潕水出焉，东南流注于荥，其中多人鱼。其上多梓、楠，其兽多麢、麋。有草焉，名曰莽草①，可以毒鱼。

注释　　❶ 莽草：又名芒草，古人把它的叶子捣烂，丢进水里，鱼中毒后即浮出水面。

译文　　继续东北行一百五十里，为朝歌之山。潕（wǔ）水流经此山，向东南流进荥水，潕水中生活着许多娃娃鱼。这座山上生长着众多梓树、楠树，还有很多羚羊、麋鹿。山上有一种草，名叫芒草，可以用来毒鱼。

又东南二百里，曰帝囷之山，其阳多琈㻬之玉，其阴多铁。帝囷之水出于其上，潜于其下，多鸣蛇①。

注释　　❶ 鸣蛇：会发出叫声的蛇，当是某种蜥蜴。

译文　　继续东南行二百里，为帝囷之山。山的阳坡出产琈㻬之玉，阴坡出产铁矿石。帝囷之水从此山上发源，在山脚下潜流到地面之下。这座山上生活着许多能发出叫声的鸣蛇。

又东南五十里，曰视山，其上多韭。有井焉，名曰天井，夏有水，冬竭。其上多桑，多美垩、金、玉。

译文　　继续东南行五十里，为视山。山上生长着很多野韭菜。这座山上有一口井，叫天井，夏天有水，到冬天就干涸了。山上长满桑树，出产上好的垩土，还出产黄金和玉石。

又东南二百里，曰前山，其木多楮^①，多柏，其阳多金，其阴多赭。

注释　　❶ 楮（zhū）：楮树为壳斗科乔木，分甜楮和苦楮两种。苦楮的种仁可用来制粉条和豆腐，南方人吃的苦楮豆腐，就是用苦楮的果实制作的。

译文　　继续东南行二百里，为前山。山上生长着众多楮树，还有柏树。山的阳坡出产黄金，阴坡出产赭石。

又东南三百里，曰丰山。有兽焉，其状如猨，赤目、赤喙、黄身，名曰雍和^①，见则国有大恐。神耕父处之，帝^②游清泠之渊，出入有光，见则其国为败^③。有九钟焉，是知霜鸣^④。其上多金，其下多榖、柞、杻、橿。

注释　　❶ 雍和：经云雍和"其状如猨"，猨即猿，通猿。雍和"赤目、赤喙、黄身"，当即某种长臂猿。
❷ 帝："常"字之讹。
❸ 见则其国为败：古人所崇拜的神大多为与风雨雷电有关的自然神，当有自然灾害发生时，祝之祷之以求消灾免祸，以至于认为自然灾害是由神而引起的。
❹ 有九钟焉，是知霜鸣：山中地形复杂，因季节变化而导致的风向、风力等的改变会在山谷中引发不同的声响，"九钟"当是当地人因此种自然现象而引发的想象。

译文　　继续向东南行三百里，为丰山。丰山上有一种野兽，长相像猿，长着红色的眼睛、红色的嘴巴，身上的毛是黄色的，名字叫雍和，这种动物一旦出现会引起极大的恐慌。耕父神住在这座山上，常到一个叫清泠之渊的水潭游玩，每当他在水潭里出入，都会伴随着奇异的光芒，耕父神一旦出现，国家就会发生天灾人祸。这座山里有九口天然的钟，一到秋末快要霜降的时候，这些钟就会自动敲响。这座山上出产黄金，山下长满构树、柞树、杻树、橿树。

雍和

中山经·中次十一经

又东北八百里,曰兔床之山,其阳多铁,其木多藷藇,其草多鸡谷①,其本如鸡卵,其味酸甘,食者利于人。

注释　　❶ 鸡谷:经云鸡谷"其本如鸡卵",意为此草生有形如鸡蛋的块根,盖即天麻。天麻块根形状为椭圆形,长得像芋头,天麻只开花,不长绿叶,橙黄色或棕色孤茎直立,花朵生于茎上,看起来有几分谷穗之状,"鸡谷"的名字可能正得名于天麻块根似卵、茎干像谷的特征。

译文　　继续东北行八百里,为兔床之山,山阳出产铁矿石,山上生长着很多山药。山上还有一种叫鸡谷的草,块根圆圆的像鸡蛋,味道又酸又甜,吃了对人的身体有好处。

又东六十里,曰皮山,多垩,多赭,其木多松柏。

译文　　继续东行六十里,为皮山。山上出产垩土、赭石,生长着众多松树、柏树。

又东六十里,曰瑶碧之山,其木多梓、楠,其阴多青雘,其阳多白金。有鸟焉,其状如雉,恒食蜚①,名曰鸩②。

注释　　❶ 蜚:《春秋》数次提到蜚,是一种危害农作物的害虫,当即蝗虫之类。"蜚"通"飞",蝗虫飞翔能力极强,蝗灾时蝗群遮天蔽日,故名曰蜚。
　　　　❷ 鸩:鸩状如雉,捕食害虫,可知鸩并非传说中的毒鸟,就是雉鸡的一种。

译文　　继续东行六十里,为瑶碧之山。山上生长着众多梓树、楠树,山阴出产石青,山阳出产白金。这座山上有一种鸟,长相像雉鸡,最喜欢吃蜚虫,名叫鸩。

又东四十里,曰支离之山,济水出焉,南流注于汉。有鸟焉,其名曰婴勺①,其状如鹊,赤目、赤喙、白身,其尾若勺,其鸣自呼。多㸲牛,多羬羊。

嬰勺

中山经 · 中次十一经

注释　　❶ 婴勺：经云婴勺"其状如鹊，赤目、赤喙、白身，其尾若勺"，这种体形如喜鹊，尾巴像勺子，赤目、赤喙、白身的鸟，显然就是至今常见的红嘴蓝鹊。红嘴蓝鹊是鸦科蓝鹊属的鸟类，腹部为白色，红嘴红脚，尾羽颀长流畅，中央弯曲凸起，形如一把长勺子。

译文　　继续东行四十里，为支离之山。济水流经此山，向南流进了汉水。山上有一种鸟，名叫婴勺，长相像喜鹊，红眼睛，红嘴巴，身上长着白色的羽毛，尾巴像一把小勺子，它的名字源于其叫声。这座山上还生活许多牦牛、羬羊。

又东北五十里，曰袾䄍之山，其上多松、柏、机、桓❶。

注释　　❶ 桓：桓木即无患子，又名肥珠子、油珠子、菩提子等，李时珍《本草纲目》卷三十五说："生高山中。树甚高大，枝叶皆如椿，特其叶对生。五六月开白花，结实大如弹丸，状如银杏及苦楝子，生青熟黄，老则文皱。黄时肥如油煤之形，味辛气腥且硬。其蒂下有二小子相粘承之，实中一核坚黑，似肥皂荚之核而正圆如珠。壳中有仁如榛子仁，亦辛腥可炒食。十月采实，煮熟去核，捣和麦面或豆面，作澡药去垢，同于肥皂，用洗真珠甚妙。《山海经》云：'袾周之山，其木多桓。'即此也。"

译文　　继续东北行五十里，为袾䄍（zhì diāo）之山，山上生长着众多松树、柏树、机树、无患子树。

又西北一百里，曰堇理之山，其上多松、柏，多美梓，其阴多丹雘，多金，其兽多豹、虎。有鸟焉，其状如鹊，青身白喙，白目白尾，名曰青耕❶，可以御疫，其鸣自叫。

注释　　❶ 青耕：经云青耕"其状如鹊，青身白喙，白目白尾"，当是黄嘴蓝鹊。黄嘴蓝鹊与上面提到的红嘴蓝鹊体形相近，但身体的颜色较浅，背部、尾巴、翅膀为蓝灰色，腹部为白色，尾羽特长，从上面看是蓝色，尾端为白色，从下面看则为黑白相间的条纹，其嘴和脚均为黄色。

译文　　继续西北行一百里，为堇理之山。山上生长着众多松树、柏树、优良的梓树，山阴出产丹砂和黄金，山上生活着许多豹子、老虎。这座山上有一种鸟，长相似喜鹊，身上的羽毛是青色的，嘴巴是白色的，眼睛四周的羽毛和尾巴上的羽毛都是白色，名叫青耕。饲养这种鸟可以防御瘟疫，它的名字源于其叫声。

又东南三十里，曰依轱之山，其上多杻、橿，多苴。有兽焉，其状如犬，虎爪有甲，其名曰獜，善駚䎽，食者不风。

注释　❶ 苴："苴"通"柤"，即山楂树。
　　　❷ 獜（lìn）：一种体形像狗、爪子像虎爪、长有鳞甲的野兽，不知是何种动物，待考。
　　　❸ 善駚䎽（yǎng fèn）：郭璞注云："跳跃自扑也。"駚䎽即鞅奋、跳跃、扑跌之义。

译文　继续东南行三十里，为依轱之山，山上生长着众多杻树、橿树和山楂树。山上有一种野兽，长相似犬，爪子像老虎，名叫獜，喜欢蹦跳扑腾，吃了这种动物的肉可以预防风痹病。

又东南三十五里，曰即谷之山，多美玉，多玄豹，多闾、麈，多麢、臭。其阳多㟭，其阴多青䕫。

注释　❶ 玄豹：即黑豹，今中国境内已无黑豹。

译文　继续东南行三十五里，为即谷之山。山上出产上好的玉石，生活着许多黑豹、野驴、麈鹿、羚羊、小麢鹿。山阳出产㟭石，山阴出产石青。

又东南四十里，曰鸡山，其上多美梓，多桑，其草多韭。

译文　继续东南行四十里，为鸡山。山上生长着众多美好的梓树、桑树，还有很多野韭菜。

又东南五十里，曰高前之山。其上有水焉，甚寒而清，帝台之浆也，饮之者不心痛。其上有金，其下有赭。

注释　❶ 帝台之浆：指高前之山的泉水，因其水甘洌清洁，故用来作为奉献给上帝的酒浆。
　　　❷ 饮之者不心痛：指高前之山的泉水可以治疗心痛病。高前之山的泉水为供奉给上帝的神水，因此当地人相信此水具有灵性，饮之可以治病，直到今天民众还相信寺庙、道观、名胜

之地的泉水具有治病之效。

译文　　继续东南行五十里,为高前之山。山上有一口泉水,十分清洌,这是用来供奉上帝的酒浆,犯心痛病的人喝了这里的泉水,就会痊愈。这座山上出产黄金,山下出产赭石。

又东南三十里,曰游戏之山,多杻、檀、榖,多玉、多封石。

译文　　继续东南行三十里,为游戏之山。山上生长着众多杻树、檀树、构树,还出产玉石、封石。

又东南三十五里,曰从山,其上多松、柏,其下多竹。从水出于其上,潜于其下,其中多三足鳖,枝尾①,食之无蛊疫。

注释　　❶ 枝尾:指尾巴上有分叉。

译文　　继续东南行三十五里,为从山。山上生长着众多松树、柏树,山下有成片的竹子。从水从山上发源,在山下潜入地下,水中生活着许多三足鳖,这种龟的尾巴上有分叉,吃了可以避免肚子里长寄生虫。

又东南三十里,曰婴硬之山,其上多松、柏,其下多梓、櫄①。

注释　　❶ 櫄:櫄即椿,今谓之香椿。

译文　　继续东南行三十里,为婴硬(yīn)之山。山上生长着众多松树、柏树,山下生长着许多梓树、香椿树。

又东南三十里，曰毕山。帝苑之水出焉，东北流注于视，其中多水玉，多蛟，其上多㻬琈之玉。

译文　　继续东南行三十里，为毕山。帝苑之水流经此山，向东北流进视水。帝苑之水中出产水晶，生活着许多鳄鱼。毕山上出产㻬琈之玉。

又东南二十里，曰乐马之山。有兽焉，其状如彙①，赤如丹火，其名曰狼②，见则其国大疫。

注释　　❶ 彙（huì）：即刺猬。
❷ 狼（lì）：狼状如刺猬，当是刺猬或豪猪之一种。"赤如丹火"，谓其身体的颜色近乎红色，中国现有的几种刺猬（东北刺猬、大耳猬、林猬、毛猬等）和帚尾豪猪，身体均一定程度地呈褐色。至于狼具体为何种动物，则不得其详。

译文　　继续东南行二十里，为乐马之山。山上有一种野兽，长相似刺猬，身上的毛像火焰一样红，名叫狼，这种动物出现，预示着将会暴发大瘟疫。

又东南二十五里，曰葴山，视水出焉，东南流注于汝水，其中多人鱼，多蛟，多颉①。

注释　　❶ 颉：颉通獱，獱即水獭，详见《中次四经》釐山条注。

译文　　继续东南行二十五里，为葴山。视水流经此山，向东南流进了汝水。视水中生活着许多娃娃鱼、鳄鱼、水獭。

又东四十里，曰婴山，其下多青䨼，其上多金、玉。

译文　　继续东行四十里，为婴山。山下出产石青，山上出产黄金、玉石。

又东三十里,曰虎首之山,多苴、椆①、椐。

注释　　❶ 椆:椆树,今名石栎、珠子栎,壳斗科乔木。

译文　　继续东行三十里,为虎首之山,山上生长着众多山楂树、椆树、椐树。

又东二十里,曰婴侯之山,其上多封石,其下多赤锡。

译文　　继续东行二十里,为婴侯之山,山上出产封石,山下出产红锡。

又东五十里,曰大孰之山。杀水出焉,东北流注于视水,其中多白垩。

译文　　继续东行五十里,为大孰之山。杀水流经此山,向东北流进视水,杀水出产白色的垩土。

又东四十里,曰卑山,其上多桃、李、苴、梓,多累①。

注释　　❶ 累:即虎櫐,又名狸豆、黎豆、鸴豆,为多年生或一年生木质或草质藤本植物,种子可入药。

译文　　继续东行四十里,为卑山。山上生长着众多桃树、李树、山楂树、梓树,有很多黎豆。

又东三十里,曰倚帝之山,其上多玉,其下多金。有兽焉,其状如鼣鼠①,白耳白喙,名曰狙如②,见则其国有大兵。

注释　　❶ 鼣(fèi)鼠:《尔雅·释兽》记载十三种鼠类,其中有鼣鼠,但鼣鼠究为何种动物,无从

狙如

考证。

❷ 狙如：当是某种体形像鼠，长着白嘴巴、白耳朵的动物，具体为何种动物，待考。

译文　　继续东行三十里，为倚帝之山，山上出产玉石，山下出产黄金。这座山上有一种野兽，长得像默鼠，长着白耳朵、白嘴巴，名叫狙如，这种动物出现预示着将会爆发大规模战乱。

又东三十里，曰鯢山，鯢水出于其上，潜于其下，其中多美垩。其上多金，其下多青䨼。

译文　　继续东行三十里，为鯢山。鯢水发源于此山之上，在山脚下潜入地下，鯢水中出产上好的垩土。鯢山上出产黄金，山下出产石青。

又东三十里，曰雅山。澧水出焉，东流注于视水，其中多大鱼。其上多美桑，其下多苴，多赤金。

译文　　继续东行三十里，为雅山。澧水流经此山，向东流进视水，澧水中生活着许多大鱼。雅山上生长着很多枝叶茂盛的桑树，山下生长着很多山楂树，还出产赤金。

又东五十里，曰宣山。沦水出焉，东南流注于视水，其中多蛟。其上有桑焉，大五十尺，其枝四衢①，其叶大尺余，赤理黄华青柎，名曰帝女之桑②。

注释　　❶ 其枝四衢：指树枝纵横交错地伸向四方。
　　　　❷ 帝女之桑：桑树高大繁茂，实为神桑，古人于其下祭祀桑蚕之神，帝女当即主司桑蚕之事的女神，即蚕神，故谓之帝女之桑。与帝女之桑所在的宣山相邻的几座山，即雅山、衡山、丰山，其山皆多桑，雅山且多美桑，可见宣山所在为宜桑之地，故古人于其山设立蚕神之祀。

译文　　继续东行五十里，为宣山。沦水流经此山，向东南流进视水，沦水中生活着许多鳄鱼。宣山上有一棵巨大的桑树，树围周长有五十尺，枝叶繁茂，树枝纵横交错地伸向四面八方，这棵树上长的桑叶足有一尺多长，其树木的纹理是红色的，开黄色的花，花托是青色的，当地人称这棵树为帝女之桑。

又东四十五里，曰衡山，其上多青䕜，多桑，其鸟多鸜鹆。

译文　　继续东行四十五里，为衡山。山上出产石青，有大片的桑林。有众多鸜鹆鸟栖息在这座山上。

又东四十里，曰丰山，其上多封石，其木多桑，多羊桃^①，状如桃而方茎，可以为皮张^②。

注释　　❶ 羊桃：即猕猴桃。经云羊桃"状如桃而方茎"，"茎"字疑为衍文，原文或当作"状如桃而方"，猕猴桃的形状较之桃子确实略显方形。
　　　　❸ 皮张：指皮肤肿胀。

译文　　继续东行四十里，为丰山。山上出产封石，生长着众多桑树、羊桃树，羊桃像桃子，果实是方形的，可以用来治疗皮肤肿胀。

又东七十里，曰妪山，其上多美玉，其下多金，其草多鸡谷^①。

注释　　❶ 鸡谷：鸡谷疑即天麻，见《中次十一经》兔床之山条注。

译文　　继续东行七十里，为妪山。山上出产上好的玉石，山下出产黄金。这座山上生长着很多叫鸡谷的草。

又东三十里，曰鲜山，其木多楢、杻、苴，其草多䕲冬，其阳多金，其阴多铁。有兽焉，其状如膜大^①，赤喙、赤目、白尾，见则其邑有火，名曰狖即^②。

注释　　❶ 膜大："大"当为"犬"字之讹，膜犬则可能是某种犬类。
　　　　❷ 狖（yì）即：狖即具体指何种动物不明，待考。

译文　　　　继续东行三十里，为鲜山。山上生长着众多楢树、杻树和山楂树，还有很多天门冬。山阳出产黄金，山阴出产铁矿石。这座山上有一种野兽，长相似膜犬，长着红色的嘴巴、红色的眼睛、白色的尾巴，这种野兽一旦出现，预示着当地会发生莫名其妙的火灾，这种野兽叫狋即。

又东三十里，曰章山，其阳多金，其阴多美石。皋水出焉，东流注于澧水，其中多脃石①。

注释　　　　① 脃（wěi）石："脃"字或作"脆"，不知道指何种石头。

译文　　　　继续东行三十里，为章山。山阳出产黄金，山阴出产质地优良的石头。皋水流经此山，向东流进澧水，皋水中出产脃石。

又东二十五里，曰大支之山，其阳多金，其木多榖、柞，无草。

译文　　　　继续东行二十五里，为大支之山。山阳出产黄金，山上生长着众多构树、柞树，不长野草。

又东五十里，曰区吴之山，其木多苴。

译文　　　　继续东行五十里，为区吴之山，山上生长着很多山楂树。

又东五十里，曰声匈之山，其木多榖，多玉，上多封石。

译文　　　　继续东行五十里，为声匈之山。山上生长着很多构树，出产玉石、封石。

又东五十里，曰大䮨之山，其阳多赤金，其阴多砥石。

译文　　继续东行五十里，为大䮨之山。山阳出产赤金，山阴出产磨刀石。

又东十里，曰踵臼①之山，无草木。

注释　　❶ 臼："白"字之讹。

译文　　继续东行十里，为踵臼之山，山上草木稀疏。

又东北七十里，曰历石之山，其木多荆、芑，其阳多黄金，其阴多砥石。有兽焉，其状如狸，而白首虎爪，名曰梁渠①，见则其国有大兵。

注释　　❶ 梁渠：经云梁渠"其状如狸，而白首虎爪"，狸即灵猫，状如灵猫而白首虎爪。此动物可能是花面狸。花面狸面部有明显的白色斑纹。也可能是鼬獾，鼬獾体形与灵猫相似，通身基本毛色为灰褐色，其前额、眼后、耳前、颊和颈侧均有白斑，与梁渠"白首"的特征相符合。

译文　　继续东北行七十里，为历石之山。山上生长着众多牡荆、旱柳，山阳出产黄金，山阴出产磨刀石。山上有一种野兽，长相似灵猫，脑袋是白色的，爪子像虎爪，名叫梁渠。这种动物一旦出现，意味着国内将会发生大规模战乱。

又东南一百里，曰求山。求水出于其上，潜于其下，中有美赭。其木多苴，多䉋①。其阳多金，其阴多铁。

注释　　❶ 䉋：为适合制作箭杆的细竹。

译文　　继续东南行一百里，为求山。求水发源此山之上，在山下潜入地下，求水中出产上好的赭石。山上生长着大量山楂树，有大片的䉋竹。山阳出产黄金，山阴出产铁矿石。

梁渠

又东二百里，曰丑阳之山，其上多椆、椐。有鸟焉，其状如乌而赤足，名曰𪃑鵌①，可以御火。

注释　　❶ 𪃑鵌："𪃑鵌"，别本作"䴅鵌"，当据改。经云𪃑鵌状如乌鸦而"赤足"，或即八哥，八哥像乌鸦，脚是红色。

译文　　继续东行二百里，为丑阳之山。山上生长着众多椆树、椐树。山上有一种鸟，长相似乌鸦，脚是红色的，名叫䴅鵌，这种鸟能够预见火灾。

又东三百里，曰奥山，其上多柏、杻、橿，其阳多㻬琈之玉。奥水出焉，东流注于视水。

译文　　继续东行三百里，为奥山。山上生长着众多柏树、杻树、橿树，山阳出产㻬琈之玉。奥水流经此山，向东流进视水。

又东三十五里，曰服山，其木多苴，其上多封石，其下多赤锡。

译文　　继续东行三十五里，为服山。山上生长着很多山楂树，山上出产封石，山下出产红锡。

又东三百里，曰杳山，其上多嘉荣草，多金玉。

译文　　继续东行三百里，为杳山。山上生长着很多叫嘉荣的草，出产黄金和玉石。

又东三百五十里，曰几山，其木多楢、檀、杻①，其草多香。有兽焉，其状如彘，黄身、白头、白尾，名曰闻獜②，见则天下大风。

注释　　❶ 其草多香："香"当是某种香草的名字。香草甚多，未知是何种。
　　　　❷ 闻獜（lín）：经云闻獜"其状如犬，黄身、白头、白尾"，当是猪獾。猪獾全身以黑棕色为主而杂以白色，头部有白色斑纹，喉、颈部白色或黄白色，尾巴为白色或黄白色，正与闻獜的特征相合。

译文　　继续东行三百五十里，为几山。山上生长着众多楢树、檀树、柤树，还生长着一种名字叫香的草。山上有一种野兽，长相似野猪，身上的毛是黄色的，脑袋和尾巴上的毛是白色的，名叫闻獜。这种野兽出现，预示着会刮大风。

凡荆山之首，自翼望之山至于几山，凡四十八山，三千七百三十二里。其神状皆彘身人首。其祠：毛用一雄鸡祈，瘗用一珪，糈用五种之精①。禾山，帝也，其祠：大牢之具，羞瘗倒毛②；用一璧，牛无常③。堵山、玉山，冢也，皆倒祠④；羞毛，少牢；婴毛，吉玉。

注释　　❶ 五种之精：即用五种谷物的精品祭祀众神，五谷一般指麻、黍、稷、麦、菽。
　　　　❷ 羞瘗倒毛：意为将献给山神的毛牲头朝下埋到坑里。
　　　　❸ 牛无常：用牛献祭，用来献祭的牛的数量可多可少，没有定额。
　　　　❹ 皆倒祠：献祭堵山、玉山，也像献祭禾山一样，将牺牲头朝下埋进坑里。

译文　　以上为荆山山列，从翼望之山到几山，共四十八座山，经过了三千七百三十二里。这些山的神都是猪身人首。祭祀的礼仪是：杀一只公鸡，先取血祭神，然后把公鸡跟一块玉圭一起埋在山上，祭神的米用五谷的精米。其中，禾山是祭祀上帝的地方，祭祀的礼仪是：用牛、羊、猪三牲具备的太牢献祭，把牺牲脑袋朝下埋在山上，把一块玉璧跟牺牲一起掩埋，对上帝要杀牛祭祀，牛的数量没有规定。堵山、玉山是这个山列中的大山，献祭的牺牲都倒立掩埋，用羊、猪组成的少牢献祭，把象征吉祥的玉石挂在牺牲的脖子上一起掩埋。

中次十二经

《中次十二经》洞庭山之首，曰篇遇之山，无草木，多黄金。

译文　　中央第十二个山列叫洞庭山，其第一座山为篇遇之山，山上草木稀疏，出产黄金。

又东南五十里，曰云山，无草木。有桂竹，甚毒，伤人必死①。其上多黄金，其下多㻬琈之玉。

注释　　❶ 有桂竹，甚毒，伤人必死：郭璞注云："今始兴郡桂阳县出筀竹，大者围二尺，长四丈。又，交阯有篥竹，实中，劲强，有毒，锐以刺虎，中之则死，亦此类也。"但今天我国所有的竹子品种中，并无此种具剧毒的竹子，现在所说的桂竹，其竹竿粗大、强劲，为优良用材竹种，并无毒性。经文"桂竹"虽以竹为名，可能并非竹类，究为何种有毒植物，待考。

译文　　继续东南行五十里，为云山。山上草木稀疏，有一种叫桂竹的植物，毒性极大，人若中了这种毒，必死无疑。山上产黄金，山下产㻬琈之玉。

又东南一百三十里，曰龟山，其木多榖、柞、椆、椐，其上多黄金，其下多青雄黄，多扶竹①。

注释　　❶ 扶竹：扶竹即筇竹，又名罗汉竹，现主要分布于四川、云南。罗汉竹有粗大的竹节，可以用来制作老人用的竹杖，故称扶老竹、扶竹。

译文　　继续东南行一百三十里，为龟山。这座山上生长着众多构树、柞树、椆树、椐树，山上出产黄金，山下出产青雄黄，有大片的罗汉竹。

又东七十里，曰丙山，多筀竹①，多黄金、铜、铁，无木。

注释　　❶ 筀（guì）竹：当为某种竹子，具体为何品种，不可考。

译文　　继续东行七十里，为丙山。山上生长着大片筀竹，出产黄金、铜矿石、铁矿石。这座山

上几乎没有树木。

又东南五十里，曰风伯之山，其上多金玉，其下多痠石①、文石，多铁，其木多柳、杻、檀、楮。其东有林焉，名曰莽浮之林，多美木鸟兽。

注释　　❶ 痠（suān）石：当系某种特殊的石头，"痠"通"酸"，或指该石有酸味，具体所指已不可考。

译文　　继续东南行五十里，为风伯之山。山上出产黄金和玉石，山下出产痠石、文石、铁矿石，生长着众多柳树、杻树、檀树、楮树。这座山的东边有一片树林，名叫莽浮之林，树林中生长着许多优美的树木，有形形色色的鸟兽生活在这片树林里。

又东一百五十里，曰夫夫之山，其上多黄金，其下多青雄黄，其木多桑、楮，其草多竹、鸡鼓①。神于儿②居之，其状人身而身操两蛇③，常游于江渊，出入有光。

注释　　❶ 鸡鼓：当为"鸡谷"之讹，鸡谷或即天麻，见《中次十一经》兔床之山条注。
　　　　❷ 神于儿：经云于儿之神常游于江渊，当为江水之神。
　　　　❸ 身操两蛇："身"当为"手"之讹字。此外，该经中的山神或人身而鸟首，或人身而猪首，此处仅说于儿神为人身，而没有说它是什么首，当有脱文，原文当作"其状人身而某首，操两蛇"。

译文　　继续东行一百五十里，为夫夫之山，山上出产黄金，山下出产青雄黄。山上生长着大量桑树、楮树，有大片的竹林，还有很多叫鸡谷的草。于儿神住在这座山上，此神有人的身体，手中抓着两条蛇，他常去江水的深潭中游玩，他出入水面之时，总是伴随着奇异的光芒。

又东南一百二十里，曰洞庭之山，其上多黄金，其下多银铁，其木多柤、梨、橘、櫾，其草多葌①、蘪芜、芍药、芎穷。帝之二女②居之，是常游于江渊，澧沅之风，交潇湘之渊，是在九江之间，出入必以飘风暴雨。是多怪

千兒

神，状如人而载蛇③，左右手操蛇。多怪鸟。

注释　　❶ 蘪芜：又作蘪芜，即芎䓖。
　　　　❷ 帝之二女：上帝的两个女儿。
　　　　❸ 载蛇：载蛇即戴蛇，当指在耳朵上戴着蛇。《山海经》常见耳朵戴蛇的神人，如"西方蓐收，左耳有蛇，乘两龙"（《海外西经》），"北方禺彊，人面鸟身，珥两青蛇，践两赤蛇"（《海外北经》）等。"珥两青蛇"即指两个耳朵上各戴着一条蛇，像戴着蛇形耳环一样。

译文　　　　继续东南行一百二十里，为洞庭之山。山上出产黄金，山下出产白银和铁矿石，山上生长着许多山楂树、梨树、橘树、柚子树，生长着众多兰草、蘪芜、芍药、芎䓖。上帝的两个女儿住在这座山上，她们经常去江水的深潭中游玩，从澧水和沅水吹来的风，吹拂着潇水和湘水交汇而形成的渊潭，这里是众多河流纵横交汇的地方。上帝的两个女儿在江潭游玩，出入水面时总是伴随着狂风暴雨。这里的河流、深潭中生活着很多神怪，她们都长着人的样子，耳朵上都戴着蛇，双手还抓着蛇。这一带生活着许多其他地方罕见的怪鸟异禽。

又东南一百八十里，曰暴山，其木多棕、楠、荆、芑、竹、箭、镛、箘①，其上多黄金、玉，其下多文石、铁，其兽多麋、鹿、麐②、就③。

注释　　❶ 箘（jùn）：古书中的箘，是一种细长无节而坚劲的竹子，可以用来作箭杆，但不知道是今天的何种竹子。
　　　　❷ 麐：又名大麋，即大獐子。獐是小型鹿科动物，雌雄均无角，雄獐上犬齿发达，突出口外，形成獠牙。
　　　　❸ 就：郭璞注认为"就"当作"鹫"，鹫为猛禽。但《山经》记载动物，总是把兽类和鸟类分开说，不会把鸟、兽混为一谈，可见经文"就"可能并非指鹫，而当是某种兽名，或为讹字，亦有可能"就"前脱去"其鸟多"数字。今姑且从郭璞说。

译文　　　　继续东南行一百八十里，为暴山。山上生长着众多棕榈树、楠树、牡荆、旱柳、竹子、细竹、镛竹、箘竹，山上出产黄金、玉石，山下出产文石、铁矿石，山上生活着许多麋鹿、鹿、獐子和鹰鹫。

又东南二百里，曰即公之山，其上多黄金，其下多璎琈之玉，其木多柳、杻、檀、桑。有兽焉，其状如龟，而白身赤首，名曰蛫①，是可以御火。

注释　　❶ 蛫（guǐ）：这是一种体形像乌龟的野兽，具体为何种动物，今已不可考。

译文　　继续东南行二百里，为即公之山。山上出产黄金，山下出产瑾瑜之玉，山上生长着众多柳树、杻树、檀树、桑树。这座山上有一种野兽，长相似乌龟，身上的毛是白色的，脑袋是红色的，名叫蜼，这种野兽能够预知火灾。

又东南一百五十九里，曰尧山，其阴多黄垩，其阳多黄金，其木多荆、芑、柳、檀，其草多藷藇、茶。

译文　　继续东南行一百五十九里，为尧山。山阴出产黄色的垩土，山阳出产黄金，山上生长着众多牡荆、旱柳、柳树、檀树，还有很多山药、山蓟。

又东南一百里，曰江浮之山，其上多银、砥砺，无草木，其兽多豕、鹿。

译文　　继续东南行一百里，为江浮之山。山上出产银、磨刀石，草木稀疏，有很多野猪、鹿生活在这座山上。

又东二百里，曰真陵之山，其上多黄金，其下多玉，其木多榖、柞、柳、杻，其草多荣草①。

注释　❶ 荣草：当即天麻，见《中次一经》鼓镫之山条注。

译文　　继续东行二百里，为真陵之山。山上出产黄金，山下出产玉石。山上生长着许多构树、柞树、柳树、柞树，还有很多荣草。

又东南一百二十里，曰阳帝之山，多美铜，其木多檀、杻、檿、楮①，其兽多麂、麝。

注释　　　❶ 檿：即山桑，桑树的品种之一。

译文　　　　继续东南行一百二十里，为阳帝之山。山上出产上好的铜矿石，生长着很多檀树、杻树、山桑、楮树，生活着众多羚羊和麢。

又南九十里，曰柴桑之山，其上多银，其下多碧，多汵石、赭，其木多柳、芑、楮、桑，其兽多麋、鹿，多白蛇、飞蛇①。

注释　　　❶ 飞蛇：即飞蜥。

译文　　　　继续南行九十里，为柴桑之山。山上产银，山下产石绿，还产滑石、赭石，生长着众多柳树、旱柳、楮树、桑树，生活着麋、鹿等野兽，还有很多白蛇、飞蜥。

又东南二百三十里，曰荣余之山，其上多铜，其下多银，其木多柳、芑，其虫多怪蛇、怪虫。

译文　　　　继续东南行二百三十里，为荣余之山。山上产铜，山下产银，生长着很多柳树、旱柳，生活着许多怪异的蛇和昆虫。

凡洞庭山之首，自篇遇之山至于荣余之山，凡十五山，二千八百里。其神状皆鸟身而龙首。其祠：毛用一雄鸡、一牝豚刉①，糈用稌。凡夫夫之山、即公之山、尧山、阳帝之山，皆冢也，其祠：皆肆瘗②，祈用酒，毛用少牢，婴毛一吉玉。洞庭、荣余山，神也，其祠：皆肆瘗，祈酒，太牢祠，婴用圭璧十五，五彩惠之③。

注释　　　❶ 刉：割杀，指宰杀用于祭祀的雄鸡、母猪。
　　　　　❷ 肆瘗：意为先将牺牲之物陈列展示，祭祀完以后掩埋，献给山神。

❸ 五彩惠之："惠"假借为"绘"，即用彩色装饰。

译文　　以上为洞庭山山列，从篇遇之山到荣余之山，共十五座山，经过了二千八百里。这些山的神都是鸟身龙首，祭祀的礼仪是：用一只公鸡和一头母猪，宰杀后献给神，用稌米作为祭神用米。其中，夫夫之山、即公之山、尧山、阳帝之山，为该山列中的大山，祭祀的礼仪是：将牺牲宰杀之后陈列出来，向神献酒祈福，牺牲的动物用羊和猪组成的少牢，将一块象征吉祥的玉石挂在牺牲的脖子上。洞庭山、荣余之山是两座神山，祭祀的礼仪是：把牺牲宰杀后陈列出来，向神献酒祈福，牺牲的动物用牛、羊、猪具备的太牢，将玉圭、玉璧挂在牺牲的脖子上，并把五色的彩帛缠绕在牺牲身上。

右中经之山志，大凡百九十七山，二万一千三百七十一里。

译文　　以上为中央之山的记载，一共有一百九十七座山，经过了二万一千三百七十一里。

大凡天下名山五千三百七十，居地，大凡六万四千五十六里。

译文　　大概地说，天下的名山共有五千三百七十座，占地共六万四千五十六里。

禹曰：天下名山，经五千三百七十山，六万四千五十六里，居地也。言其五臧①，盖其余小山甚众，不足记云。天地之东西二万八千里，南北二万六千里，出水之山者八千里，受水者八千里，出铜之山四百六十七，出铁之山三千六百九十。此天地之所分壤树谷也②，戈矛之所发也，刀铩③之所起也，能者有余，拙者不足。封于太山，禅于梁父④，七十二家，得失之数，皆在此内，是谓国用。

注释　　❶ 五臧：五藏，五类宝藏，具体指哪五类宝藏则不详。
　　　　❷ 分壤树谷：根据不同的土质种植不同种类的农作物。
　　　　❸ 铩：古代的一种兵器，戈矛、刀铩，泛指各种兵器。

❹ 封于太山，禅于梁父：太山即泰山，梁父是泰山脚下的一座小山。传说上古时期改朝换代后，新朝的天子都要登泰山祭天，然后在梁父山祭地，祭天称为封，祭地称为禅，合成封禅。

译文　　禹说：天下名山，共经过了五千三百七十座，总里程六万四千五十六里，这是这些山所占之地。记载这些山，旨在记录其中蕴含的五种宝藏，其他还有很多小山，因为没有什么宝藏可言，因此不必记载。天地东西长二万八千里，南北宽二万六千里，位于河流上游的山有八千座，位于河流下游的山也有八千座，产铜的山有四百六十七座，产铁的山有三千六百九十座。天地之间的这些山川，为种植不同的农作物提供了不同类型的水土，为制造戈、矛、刀、铩等各种武器提供了各种金属矿藏，这些资源，对有能力的国君而言绰绰有余，对于昏庸愚蠢的国君则不足。有史以来，在泰山祭天、梁父山祭地的国君有七十二家，他们所能利用的自然资源，都不超出这一范围，这就是所谓国家资源。

右《五臧山经》五篇，大凡一万五千五百三字①。

注释　　❶ 一万五千五百三字：这是《山经》最初的字数，今本《山经》五篇共三万八千多字，说明其中有后人增补的内容。

译文　　以上为《五臧山经》，共五篇，一共一万五千五百零三字。

卷六 海外经

海外南经

地之所载,六合㊀之间,四海之内,照之以日月,经之以星辰,纪之以四时,要之以太岁㊁,神灵所生,其物异形,或夭或寿,唯圣人能通其道。

注释　　❶ 六合:天地四方之间谓之六合,意指整个宇宙。
　　　　❷ 太岁:古人称木星为岁星,木星十二年绕太阳公转一圈,在地球上看来就是木星十二年绕地转一圈,古人根据这一规律纪年,称为岁星纪年,为了推算方便,虚构了一个与木星相反方向运行的天体,称之为太岁。

译文　　大地之上、宇宙之间、四海之内的所有事物,都在日月光华的照耀之下,天上的星辰经纬了万物的方位,四时轮回决定着万物的节律,十二年一周天的岁星统领着万物的岁月,万物皆为神灵所创造,它们的形象各不相同,它们的生命有短有长,只有圣人能够通达万物之理。

海外自西南陬㊀至东南陬者。

注释　　❶ 陬(zōu):义同"隅",角落的意思。《海外经》是对一幅图画中画面内容的记述,其文本内容都是"看图说话",《海外南经》《海外西经》《海外北经》《海外东经》四篇分别是对这幅图画四方的画面内容的记述。《海外南经》的记述是图画南方的内容,按从西向东的顺序记述,即始自图画的西南角,结束于图画的东南角,即所谓"海外自西南陬,至东南陬者"。

译文　　海外经图上,从西南角到东南角,画着如下一些场景。

结匈国㊀在其西南㊁,其为人结匈。

注释　　❶ 结匈国:"匈"同"胸"。结匈即鸡胸,由于胸骨向前隆起而造成的胸部畸形,状如鸡的胸脯,故称之为鸡胸。结匈国意为此国之人都长着鸡胸,世上不存在全部国民都是鸡胸的国度,这里说的不过是指图画中画着一个胸部凸起像是鸡胸的人物形象。
　　　　❷ 在其西南:指结匈国在图画的西南角。

译文　　结匈国在图画的西南角,图中画着一个长着鸡胸的人。

南山在其东南。自此山来，虫为蛇，蛇号为鱼①。一曰南山在结匈东南②。

注释　　❶ 虫为蛇，蛇号为鱼：指方言不同，从南方来的人，把虫叫成"蛇"的发音，把"蛇"叫成"鱼"的发音。
　　　　❷ 一曰：《海外经》以及下面的《海内经》中经常出现"一曰"的说法，"一曰"下面的文字所说的内容跟"一曰"前面的文字所说的内容意思相近，而文字不同，这是历史上校订此书的学者留下的不同版本的文字记录，即所谓"校订记"。由于这些校订记录的意思基本上是重复上文的意思，所以，为避免重复，除非意思有别，下面在译文中一概不予翻译。

译文　　南山在结匈国的东南，从此山而来的南方人，把虫叫成"蛇"，把蛇叫成"鱼"。

比翼鸟①在其东，其为鸟青、赤，两鸟比翼。一曰在南山东。

注释　　❶ 比翼鸟：意为图中画着两只翅膀紧靠在一起的鸟，后来演变为传说中比翼齐飞、形影不离的鸟，并被视为爱情的象征，但在《山海经》中还没有这个意思。

译文　　比翼鸟在南山的东边，图画中画着两只鸟，一只是青色，一只是红色，两只鸟的翅膀紧靠在一起。

羽民国①在其东南，其为人长头，身生羽。一曰在比翼鸟东南，其为人长颊。

注释　　❶ 羽民国：意为图中画着一个身上长着羽毛的人，很可能是一个身穿羽衣打扮成鸟类在举行某种仪式的人物形象。

译文　　羽民国在比翼鸟的东南方，图中画着一个长着长长的脑袋、身上长满羽毛的人。一说此人长着长长的脸颊。

比翼鳥

羽民國

海外南經

有神人二八^①，连臂，为帝司夜于此野^②。在羽民东^③。其为人小颊赤肩。尽十六人。

注释　　❶ 神人二八：神人即巫师。图中画着十六个人物形象，这些人排成两行，每行八人。
　　　　❷ 连臂：手拉着手，表示这些巫师是在跳舞。古代的舞队都是八人一行，称为"佾"，"二八"就是二佾，共十六个人。
　　　　❸ 为帝司夜：在夜间祭祀上帝。这段文字描述的画面，十六个人分为两队，每个队列八个人，手拉手正在跳舞，这是一个在夜间用舞蹈祭祀上帝的场面。古代的巫师就是用舞蹈祭祀上帝的人。

译文　　有十六位巫师，手拉着手，在这片旷野上通宵达旦地跳舞，祭祀上帝。图画中，这个跳舞的场景位于羽民国的东方。这些巫师都有着瘦小的脸颊、红色的肩膀，一共有十六位。

毕方鸟^①在其东，青水西，其为鸟人面一脚。一曰在二八神东。

注释　　❶ 毕方鸟：传说中仅长着一只脚、可以预防火灾（一说可以导致火灾）的神鸟。

译文　　毕方鸟在十六位巫师的东边、青水的西边，毕方鸟长着人的面孔，仅有一只脚。

讙头国^①在其南，其为人人面有翼，鸟喙，方捕鱼。一曰在毕方东。或曰讙朱国^②。

注释　　❶ 讙（huān）头国："讙"从"隹"，"隹"字象征鸟，故讙头国就是鸟头国。画面中画着一个长着双翼、鸟嘴的人物形象，故称之为讙头国。
　　　　❷ 讙朱国："朱"当借为"咮"，意为鸟嘴。

译文　　讙头国在毕方鸟的南面，图中画着一个长着人脸、鸟翼、鸟嘴的人，这个人正在捕鱼。一说讙头国在毕方鸟的东面。讙头国又被称为讙朱国。

讙頭國

三一九　　海外南经

厌火国^①在其国南，兽身黑色，生火出其口中。一曰在讙朱东。

注释　　❶ 厌火国：图中画着一个口中喷火的人物形象，故称之为厌火国。"厌"有满足的意思，厌火指此人体内充斥着火，火焰从口中冒出来。

译文　　厌火国在讙头国的南方，图中画着一个兽身人面、浑身是黑色的人，从他的嘴巴里正冒出火苗。一说厌火国在讙朱国的东方。

三株树^①在厌火北，生赤水上，其为树如柏，叶皆为珠。一曰其为树若彗^②。

注释　　❶ 三株树：三棵并排生长的树木。
　　　　❷ 为树若彗：彗指笤帚，意为图中画着的三棵树造型像扫帚一样。

译文　　三株树在厌火国的北方，生长在赤水边上，图中画的树像柏树的样子，树叶像珠子一样。一说三株树画得像扫帚的样子。

三苗国在赤水东，其为人相随。一曰三毛国^①。

注释　　❶ 三毛国："苗""毛"音通。有人认为三苗国就是后来的苗族，不确。

译文　　三苗国在赤水的东边，图中画着一群人，一个跟随着一个。三苗国又名三毛国。

㞢国在其东，其为人黄，能操弓射蛇。一曰㞢国在三毛东。

译文　　㞢（zhì）国在三苗国的东方，图中画着一个黄色的人，他正在用弓箭射杀一条蛇。

厭火國

海外南經

贯匈国①在其东，其为人匈有窍。一曰在戴国东。

注释　　❶ 贯匈国："贯"意为贯穿，"匈"同"胸"。图中画着一个胸口前后贯穿的人物形象，故称之为贯匈国，又名穿匈国。

译文　　贯匈国在戴国的东方，这里的人胸口都有一个洞。

交胫国①在其东，其为人交胫。一曰在穿匈东。

注释　　❶ 交胫国：胫指小腿，图中画着一个小腿交叉的人物形象，故称之为交胫国。

译文　　交胫国在贯匈国的东方，图中画着一个双腿的小腿交叉的人。

不死民在其东，其为人黑色，寿，不死。一曰在穿匈国东。

译文　　不死民在交胫国的东方，图中画着一个浑身黑色的人，此人寿命很长，长生不老。一说不死民在穿匈国东。

歧舌国①在其东。一曰在不死民东。

注释　　❶ 歧舌国：歧舌，舌头分叉，"歧舌国"字面意思指人都长着分叉舌头的国度。人的舌头不分叉，但有些动物的舌头会分叉，比如蛇、青蛙。这里的"歧舌"当指青蛙，《大荒南经》有一个蜮民之国，"射蜮是食"，意为这个国家的人射杀蜮作为食物，"蜮"同"蝈"，指青蛙，可知《大荒南经》的这个画面中画着一只青蛙。《大荒南经》中的蜮民之国靠近羿杀凿齿的场景，这里，歧舌国的画面恰好也邻近羿杀凿齿的画面，详见下文，可见，此处的歧舌国可能就是《大荒南经》的蜮民之国，歧舌就是青蛙，"歧舌国"表示此处画面中画着一只青蛙。青蛙的舌尖有分叉，青蛙就是用舌尖的分叉捕捉飞虫，故古人称之为歧舌。

译文　　歧舌国（青蛙）在不死民的东方。

昆仑墟①在其东，墟四方。一曰在歧舌东，为墟四方。

注释　　❶　昆仑墟：《山海经》中既有昆仑墟，又有昆仑丘，昆仑墟跟昆仑丘不是一个概念，昆仑丘是一座叫昆仑的山，而昆仑墟则是一座名为昆仑的建筑物，墟指人工建筑。昆仑墟所在的山丘就被称为昆仑丘。此外，《山海经》中有两处昆仑墟，一座在西北方，一座在东南方，这座是东南方的昆仑墟。

译文　　昆仑墟在歧舌国的东边，昆仑墟是一座四方形的台子。

羿与凿齿①战于寿华之野，羿射杀之。在昆仑墟东。羿持弓矢，凿齿持盾。一曰戈。

注释　　❶　凿齿：《淮南子》记载，尧帝的时候，猰㺄、凿齿、九婴、大风、封豨、修蛇等怪物祸害百姓，尧命羿诛杀了这些怪物，凿齿就是其中之一。凿齿长着巨大的像凿子一样的牙齿，故称凿齿。

译文　　羿与怪兽凿齿在寿华之野战斗，羿射杀了凿齿。寿华之野在昆仑墟的东方。图中画着羿手持弓箭，凿齿手持盾牌，一说凿齿手里拿着的是戈。

三首国在其东，其为人一身三首。一曰在凿齿东。

译文　　三首国在寿华之野的东方，图中画着一个长着三个脑袋的人。

周饶①国在其东，其为人短小，冠带。一曰焦侥国在三首东。

注释　　❶　周饶：又称焦侥，即侏儒，指小矮人。

译文　　小人国在三首国的东方，图中画着一个身材短小的人，人虽矮小，但穿戴得衣冠楚楚。

羿

卷三二
六四

三首國

海外南經

长臂国在其东，捕鱼水中，两手各操一鱼。一曰在焦侥东，捕鱼海中。

译文　　长臂国在小人国的东方，图中画着一个人正在水中捕鱼，他双手各拿着一条鱼。一说此人正在海中捕鱼。

狄山，帝尧葬于阳，帝喾葬于阴①。爰有熊、罴、文虎、蜼、豹、离朱②、视肉③、吁咽④、文王⑤皆葬其所。一曰汤山。一曰爰有熊、罴、文虎、蜼、豹、离朱、鸱久⑥、视肉、虖交⑦，其范林⑧方三百里。

注释　　❶ 帝尧葬于阳，帝喾葬于阴：《海外经》《大荒经》记录了多处传说中帝王的墓葬，这些传说中的帝王，原本都是各民族崇拜的神，这些帝王墓当是祭祀神灵的祭坛，而出现在这些帝王墓周围的奇鸟异兽和各种宝物，如下文提到的熊、罴、文虎、蜼、豹等物，则是献给神的祭品。帝尧、帝喾都是传说中的五帝。
❷ 离朱：传说中一种视力超群、明察秋毫的神鸟，可能是某种鹰隼类猛禽。离朱又作离俞，在其他书里，演变为一位视力超群的传说人物。
❸ 视肉：不见于其他古书，当是一种神鸟。或以为"视"通"示"，视肉即用来展示的肉，即祭祀时献给神的肉。
❹ 吁咽：不见于其他古书，不知是何物。
❺ 文王：当是"文玉"的讹字，"土""玉"字形相近，容易写错。文玉指有彩色纹理的玉石，跟周文王无关。
❻ 鸱久：鸱久屡见《海经》，却不见于其他古书，当是一种神鸟。郭璞认为即鸺鹠。
❼ 虖交：不见于其他古书，不知是何物。或即虎蛟，指扬子鳄。
❽ 范林："范"通"氾"，氾指大水漫流，范林当是指生长于沼泽、河边、海滨的森林。

译文　　狄山在东南方，帝尧葬在狄山之阳，帝喾葬在狄山之阴，黑熊、棕熊、老虎、长尾猴、豹子、离朱、视肉、吁咽、文玉都埋在这个地方。狄山又叫汤山。一说这个地方有黑熊、棕熊、老虎、长尾猴、豹子、离朱、鸱久、视肉、虖交等种种奇鸟异兽，附近有一片叫范林的树林，方圆有三百里。

南方祝融①，兽身人面，乘两龙。

注释　　❶ 祝融：祝融为南方之神，又是夏天之神。"祝融"是光明的意思，故用祝融表示夏天和南方。

译文　　南方之神为祝融，其形象为兽身人面，骑着两条龙。

長臂國

海外南经

祝融

卷七

海外西经

海外自西南陬至西北陬者①。

注释　❶ 海外自西南陬至西北陬者：《海外西经》记述的是图画西方的画面内容，按从南向北的顺序记述，即始自西南角，终于西北角。

译文　　海外图上，从西南角到西北角，画着如下一些场景。

灭蒙鸟在结匈国北①，**为鸟青，赤尾**。

注释　❶ 在结匈国北：结匈国见《海外南经》开头，它在图的西南角，《海外西经》从图的西南角开始记述，故第一条以结匈国为方位参照。

译文　　灭蒙鸟在结匈国的北方，图中画着一只身体是青色、尾巴是红色的鸟。

大运山高三百仞，在灭蒙鸟北。

译文　　大运山高达三百仞，在灭蒙鸟的北方。

大乐之野，夏后启①**于此儛九代**②**，乘两龙，云盖三层**③**。左手操翳**④**，右手操环，佩玉璜**⑤**。在大运山北。一曰大遗之野**。

注释　❶ 夏后启：传说是大禹的儿子，大禹死后他继承王位，开启了父位子承的世袭制度。
　　　❷ 儛九代："儛"通"舞"，跳舞；九代，当即九韶、九歌之类，由九个章节组成的用来祭神的歌舞。
　　　❸ 云盖：像云彩一样笼罩在头顶上的伞盖，或者指上面描绘着云彩图案的伞盖。头顶伞盖出行，是帝王身份的象征。
　　　❹ 翳：用野鸡的羽毛制作的舞蹈道具。
　　　❺ 玉璜：半环形的玉器。

译文　　大乐之野在大运山的北方，图中画着夏后启正在这里跳起祭祀上帝的九代之舞，他身下

骑着两条龙，头顶上笼罩着像云朵一样的三层华盖，他左手拿着羽翳，右手拿着玉环，身上佩戴着玉璜。大乐之野又名大遗之野。

三身国在夏后启北，一首而三身。

译文　　三身国在夏后启的北方，图中画着一个脑袋、三个身体的人。

一臂国在其北，一臂一目一鼻孔。有黄马虎文，一目而一手。①

注释　　❶ 一目而一手："一手"不可能是针对上句的马而言，该句当作"一曰一手"，原本是校订语，"一曰"讹为"一目"，后人又加了一个"而"字。

译文　　一臂国在三身国的北方，图中画着一个只长着一条手臂、一只眼睛、一个鼻孔的人物。画面中还画着一匹身上长着虎斑纹的黄马。

奇肱之国在其北，其人一臂三目，有阴有阳，乘文马。有鸟焉，两头，赤黄色，在其旁。①②③

注释　　❶ 奇肱（gōng）之国：肱指手臂，奇肱之国就是只有一条手臂的人。
　　　　❷ 有阴有阳：不明该句是指什么而言，有人说是指奇肱国的人一身兼具阴、阳两性器官，但该说并无确切根据。
　　　　❸ 文马：身上有斑纹的马。

译文　　奇肱之国在一臂国的北方，图中画着一个只有一条手臂却有三只眼睛的人，有阴有阳，骑在一匹身上有斑纹的马上面。画面中还有一只鸟，长着两个脑袋，身上红、黄两色相间，在这个人的旁边。

海外西经

三身國

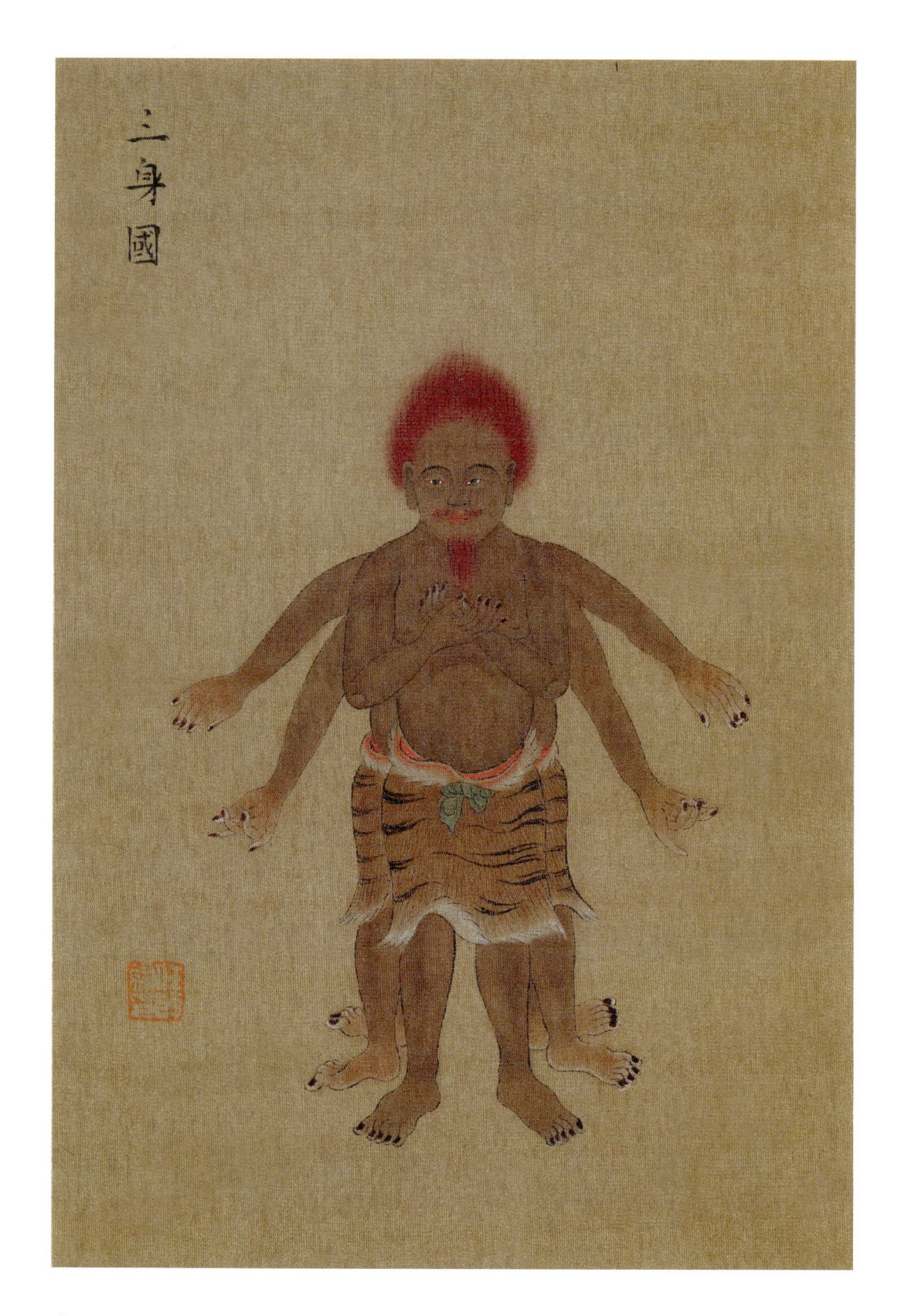

形天①与帝至此争神，帝断其首，葬之常羊之山，乃以乳为目，以脐为口，操干戚以舞。

注释　❶ 形天：又作"刑天"，被砍掉脑袋的人，故称刑天。

译文　　形天在这里跟上帝争夺属于神的权力，上帝砍掉他的脑袋，把他的脑袋埋在常羊之山。于是，形天的无头尸身用双乳当眼睛，用肚脐当嘴巴，手持斧头和盾牌而舞。

女祭、女戚在其北，居两水间，戚操鱼俎①，祭操俎②。

注释　❶ 俎：祭祀时摆放鱼的案板。"俎"或作"鉏"，"鉏"通"鳝"，或指鳣鱼，即鲟鱼。古人常用鲟鱼祭神。
　　　❷ 俎：祭祀时摆放肉的案板。

译文　　女祭、女戚两人在形天的北方，她们身处两片水之间，图中画着女戚手捧放鱼的案板，女祭手捧放肉的案板。

鸢鸟、鹯鸟①，其色青黄，所经国亡。在女祭北。鸢鸟人面，居山上。一曰维鸟、青鸟、黄鸟所集②。

注释　❶ 鸢（ci）鸟、鹯（zhān）鸟：未详为今何鸟。
　　　❷ 集："集"字从隹从木，隹即鸟，表示鸟在树上，本义就是"栖"的意思。

译文　　在女祭的北方，有名叫鸢鸟、鹯鸟的两只鸟，图中画的两只鸟，颜色青黄相间，凡是这两只鸟经过的地方，都会有亡国之祸。鸢鸟长着人的面孔，居住在一座山上。一说这座山是维鸟、青鸟、黄鸟栖息之地。

形天

卷三三四
七

丈夫国①在维鸟北，其为人衣冠带剑。

注释　　❶ 丈夫国：丈夫指男性，丈夫国表示该国只有男人，没有女人。

译文　　丈夫国在维鸟的北方，图中画着衣冠楚楚、腰间佩剑的男人。

女丑之尸，生而十日炙杀之。在丈夫北，以右手鄣其面，十日居上，女丑居山之上。

译文　　女丑的尸体在丈夫国的北方，女丑一出生，就被天上的十个太阳晒死了。图中画着举起右手遮住面孔的女丑，她的头顶上有十个太阳，女丑在一座山上。

巫咸国①在女丑北，右手操青蛇，左手操赤蛇，在登葆山，群巫所从上下也②。

注释　　❶ 巫咸国：巫咸是传说中商代著名的巫师，辅佐商王治国。
　　　　❷ 群巫所从上下：巫师的本领就是运用法术与神沟通，由此演变出巫师能够登天的观念，登葆山就是巫师上下于天的通道。

译文　　巫咸国在女丑的北方，图中画着一个右手拿着青蛇、左手拿着赤蛇的人物。他在一座叫登葆山的山上，这座山是巫师们上天，然后从天上回到人间的通道所在。

并封在巫咸东，其状如彘，前后皆有首，黑。

译文　　并封在巫咸国的东方，图中画着一个像猪一样的怪物，身体的前后各长着一个脑袋，全身都是黑色的。

海外西经

女子国在巫咸北，两女子居，水周之。一曰居一门中。

注释　　❶　女子国：这个国家只有女性，没有男性，故称女子国。

译文　　　女子国在巫咸国的北方，图中画着两个女子住在一起，她们四周被水环绕。一说她们住在同一个门户里面。

轩辕之国在此穷山之际，其不寿者八百岁。在女子国北，人面蛇身，尾交首上。

译文　　　轩辕之国在穷山的旁边，这个国家的人都很长寿，短命的人也能活到八百岁。轩辕之国在女子国的北方，图中画着人面蛇身的人物，尾巴缠绕在头顶上。

穷山在其北，不敢西射，畏轩辕之丘。在轩辕国北，其丘方，四蛇相绕。

注释　　❶　不敢西射：不敢朝西射箭，文中没有说明是何人不敢西射，但这句话意味着图中肯定画着一个正在射箭的人物。

译文　　　穷山在轩辕之国的北方，图中画着一个正在射箭的人物，但他不敢向西射箭，因为敬畏轩辕之丘的缘故。轩辕之丘在轩辕之国的北边，这是一座四四方方的丘台，丘台的四方各有一条蛇，四条蛇首尾相互缠绕，环绕着轩辕之丘。

此诸夭之野，鸾鸟自歌，凤鸟自舞；凤皇卵，民食之；甘露，民饮之，所欲自从也。百兽相与群居。在四蛇北，其人两手操卵食之，两鸟居前导之。

注释　　❶　诸夭之野："夭"通"沃"，丰沃、丰饶的意思。这里鸾歌凤舞，人们饿了就吃凤皇下的卵，渴了就饮天上降的甘露，想什么有什么，各种欲望都可以得到满足，万物应有尽有，故

称之为"诸夭之野",即沃野的意思。

译文　　在四蛇环绕的轩辕之丘的北方,有一片原野叫诸夭之野。在这片原野上,凤皇、鸾鸟不用人的指挥,就会自动跳舞唱歌。生活在这里的人民,饿了吃凤皇下的蛋,渴了饮天上降下的甘露,心里想吃什么美味,那种美味就会自动出现。各种各样、成百上千的野兽聚集在这里,悠闲自在,相安无事。诸夭之野在四蛇环绕的轩辕之丘北方,图中画着两个人正在吃用双手捧着的鸟蛋,有两只鸟在这两人的前面给他们带路。

龙鱼①陵居,在其北,状如狸②。一曰鰕③。即有神圣乘此以行九野④。一曰鳖⑤鱼,在夭野⑥北,其为鱼也如鲤。

注释
❶ 龙鱼:龙鱼当即穿山甲。穿山甲在古书中又名鲮鲤、龙鲤,《山经》中的鯪即穿山甲,详见《南次一经》柢山条注。龙鱼、鲮鲤、龙鲤等名字,都是"鲮"的音变。穿山甲不是鱼类,但由于它浑身长满鳞片,故被称为鱼。
❷ 狸:当作"鲤",穿山甲像鲤鱼一样,浑身鳞甲。
❸ 鰕(xiā):即虾,穿山甲身上有层叠的鳞片,而且喜欢像虾一样佝偻着身体,图画中的穿山甲确实会被画成像虾的样子。
❹ 九野:指天的分野,古人将天分为九个区域,与地上的九州相对应,称为九野。这里用九野指天穹。
❺ 鳖鱼:因为穿山甲浑身披甲,像鳖有甲壳,故被称为鳖鱼。
❻ 夭野:诸夭之野。

译文　　龙鱼住在山上,在诸夭之野的北方。画中龙鱼的样子像鲤鱼,一说像虾。神仙们经常骑着龙鱼升天,巡行天上的九野。一说龙鱼又名鳖鱼,在诸夭之野的北方,图中这种鱼的样子很像鲤鱼。

白民之国在龙鱼北,白身被发。有乘黄①,其状如狐,其背上有角,乘之寿二千岁。

注释　　❶ 乘黄:传说中的一种可以骑着升天的神兽,"飞黄腾达"的成语就由此而来。

译文　　白民之国在龙鱼的北方,图中画着一个全身白色、长发披肩的人物。白民之国有一种神兽,叫乘黄,长相似狐狸,背上长着角,骑上这种神兽,就可以长生不老,活到两千岁。

海外西经

井封

軒轅國

海外西經

乘黃

肃慎之国在白民北,有树名曰雄常^①,先入代帝^②,于此取之。

注释　　❶ 雄常:又作雒常、雒棠。常是一种旗帜,上面绘有日、月图案,是帝王的象征。
　　　　❷ 先入代帝:其义不明,或有讹文。《大荒西经》西北方有"先民之国",此处"先入"或当为"先人",即先民之义。"有树名曰雄常,先人代帝,于此取之"的意思或指先民时期,有新的帝王兴起,就从这棵树上取下象征帝王的旗帜,表示自己受命为王。

译文　　　肃慎之国在白民之国的北方,图中画着一棵名叫雄常的树,先民的时候,有新的帝王兴起,就从这棵树上取下象征帝王权力、描绘着日月图案的旗帜。

长股之国在雄常北^①,被发。一曰长脚。

注释　　❶ 长股之国:股指大腿,长股之国表示图中画着一个双腿很长的人物。

译文　　　长股之国在雄常树的北方,图中画着一个双腿很长、长发披散的人物。长股之国又名长脚之国。

西方蓐收^①,左耳有蛇,乘两龙。

注释　　❶ 蓐收:蓐收是西方之神,又是秋天之神。"蓐收"就是收割庄稼的意思,所以用来表示秋天之神。

译文　　　西方之神为蓐收,其形象是左耳挂着一条蛇,骑着两条龙。

蓐收

卷八

海外北经

海外自东北陬至西北陬者。①

注释　　❶ 海外自东北陬至西北陬者：《海外北经》所述为图画北方的画面内容，根据下文的记述，可知是按照从西向东的顺序记述，即始自图画的西北角，终于图画的东北角，因此，该句当作"海外自西北陬至东北陬者"，"东""西"二字误倒。

译文　　海外图上，从西北角到东北角，画着如下一些场景。

无启之国在长股东，为人无启。①

注释　　❶ 无启（qǐ）之国：启指小腿肚子上的肉。无启之国就是没有小腿肚子的人。

译文　　无启之国在长股之国的东方，图中画着一个双腿像麻秆、不长小腿肚子的人物。

钟山之神，名曰烛阴①，视为昼，瞑为夜，吹为冬，呼为夏，不饮，不食，不息，息为风，身长千里。在无启之东。其为物，人面蛇身，赤色，居钟山下。

注释　　❶ 烛阴：又名烛龙，见《大荒北经》。"烛"本义指火炬，烛阴浑身都是红色，像火焰的颜色，故称之为烛阴。烛阴或烛龙的神话原型是天上的苍龙星象，苍龙星象包括角、亢、氐、房、心、尾、箕七个星宿，其中，心宿中的心宿二是一颗红色的亮星，故又称大火星，古人将它想象为一支熊熊燃烧照亮夜空的火炬，因此将包含心宿在内的苍龙星象称为烛龙。

译文　　在无启之国的东方，有一座钟山，钟山之神名叫烛阴，他睁开眼就是白天，闭上眼就是夜晚，他吹出冷气就成为冬天，呼出热气就变成夏天，他不喝水，不吃饭，不呼吸，他一旦呼吸，就会变成大风。烛阴身长千里。图中画着的烛阴，是一条人面蛇身的巨蛇，浑身红色，盘踞在钟山之下。

燭陰

海外北經

一目国在其东，一目中其面而居。一曰有手足。

译文　　一目国在烛阴的东方，图中画着一个脑门中间长着一只眼睛的人物。一说一目国的人有手有脚。

柔利国在一目东，为人一手一足，反膝，曲足居上。一云留利之国，人足反折。

注释　　❶ 柔利国：柔利是柔软、顺滑的意思，画面中画着一个反转膝盖、把脚置于头上的人，显得身体非常柔软，像今天的瑜伽练习者，因此被称为柔利国。

译文　　柔利国在一目国的东方，图中画着一个只有一只手一只脚的人物，他的膝盖反转，腿反曲交叉在头顶上。柔利国又名留利国，双足反折弯曲。

共工之臣曰相柳氏，九首，以食于九山。相柳之所抵，厥为泽溪。禹杀相柳，其血腥，不可以树五谷种。禹厥之，三仞三沮，乃以为众帝之台。在昆仑之北，柔利之东。相柳者，九首人面，蛇身而青。不敢北射，畏共工之台。台在其东，台四方，隅有一蛇，虎色，首冲南方。

注释　　❶ 抵：用脑袋抵触。
　　　　❷ 厥为泽溪："厥"通"掘"，"厥为泽溪"指凡是相柳所触及的土地，即被水淹没，塌陷成了沼泽。相柳所至，即成渊泽，相柳就是洪水的化身；禹杀相柳，即象征禹平服洪水。
　　　　❸ 树：种植。
　　　　❹ 禹厥之：禹掘土堵塞洪水。
　　　　❺ 三仞三沮：仞，充仞，此处指用土填水。沮，本义指潮湿，此处指因为被水淹没而塌陷。
　　　　❻ 不敢北射：表明图中画着一个持弓箭而射的人物。
　　　　❼ 虎色：当指虎纹，即跟老虎一样的花纹。

译文　　共工的臣子名叫相柳氏，他是一条可怕的巨蛇，长着九个脑袋，吞噬了九座山。凡是相柳触及的地方，都土地下陷，被水淹没，沦为沼泽。大禹杀死相柳，相柳的血污染了大地，到处又腥又臭，无法种植五谷。大禹掘池造地，造了三次，失败了三次，每次造出的土地都被洪水淹没，大禹最后终于用泥土筑了几座高台，将它们作为祭祀众位天帝的祭坛。这些高

台在昆仑之丘的北方，在柔利之国的东方。图中所绘的相柳，长着九个脑袋，每个脑袋都长着人的面孔，它的身体是一条青色的长蛇。图中画着一个正在射箭的人，他不敢向北射，因为畏惧共工之台的缘故。共工之台在东方，是一座四方形的高台，高台的四个角各有一条蛇守护着，这些蛇的身上都长着老虎的花纹，一律头朝南方。

深目国在其东，为人举一手，一目①，在共工台东。

注释　　❶ 一目：当作"一曰"，形近而讹。若深目国确实只有一目，原文当作"为人一目举一手"，而不当作"为人举一手一目"，目不可用手"举"。

译文　　深目国在共工之台的东方，图中画着一个人，高举着一只手。一说深目国在共工台的东方。

无肠之国在深目东，其为人长而无肠。

译文　　无肠之国在深目国东方，图中画着一个人，身材高大，肚子里没有肠子。

聂耳之国①在无肠国东，使两文虎，为人两手聂其耳，县居海水中②，及水所出入奇物。两虎在其东。

注释　　❶ 聂耳之国："聂"通"摄"，手持的意思，聂耳之国的人用双手捧着自己的耳朵，故称聂耳之国。
　　　　❷ 县居海水中："县"通"悬"，人不可能悬空住在海水之上，当是表示图中在海里画着一个人。他的身边还画着各种海中的奇鱼异兽，此人很可能是一位海神。

译文　　聂耳之国在无肠之国东方，他使唤着两只身生斑纹的老虎。图中画着一个用两只手捧着自己耳朵的人物，悬空位于大海之上，他的周围有很多海中的怪鱼异兽，供他驱使的两只老虎在他的东边。

相柳

聶耳國

海外北經

夸父①与日逐走，入日。渴，欲得饮，饮于河、渭；河、渭不足，北饮大泽。未至，道渴而死。弃其杖，化为邓林。

注释　❶ 入日：入日指太阳落山，意为夸父追逐太阳一直追到太阳落山，并非指夸父一直走进太阳里面。

译文　夸父追逐太阳，一直追到太阳落山。夸父感到口渴，想找水解渴，于是去喝黄河水，黄河水喝干了，又去喝渭河水，渭河的水喝干了，还是没有解渴，只好去北方喝大泽的水。走到半道，就因干渴而死。夸父死后，把手杖扔掉，他的手杖后来变成一片树林，称为邓林。

博父国①在聂耳东，其为人大，右手操青蛇，左手操黄蛇。邓林在其东，二树木。一曰博父。

注释　❶ 博父国："博"当作"夸"，博父国即夸父国，夸父又名博父，夸、博都有身材高大的意思。这条末尾"一曰博父"，就是针对夸父国而言，也可以表明开头的"博父国"当作"夸父国"。

译文　夸父国在聂耳之国东，图中画的夸父国的人身材高大，右手拿着一条青蛇，左手拿着一条黄蛇。夸父手杖变成的那片邓林在夸父国的东方，只有两棵高大繁茂的树木。夸父又名博父。

禹所积石之山①在其东，河水所入②。

注释　❶ 禹所积石之山：指大禹治水时，挖掘河道、堆积土石而成的高山。
　　　❷ 河水所入：黄河在渤海的入海口。

译文　大禹治水时堆积石头而成的那座山，在夸父之国的东方，黄河在这里流进大海。

夸父

海外北经

拘缨之国在其东,一手把缨①。一曰利缨之国。

注释　　❶ 拘缨之国:缨是系帽子的带子,图中画着一个人物用一只手把着帽缨,故称之为拘缨之国。

译文　　拘缨之国在禹所积石之山的东方,图中画着一个人正在用一只手把着帽缨。拘缨之国又名利缨之国。

寻木长千里,在拘缨南,生河上西北。

译文　　寻木高达一千里,在拘缨之国的南方,生长在黄河的西北方靠近黄河的地方。

跂踵国①在拘缨东,其为人大,两足亦大,一曰大踵。

注释　　❶ 跂踵国:"跂"通"企",踮起。图中画着一个踮起脚后跟的人,故称之为跂踵国。

译文　　跂踵国在拘缨之国的东方,图中画着一个身材高大的人,两只脚也很大,故又名为大踵国。

欧丝之野①在大踵东,一女子跪据树欧丝。

注释　　❶ 欧丝:"欧"通"呕",欧丝即吐丝。在树上吐丝的女子,当为蚕神。

译文　　欧丝之野在大踵之国的东方,图中画着一个女子正跪在桑树上吐丝。

三桑无枝，在欧丝东，其木长百仞，无枝。

译文　　在欧丝之野的东方，图上画着三棵高大的桑树，树高达一百仞，从上到下不生杂枝。

范林方三百里，在三桑东，洲环其下①。

注释　　❶ 洲环其下：四面环水谓之洲，洲即水中的岛渚，"洲环其下"的说法表明范林是生长在四面环水的地方。

译文　　范林方圆三百里，在三桑的东方，范林生长在一个四周被水环绕的洲渚上。

务隅之山，帝颛顼葬于阳①，九嫔葬于阴。一曰②爰有熊、罴、文虎、离朱、鸱久、视肉。

注释　　❶ 颛顼：传说中的五帝之一，九嫔是他的九个妃子。
　　　　❷ 一曰："一曰"之前并无与"一曰"之后内容相对应的文字，说明"一曰"之后的文字并非校订语，"一曰"二字疑衍。

译文　　务隅之山，帝颛顼葬于山阳，颛顼的九位嫔妃葬于山阴，周围有黑熊、棕熊、老虎、离朱、鸱久、视肉。

平丘在三桑东，爰有遗玉①、青鸟、视肉、杨柳、甘柤②、甘华，百果所生，在两山夹上谷，二大丘居中，名曰平丘。

注释　　❶ 遗玉："遗"通"馈"，遗玉即用来馈献给神的玉石。
　　　　❷ 甘柤（zhā）：即山楂。

译文　　平丘在三桑的东方，这里有献给神的玉石、青鸟、视肉，还有杨柳、山楂、甘华等果木，平丘上生长着各种水果。图中画着两座山夹着一道山谷，两座大丘位于山谷之中，名叫平丘。

北海内有兽,其状如马,名曰騊駼①。有兽焉,其名曰驳,状如白马,锯牙,食虎豹②。有素兽焉,状如马,名曰蛩蛩。有青兽焉,状如虎,名曰罗罗。

注释　　❶ 北海:即渤海,因在山东半岛的北方而得名北海。
　　　　❷ 騊駼(táo tú):騊駼,以及该条提到的驳、蛩蛩(qióng)、罗罗,都在北海之中,都是海兽。渤海一直是我国最常见到海兽的近海海域,有海豹、海狮、海狗等,騊駼等当即渤海中常见的海兽。

译文　　图中在北海中画着好几种海兽,有一种像马,名叫騊駼;有一种野兽像白马,长着密密的像锯齿一样的牙齿,能吃掉老虎和豹子,名叫驳;有一种白色的海兽,长得也像马,名叫蛩蛩;还有一种青色的海兽,长得像老虎,名叫罗罗。

北方禺彊①,人面鸟身,珥两青蛇,践两赤蛇。

注释　　❶ 禺彊:禺彊是北方的神,又是北海的神。

译文　　北方之神禺彊,其形象是人面鸟身,双耳戴着两条青蛇,双脚踩着两条赤蛇。

禺疆

海外北经

卷九 海外东经

海外自东南陬至东北陬者。①

注释　　❶　海外自东南陬至东北陬者：《海外东经》是对图画东方画面内容的记载，按照从南到北的顺序记述画面，即始自图画的东南角，终于图画的东北角。

译文　　海外经图上，从东南角到东北角，画着如下一些场景。

嗟丘，爰有遗玉、青马、视肉、杨柳、甘柤、甘华，甘果所生。在东海，两山夹丘，上有树木。一曰嗟丘，一曰百果所在，在尧葬东。①

注释　　❶　在尧葬东：尧葬即《海外南经》的狄山，帝尧葬于阳，帝喾葬于阴。狄山为《海外南经》最后一条，在图画东南角，《海外东经》从图画东南角开始记述，故以狄山尧葬为参照点。

译文　　嗟（jiē）丘上有献给神的玉石、青马、视肉、杨柳、山楂、甘华，上面生长着各种甘美的水果。图中的嗟丘在东海之滨，夹在两座山之间，丘上长着树木。嗟丘又叫嗟丘，是各种甘美的水果生长的地方，在尧的葬地狄山的东方。

大人国在其北，为人大，坐而削舡。①一曰在嗟丘北。

注释　　❶　削舡（chuán）："舡"为"船"的异体字。削船，即用桨划船。

译文　　大人国在嗟丘的北方，图中画着一个身材高大的人物，坐在船上，正在挥桨划船。

奢比之尸①在其北，兽身、人面、大耳，珥两青蛇。一曰肝榆之尸在大人北。

注释　　❶　奢比之尸：古人祭神，常让人装扮成神的样子，代替神接受人们的礼敬，称为神尸。奢比之尸当即象征奢比神的神尸。奢比神不知为何神。

| 译文 | | 奢比的神尸在大人国的北方，图中画的奢比神，兽身、人面，长着一对大耳朵，双耳上挂着两条青蛇。奢比之尸又名肝榆之尸，在大人国的北方。|

君子国在其北，衣冠带剑，食兽，使二大虎在旁，其人好让不争。有薰华草①，朝生夕死。一曰在肝榆之尸北。

| 注释 | ❶ | 薰华草：即木槿花，木槿花早晨开放，傍晚闭合，故说它朝生夕死。|
| 译文 | | 君子国在奢比之尸的北方，图中画着一个衣冠楚楚、腰间带剑的人物，以野兽为食物，身旁有两只大老虎供他驱使。君子国的人生性谦让，不喜欢争斗。君子国有一种薰华草，早晨开放，晚上闭合。|

虹虹①在其北，各有两首②。一曰在君子国北。

注释	❶	虹（hóng）虹："虹"是"虹"的异体字，虹虹即彩虹。
	❷	各有两首：古人把彩虹想象为两头都长着脑袋的龙，从天上下来饮水。甲骨文里的"虹"字就是双头龙的形象。
译文		图中在君子国的北面画着一条彩虹，彩虹的两端各长着两个脑袋。

朝阳之谷①，神曰天吴，是为水伯，在虹虹北两水间。其为兽也，八首人面，八足八尾，皆青黄。

| 注释 | ❶ | 朝阳之谷：也就是旸谷，又写作汤谷、阳谷，为东方日出之地。|
| 译文 | | 朝阳之谷，有一位神叫天吴，天吴是水神，他置身于彩虹北面的两条河流之间。图中把天吴画成怪兽的样子，有八个脑袋，每个脑袋上都长着人脸，还有八只脚、八条尾巴，全身都是青黄相间的颜色。|

天吳

青丘国在其北，其狐四足九尾。一曰在朝阳北。

译文　　　青丘国在朝阳之谷的北方，图中画着一只长着四只脚、九条尾巴的狐狸。

帝命竖亥步①，自东极至于西极，五亿②十选③九千八百步。竖亥右手把算④，左手指青丘北。一曰禹令竖亥。一曰五亿十万九千八百步。

注释　　❶ 步：意为测量。古人测量距离最常见的办法是步量，故引申称测量为步。
　　　　❷ 亿：古书中的一亿等于十万，与今天的一亿等于一万万不同。
　　　　❸ 选：即万。
　　　　❹ 竖亥右手把算：算即算筹，古人用来计数和计算的小木棍。竖亥右手把算，左手指着远方，这个画面表示竖亥在用算筹作为测量工具，进行大地测量，即所谓"步"。

译文　　　上帝命竖亥测量大地，竖亥测量的结果，从东极到西极，一共六十万九千八百里。图中画着竖亥正在测量，他伸直右手把着算筹，左手指着青丘的北方。还有一个说法，大禹命竖亥测量大地。

黑齿国在其北，为人黑①，食稻，啖蛇，一赤一青在其旁。一曰在竖亥北，为人黑手，食稻使蛇，其一蛇赤。

注释　　❶ 为人黑：原本当作"为人黑齿"，脱掉"齿"字。下文"为人黑手"也当作"为人黑齿"。

译文　　　黑齿国在竖亥的北方，图中画着一个人，牙齿是黑色的，以稻米为食，正在吃一条蛇。在他的身旁有两条蛇，一条是红蛇，一条是青蛇。

下有汤谷①。汤谷上有扶桑②，十日所浴，在黑齿北。居水中，有大木，九日居下枝，一日居上枝③。

注释　　❶ 汤谷：亦即旸谷，东方日出之地，因为在海边，故称为汤谷。
❷ 十日所浴：意为扶桑为十个太阳轮流升起的地方。"浴"在此处的意思不是指沐浴，而是指忽上忽下、轮番上下。古人用甲、乙、丙、丁、戊、己、庚、辛、壬、癸十个天干轮流记日，即古代通行的天干制度，天干又称十日。后人误解，误以为十日指十个太阳，故编造出了十日并出的神话，认为天上有十个太阳，每天出来一个值班，十个太阳轮流一遍是十天，但后来乱了套，十日并出，导致天下大旱，万物焦枯，于是才有后羿射日的故事。
❸ 九日居下枝，一日居上枝：十个太阳轮流值班，一个升起，故处于上面的树枝上，其他九个不升起，故处于下面的树枝上。

译文　　下面有一座汤谷，汤谷边上长着一棵扶桑树，扶桑是太阳升起的地方，扶桑树上有十个太阳轮流升降。扶桑树在黑齿国的北方，位于水中，水中长着一棵大树，大树下方的树枝，有九个太阳，上方的树枝有一个太阳。

雨师妾在其北，其为人黑，两手各操一蛇，左耳有青蛇，右耳有赤蛇。一曰在十日北，为人黑身人面，各操一龟。

译文　　雨师妾在汤谷的北方，图中画着一个浑身黑色的人物，双手各抓着一条蛇，左耳挂着一条青蛇，右耳挂着一条赤蛇。一说雨师妾在扶桑十日的北方，图中画着一位全身黑色、长着人脸的人，双手分别拿着一只乌龟。

玄股之国在其北，其为人衣鱼食鸥①②③，使两鸟夹之。一曰在雨师妾北。

注释　　❶ 玄股之国：股指大腿，玄股之国意为此国的人都长着黑色的大腿。
❷ 衣鱼：穿着鱼皮制作的衣服。
❸ 鸥（ōu）：即鸥，海鸥。

译文　　玄股之国在雨师妾的北方，图中画着一个穿着鱼皮衣、正在吃海鸥的人物，他身体两旁有两只鸟供他驱使。

毛民之国在其北，为人身生毛。一曰在玄股北。①

注释　　❶ 毛民之国：这个国家的人浑身长毛，故称为毛民。

扶桑

海外东经

雨師妾

译文　　　　　毛民之国在玄股之国的北方，图中画着一个浑身生毛的人物。

劳民国①在其北，其为人黑。或曰教民。一曰在毛民北，为人面目手足尽黑②。

注释　　❶ 劳民国：劳指劳作，表明图中画着一个正在劳作的人物形象。
　　　　❷ 为人面目手足尽黑：刻意强调此人全身上下、脸面、四肢全部是黑色的，突出劳动者一身黝黑的形象。古书中称劳动者为黎民，"黎"就是黑的意思。

译文　　　　　劳民国在毛民之国的北方，图中画着一个浑身黑色的人物。劳民国又名教民国。一说劳民国人的面孔、双手和脚都是黑色的。

东方句芒①，鸟身人面，乘两龙。

注释　　❶ 句芒：句芒是东方之神，又是春天之神，"句芒"表示草木萌芽时的样子。春天草木发芽时，有的像钩子一样弯曲着萌发，有的像针尖一样直直地冒出来，故称为句芒，"句芒"本义即指春天。

译文　　　　　东方之神为句芒，其形象是鸟身人面，骑着两条龙。

建平元年四月丙戌，待诏太常属臣望校治，侍中光禄勋臣龚、侍中奉车都尉光禄大夫臣秀领主省①。

注释　　❶ 这句话是西汉建平元年学者刘秀（刘歆）率领名为望、龚的两位学者在完成校订《山海经》时做的标注。建平为西汉末期汉哀帝的年号，建平元年是公元前 6 年。

译文　　　　　建平元年四月丙戌，待诏太常属臣望校订整理，侍中光禄勋臣龚、侍中奉车都尉光禄大夫臣秀领衔校对。

海外东经

句芒

海内经

卷十

海内南经

海内东南陬以西者①。

注释　❶ 海内东南陬以西者：《海内经》四篇，跟上面的《海外经》四篇，是对同一幅图画内容的记述，《海外经》记述的是这幅图画外围的画面内容，《海内经》记述的是这幅图画内部的画面内容，也分南、西、北、东四个方位分别记述，每个方位按照一定的走向依次记述。"海内东南陬以西者"，表示《海内南经》的记述是始自这幅图画内部画面的东南方，依次向西记述。
　　　　　《海内经》中除了原本记录画面的内容外，还有不少后来人增补的内容，这些内容不是图画和《海内经》原本固有的，下文在涉及时会具体说明。

译文　海内图东南方以西的画面内容。

瓯居海中，闽在海中，其西北有山①。一曰闽中山在海中②。

注释　❶ 瓯居海中，闽在海中：瓯现在是浙江省温州市的简称，闽是福建省的简称，这里的两个地名，当是分别指浙江、福建沿海的两座岛屿。温州称瓯、福建称闽，最初的源头就是这条记载。这里的瓯、闽都是两个方国名。
　　　　　❷ 闽中山：当是意为闽国的中山。

译文　瓯国在海中的一个岛屿上，闽国也在海中的一个岛屿上，这两个岛屿的西北方有一片大山。一说闽国的中山岛在海中。

三天子鄣山在闽西海北。一曰在海中。

译文　三天子鄣山在闽国以西、海的北方。一说三天子鄣山是海中的一座岛屿。

桂林八树①在番隅②东。

注释　❶ 桂林八树：这里的"桂林"并非指今天的广西桂林，而只是指八棵桂树，即图中画着八棵桂树的地方。
　　　　　❷ 番隅："番隅"又作"番禺"，番禺今天是广州市的一个区，秦代南海郡首府在番禺县，即今广州市所在，但这里的番隅并非指广州，可能是中国东南沿海的一个地名。

译文　　　　　在番隅的东方生长着八棵高大的桂树。

伯虑国、离耳国、雕题国、北朐国^①皆在郁水南。郁水^②出湘陵^③、南山。一曰相虑。

注释　　　　❶ 伯虑国、离耳国、雕题国、北朐国：这里提到的几个国家，都不见于古书记载，具体所在已不可考。
❷ 郁水：古书中的郁水一般指流经广西、汇入珠江的郁江，但这里的郁水并非郁江。
❸ 湘陵："湘"为今湖南的简称，但这里的湘陵又称相虑，"湘"本作"相"，并非指湖南，因此湘陵也不在湖南。

译文　　　　　伯虑国、离耳国、雕题国、北朐国都在郁水以南，郁水流经湘陵和南山，湘陵又称相虑。

枭阳国^①在北朐之西，其为人人面长唇，黑身有毛，反踵^②，见人笑亦笑，左手操管。

注释　　　　❶ 枭阳国："枭"通"魈"，魈是传说中一种长相似人的山中精怪，其原型当是猕猴之类。枭阳国人人面长唇、黑身有毛的长相，就是猕猴之类的动物。
❷ 反踵：踵指脚后跟，反踵指脚后跟朝前或朝上。猩猩的前足在双足撑地的时候，踵部即会反转朝前，故枭阳国人的原型可能是指猩猩。

译文　　　　　枭阳国在北朐国的西边，图中画着一个长着人脸、嘴唇很长、浑身长满黑毛、脚后跟朝前的人物，他看见别人笑，自己也会跟着笑，左手拿着一根竹管。

兕^①在舜葬^②东，湘水^③南，其状如牛，苍黑，一角。

注释　　　　❶ 兕：兕状如牛，苍黑，即水牛，水牛有两只角，说它一角，当是图中所见，只画了一只角。
❷ 舜葬：指下一条的苍梧之山。
❸ 湘水：这里的湘水也不是指湖南的湘水。

梟陽國

译文　　　　　兕在舜墓的东边、湘水的南面，兕的长相像牛，全身都是青黑色，只有一只角。

苍梧之山①，帝舜葬于阳，帝丹朱葬于阴②。

注释　　　❶ 苍梧之山：现在广西有一个苍梧县，秦代将广西、湖南之间的一大片地方称为苍梧郡，但《山海经》里的苍梧并非指广西、湖南的苍梧。江苏省连云港古代也叫苍梧，这座苍梧之山应该在连云港。
　　　　　❷ 丹朱：传说是尧的儿子。尧死后，没有把王位传给丹朱，而是禅让给了舜。

译文　　　　　苍梧之山，帝舜的坟墓在这座山的南边，帝丹朱的坟墓在这座山的北边。

氾林方三百里①，在狌狌东。

注释　　　❶ 氾林："氾"通"范"，氾林即范林，指生长于沼泽、河边、海滨的森林，详见《海外南经》"范林"注。

译文　　　　　氾林方圆三百里，在猩猩的东边。

狌狌知人名，其为兽如豕而人面，在舜葬西。

译文　　　　　在舜墓的西边画着一只猩猩。猩猩知道人的名字，这种野兽的体形像野猪，面孔像人。

狌狌西北有犀牛，其状如牛而黑。

译文　　　　　在猩猩的西北画着一只犀牛，体形像牛，全身黑色。

海内南经

夏后启之臣曰孟涂，是司神于巴①，人请讼于孟涂之所②，其衣有血者乃执之，是请生。居山上，在丹山西。丹山在丹阳南，丹阳居属也。

注释　　❶ 司神：主管祭祀神灵之人，当即祭司、巫师之类人物。
　　　　❷ 巴：即巴国，巴国是商代就已存在的古国，春秋时期巴国在今重庆一带。

译文　　夏后启的臣子名叫孟涂，在巴国主持祭祀众神。有人找孟涂打官司，孟涂见到谁身上有血迹，就把他关押起来，这个人就承认有罪，并请求饶命。孟涂住在山上，在丹山的西边。丹山在丹阳的南方，是属于丹阳的地盘。

窫窳龙首①，居弱水中，在狌狌知人名之西，其状如龙首，食人。

注释　　❶ 窫窳：又作"猰貐"，传说中的一种食人怪兽。

译文　　在猩猩以西的画面中，画着一个怪兽窫窳，长着龙首，住在弱水中，这是一只吃人怪兽。

有木，其状如牛①，引之有皮，若缨黄蛇②。其叶如罗③，其实如栾，其木若蓲④，其名曰建木⑤，在窫窳西弱水上。

注释　　❶ 其状如牛：用牛比拟树的形状，颇为怪异，"牛"或为讹字。
　　　　❷ 若缨黄蛇：缨指帽带、绳索，这里作动词用，指建木的树皮像用绳子挂在树干上的黄蛇。
　　　　❸ 罗：当是一种植物名，或当作"萝"，即松萝，指树叶像松萝一样从树枝上悬挂下来。
　　　　❹ 蓲：通"樞"，树名，即刺榆。
　　　　❺ 建木："建"意为竖立，建木就是一根竖立的木头，这棵树其实并非一棵自然生长的树，而是一根人工竖立的木头。详见《海内经》"建木"注。

译文　　在窫窳以西的弱水边，画着一棵树，形状像牛，树皮用手拉扯，就像用绳子挂在树干上的黄蛇。这棵树的叶子像松萝，果实像栾树，木材像刺榆，名叫建木。

窫窳

海内南经

氐人国在建木西，其为人人面而鱼身，无足。

译文　　　　在建木以西，画着氐人国，这个国家的人都长着人面、鱼身，没有双脚。

巴蛇食象，三岁而出其骨，君子服之，无心腹之疾。其为蛇青黄赤黑。一曰黑蛇青首，在犀牛西。

译文　　　　在犀牛以西，画着一条正在吞噬大象的巨蛇，这是巴国的蛇，巴蛇把大象吞进肚子里以后，过三年才会把大象的骨头排泄出来。君子把这种骨头佩戴在身上，可以预防心脏和肠胃疾病。图中的巴蛇浑身青、黄、红、黑各种颜色相间。一说巴蛇是一条黑蛇，只有头部是青色的。

旄马①，其状如马，四节有毛。在巴蛇西北，高山南。

注释　　　❶ 旄马：一种像牦牛一样披着长毛的马。

译文　　　　在巴蛇的西北、高山以南，有一种旄马，长得像一般的马，四肢都长满了长毛。

匈奴①、开题之国、列人之国并在西北。

注释　　　❶ 匈奴：匈奴是战国以后见于记载的生活在北方的游牧民族，开题、列人不见于他书记载，不可考，这些国家都在西北，此处却位于《海内经》的西南方，与实际位置不符。这一条当是错简，原本当在《海内西经》的开头，被抄书者误抄到了《海内南经》的结尾。匈奴在战国时期才见于史书记载，而《山海经》的成书要早得多，当时匈奴还没登上历史舞台，因此该条很可能是后人增补的。

译文　　　　匈奴、开题、列人三个国家，都在西北方。

氐人國

海內南經

巴蛇

卷十一

海内西经

海内西南陬以北者。①

注释　　❶ 海内西南陬以北者：据下文内容，可知该篇的记述是从北到南，也就是说，以西北为起点，因此，该句应作"海内西北陬以南者"。

译文　　海内图西北方以南的画面内容。

贰负之臣曰危，危与贰负杀窫窳。帝乃梏之疏属之山，桎其右足，反缚两手与发，系之山上木。在开题西北。①②

注释　　❶ 贰负：贰指贰心，负指背叛，贰负当指时服时叛的人。
　　　　❷ 在开题西北：开题即上篇末尾的开题之国。这条记载说明，"匈奴、开题之国、列人之国并在西北"一句原本在《海内西经》的开头，位于西北方。

译文　　贰负有个下属名叫危，跟贰负一起杀死了窫窳。上帝把危拘禁在疏属之山上，用桎锁锁住他的右脚，把他的双手反绑在背后，拴在山上的一棵树上。这个场面在图中开题国的西北方。

大泽方百里，群鸟所生及所解。在雁门北。①

注释　　❶ 解：意为解羽，指鸟脱毛。

译文　　在雁门的北方，有一片广阔的沼泽，方圆有一百里，来往迁徙的鸟群都在这里产卵，哺育雏鸟，蜕换羽毛。

雁门山，雁出其间，在高柳北。高柳在代北。①②

注释　　❶ 高柳：古地名，在今山西省阳高县。
　　　　❷ 代：古国名，在今山西省大同市一带。

译文　　在高柳的北方，有一座雁门山，大雁南北迁徙时要经过这座山。高柳在代国的北方。

后稷①之葬,山水环之,在氐国西。

注释　　❶ 后稷:后稷本是谷物之神,后来被周人当成自己的祖先。

译文　　后稷的坟墓在氐国的西方,周围被群山和众水环绕。

流黄酆氏之国,中方三百里。有涂①四方,中有山。在后稷葬西。

注释　　❶ 涂:涂指稀泥,这里指泥沼。

译文　　流黄酆氏之国在后稷坟墓的西方,方圆有三百里,国内有一个四方形的泥沼,泥沼中有一座山。

流沙①出钟山,西行又南行昆仑之墟,西南入海黑水之山。

注释　　❶ 流沙:这里的流沙当是一条沙河,河水流动,携带的沙砾沉积在河道,即形成沙河。

译文　　流沙之水从钟山流出,先向西流,然后折而南流,流经昆仑之墟,最后西南流,从黑水之山的旁边流进西海。

东胡①在大泽东。夷人在东胡东。貊国在汉水②东北,地近于燕,灭之。

注释　　❶ 东胡:东胡以及夷人、貊(mò)国都是我国东北和朝鲜半岛之间的古国。
　　　　❷ 汉水:即朝鲜半岛的汉江。

译文　　东胡在大泽的东方,夷人在东胡的东方,貊国在汉水的东北方。貊国的地盘靠近燕国,被燕国灭了。

孟鸟在貊国东北，其鸟文赤、黄、青、东向。

译文　　在貊国东北方的画面上，画着一只孟鸟，它身上的羽毛红色、黄色、青色相互间杂，头朝东而立。

海内昆仑之墟①，在西北，帝之下都②。昆仑之墟，方八百里，高万仞。上有木禾，长五寻，大五围。面有九井，以玉为槛。面有九门，门有开明兽守之，百神之所在。在八隅之岩③，赤水之际，非仁羿④莫能上冈之岩⑤。

注释
❶ 昆仑之墟：这是位于图画西北方的昆仑之墟，图画东南方也有一座昆仑之墟，见《海外南经》。"昆仑之墟"前的"海内"二字，当为后人因见海外、海内各有一座昆仑之墟，为了区别加上去的。
❷ 帝之下都：帝指上帝、天帝，上帝的都城在天上，昆仑之墟是上帝在下界的都城。
❸ 八隅之岩：岩指高峻的山崖，八隅之岩意为八角形的高岩。
❹ 仁羿：羿即神话中的神箭手后羿，"仁"当作"夷"，后羿是东夷之人，故称夷羿。
❺ 冈之岩：岩指上文八隅之岩，八隅之岩坐落于巍峨的山冈之上，故称冈之岩。

译文　　昆仑之墟在西北方，是上帝在下界的都城。昆仑之墟方圆八百里，高一万仞。昆仑墟中有一棵像禾苗一样的大树，高达五寻，树干需五人才能合抱。昆仑墟的每一面都有九口井，每口井都用玉石作井栏杆。昆仑墟的每一面都有九座城门，每座城门都有一个叫开明兽的怪兽把守。昆仑墟是众神所在的地方，是众神在地上的宫殿。昆仑墟靠近赤水，坐落于一座高耸的八角形山崖上，没有任何凡人能够登上去，只有东夷的英雄后羿才能登上这座巍峨的众神宫殿。

赤水出东南隅，以行其东北，西南流注南海厌火①东。

注释　　❶ 厌火：厌火即《海外南经》的厌火国。

译文　　赤水发源于昆仑之墟的东南角，流经其东北方，然后折而西南流，在厌火国以东的地方，注入南海。

河水出东北隅，以行其北，西南又入渤海①，又出海外②，即西而北③，入禹所导积石山④。

注释　　❶ 渤海：这里的渤海并非指今渤海湾，而是指海边的一个湖泊。
　　　　❷ 出海外：从渤海流出来。
　　　　❸ 即西而北：由西只能向东流，由南才能向北流，"即西而北"意味着黄河先由西向东流，后折而由南向北流。
　　　　❹ 禹所导积石山：大禹疏浚黄河时堆积石头形成的山，跟《海外北经》的禹所积石之山是同一座山，都在黄河入海口附近。

译文　　黄河从昆仑墟的东北角流过，流经昆仑墟北，从西南角流进渤海，然后从渤海流出来，由自西向东流折而自南向北流，流经禹疏浚黄河时积石而成的那座山。

洋水、黑水出西北隅以东，东行，又东北，南入海，羽民南①。

注释　　❶ 羽民：即《海外南经》的羽民国。

译文　　洋水、黑水流经昆仑墟的西北隅以东的地方，先东流，继而东北流，然后折而南流，在羽民国的南边流进南海。

弱水、青水出西南隅以东，又北，又西南，过毕方鸟东①。

注释　　❶ 毕方鸟：即《海外南经》的毕方鸟。

译文　　弱水、青水流经昆仑墟的西南隅以东，向北流，继而折向西南流，经过毕方鸟的东方。

昆仑南渊深三百仞。

译文　　昆仑墟的南麓有一座深潭，水深达三百仞。

开明兽身大类虎而九首，皆人面，东向立昆仑上。开明西有凤凰、鸾鸟，皆戴蛇践蛇，膺①有赤蛇。

注释　　❶ 膺：即胸部。

译文　　昆仑墟上有开明兽，跟老虎的身体一般大小，长相也像老虎，长着九个脑袋，每个脑袋都长着人的面孔，都面朝东方，站立在昆仑墟上。开明兽的西边，有神鸟凤凰、鸾鸟，这些神鸟的头上都戴着蛇，脚下踩着蛇，胸前还挂着赤蛇。

开明北有视肉、珠树、文玉树、玗琪树①、不死树②。凤凰、鸾鸟皆载瞂③。又有离朱、木禾、柏树、甘水④、圣木曼兑⑤，一曰挺木牙交。

注释　　❶ 玗琪（yú qí）树：珊瑚树。上文的珠树、文玉树则为装饰着珍珠、玉石的树木。
　　　　❷ 不死树：此树的果实吃了可以长生不死，故称不死树。
　　　　❸ 瞂（fá）：盾牌。
　　　　❹ 甘水：上下文均为树木名，"甘水"也当作"甘木"，"木"讹作"水"。甘木是生长于不死国的一种树木，吃了它的果实或树叶大概可以长生不老，见《大荒南经》。
　　　　❺ 圣木曼兑：又名挺木牙交，一种神树的名称，但不知是何种树木。

译文　　开明兽的北边，有视肉、珠树、文玉树、珊瑚树、果实吃了可以长生不老的不死树。凤凰、鸾鸟都佩带着盾牌，还有神鸟离朱、神树木禾、柏树、甘木、圣木曼兑等，圣木曼兑又名挺木牙交。

开明东有巫彭①、巫抵、巫阳、巫履、巫凡、巫相，夹窫窳之尸，皆操不死之药以距之②。窫窳者，蛇身人面，贰负臣所杀也③。服常树，其上有三头人，伺琅玕树④。

注释　　❶ 巫彭：巫彭以及下面的巫抵、巫阳、巫履、巫凡、巫相，都是巫师。巫师负责通神，而神是长生不死的，故巫师掌管不死药。巫彭即彭祖，传说中的一位神医，活了八百岁。
　　　　❷ 距：通"拒"，抵御外敌、进行保护的意思。
　　　　❸ 贰负臣：上文提到的杀死窫窳的贰负之臣危。
　　　　❹ 琅玕（láng gān）树：琅玕是一种宝石，琅玕树当为挂满这种宝石的神树。

開明獸

海內西經

译文 　　开明兽的东边，有巫彭、巫抵、巫阳、巫履、巫凡、巫相几位巫师，环绕在窫窳之尸的四周，手里拿着能够起死回生的不死药，守护着窫窳的尸体。窫窳是一个蛇身人面的怪兽，被贰负之臣危杀死了。有一棵服常树，一个长着三个脑袋的人趴在树上，守望着琅玕树。

开明南有树鸟六首①，蛟、蝮、蛇、蜼、豹，鸟秩树③，于表池树木④，诵鸟⑤、鶽⑥、视肉。

注释　　❶ 树鸟：其义不明，或指树上有鸟。
　　　　❷ 蝮：蝮今是蛇的一种，古书中蝮特指毒蛇。此处"蝮""蛇"二字不当连读。
　　　　❸ 鸟秩树：其义不明，或与树鸟意思差不多，都指鸟在树上。
　　　　❹ 于表池树木：此句当有讹误，大意或指在池塘的周边种植树木。
　　　　❺ 诵鸟：当是一种叫声优美、如同吟诵的鸟。
　　　　❻ 鶽（sǔn）：即隼，一类体型较小、动作迅疾、视力极强的猛禽。

译文 　　开明兽的南边，一棵树上有一只神鸟，长着六个脑袋。有蛟、蝮、蛇、蜼、豹，有很多鸟栖息在树上，树木环绕在一个池塘的周围。这部分画面还画着诵鸟、鹰隼和视肉。

卷十二

海內北經

海内西北陬以东者㊀。

注释　　❶ 海内西北陬以东者：《海内北经》记述的是海内图北方的画面内容，以西北方为起点，自西向东记述。

译文　　海内图西北方以东的画面内容。

蛇巫之山，上有人操杯㊀而东向立。一曰龟山。

注释　　❶ 杯：当作柸（bàng），通"棓"，指木棒。

译文　　蛇巫之山上，有一个人手持大棒子，面朝东伫立着。蛇巫之山又称龟山。

西王母梯几㊀而戴胜㊁，杖，其南有三青鸟㊂，为西王母取食。在昆仑虚北。

注释　　❶ 梯几：身体靠在小桌几上。
　　　　❷ 戴胜：头戴华胜，华胜是古代妇女的一种头饰。
　　　　❸ 三青鸟：画面中画着三只青鸟。三青鸟又见《西山经》《大荒东经》《大荒西经》，青鸟当即善于捕鱼的翡翠鸟，详见《西山经》。

译文　　在昆仑墟北的画面上，画着西王母，身靠桌几，头戴华胜，手持拐杖，她的南边有三只青鸟，正在为西王母获取食物。

有人曰大行伯㊀，把戈。其东有犬封国，贰负之尸在大行伯东。

注释　　❶ 大行伯：《周礼》中有大行人的官职，负责为天子迎送来宾和使节，这里的大行伯当是为西王母迎送宾客的神，西王母身兼死神之职，大行伯为西王母接纳亡灵。

译文　　西王母身边有一位神叫大行伯，他手中持戈。大行伯的东边有犬封国，贰负之尸也在大行伯的东边。

犬封国曰犬戎国，状如犬。有一女子，方跪进柸食①。有文马，缟②身朱鬣，目若黄金，名曰吉量，乘之寿千岁。

注释　❶ 柸（bēi）：同"杯"，这里当指用来盛食物的盘子。
　　　❷ 缟：白色。

译文　　　犬封国又叫犬戎国，这个国家的人长相像狗，故称为犬戎国。画面中有一个女人，正在跪着用一个盘子奉献食物。画面中还有一匹身上长花纹的马，身上缟白如雪，鬃毛红如火焰，双眼炯炯如同黄金，这匹神马名叫吉量，骑上它就可以活到上千岁。

鬼国在贰负之尸北，为物人面而一目。一曰贰负神在其东，为物人面蛇身。

译文　　　在贰负之尸的北边，有一个鬼国，鬼国的人长着人脸，但只有一只眼睛。另一个说法是贰负神在鬼国的东边，贰负神是人面蛇身的怪物。

蜪犬如犬，青，食人从首始。穷奇状如虎，有翼，食人从首始，所食被发，在蜪犬北。一曰从足。

译文　　　蜪（táo）犬长相像狗，浑身青色，吃人先从脑袋开始吃。穷奇长相像老虎，长着翅膀，吃人也是先从脑袋开始吃。画面中它正在吃一个人，被吃的那人披头散发。穷奇在蜪犬的北面。另一个说法是穷奇吃人先从脚开始。

帝尧台、帝喾台、帝丹朱台、帝舜台，各二台，台四方，在昆仑东北。

译文　　　祭祀尧、喾、丹朱、舜几位帝王的台子，每位帝王各有两个台子，台子都是四四方方的形状，位于昆仑墟的东北方。

海内北经

犬封國

窮奇

海內北經

大蜂^①其状如螽。朱蛾其状如蛾。蟜，其为人虎文，胫有眷。在穷奇东。一曰，状如人。昆仑虚北所有^②。

注释　　❶　大蜂：该条记载的三种动物图像，大蜂、朱蛾、蟜，可能都是蜜蜂。蜜蜂展翅而飞的样子，画出来跟蛾子的样子很像，朱蛾肯定就是一只展翅而飞的蜜蜂；蜜蜂身上长着像老虎一样的花纹，采蜜后腿上会沾满花蜜，就像长着胖胖的腿肚子，蟜"胫有眷"，意为小腿上长着腿肚子，呈现的大概也是蜜蜂的形象。这个画面并排画着三只蜜蜂。
　　　　❷　昆仑墟北所有：该句总结上文，意为上面提到的蛭犬、穷奇、大蜂、朱蛾、蟜几种怪兽都位于昆仑墟以北的画面中。

译文　　　　大蜂的样子像螽斯；朱蛾的样子像飞蛾；蟜的样子像人，身上长着像老虎一样的花纹，小腿上有胖胖的腿肚子肉。它们都位于穷奇东边的画面中。以上这些都是昆仑墟以北的画面中画着的怪兽。

阘^①非，人面而兽身，青色。据比之尸，其为人折颈被发，无一手^②。环狗，其为人兽首人身，一曰猬状如狗，黄色。袜^③，其为物人身黑首从目。戎，其为人人首三角。

注释　　❶　阘（tà）非：该条所记数种神怪，阘非、环狗、袜、戎，都是图画中所见，究竟为何物，表示何义，已难详考。
　　　　❷　据比之尸，其为人折颈被发，无一手："据比之尸"当是被刑杀之人；"折颈"，意为脖子被斩断；"被发"，指受刑者披头散发的样子；"无一手"表示被砍掉一只手。
　　　　❸　袜（mèi）：即"魅"字，指鬼魅。

译文　　　　阘非，图中画着一个人面兽身、浑身青色的怪兽；据比之尸，图中画着一个脖子被折断、披头散发、少了一只手的人；环狗，图中画着一个兽首人身的人，一说画的是一只浑身长着刺猬毛的狗形怪兽，浑身黄色；袜，图中画着一个长着一张黑脸、眼睛竖着长的人；戎，图中画着一个头上长着三只角的人。

林氏国有珍兽，大若虎，五彩毕具，尾长于身，名曰驺吾，乘之日行千里。昆仑虚南所有。

騶吾

海内北经

译文　　　　　林氏国有一种异兽，个头、长相都像老虎，身上长着五颜六色的毛，尾巴比身体还长，名叫驺吾，骑上它就可以日行千里。以上这些都是昆仑墟南方的画面中画着的怪兽。

氾林方三百里。从极之渊深三百仞，维冰夷恒都焉①，冰夷人面，乘两龙。一曰忠极之渊②。

注释　　　❶ 冰夷：又名冯夷，黄河之神，即河伯。
　　　　　❷ 忠极之渊：即中极之渊。

译文　　　　　氾林方圆三百里。从极之渊水深三百仞，河伯冰夷一直居住在这里。图中画的河伯冰夷长着人的面孔，乘着两条龙。从极之渊又名中极之渊。

阳汙之山，河出其中；凌门之山，河出其中。

译文　　　　　阳汙（yū）之山、凌门之山是黄河经过的两座山。

王子夜之尸①，两手、两股、胸、首、齿，皆断异处。

注释　　　❶ 王子夜之尸："夜"当作"亥"，形近而讹。王子亥即王亥，是商人的祖先，曾为河伯放牛，后被有易杀害并抢走他的牛。详见《大荒东经》。

译文　　　　　王子亥的尸体，全身被肢解，两只手、两条腿、胸部、头部、牙齿散落在不同地方。

舜妻登比氏生宵明①、烛光②，处河大泽，二女之灵能照此所方百里。一曰登北氏。

注释　　❶ 登比氏：一名登北氏，当以登北氏为是。登北氏是北斗星神，因为北斗一直升起于北方夜空，故名登北氏。
　　　　❷ 宵明、烛光：登北氏的两个女儿，能够照耀方圆百里，显然也是两位星神。宵明、烛光当是北方夜空两颗引人注目的明星。宵明很可能指织女星，织女星是北半球夜空中亮度排名第二的星，而且在一年中很多时间都看得见；烛光则当指大角星，大角星是北半球夜空最亮的星，且大角星的光芒呈橘红色，像火光的颜色，故称之为烛光。

译文　　舜的妻子登比氏居住在黄河下游大泽的地方，生了宵明、烛光两位女儿，她们的光芒照亮了方圆百里。登比氏又名登北氏。

盖国①在巨燕②南，倭③北。倭属燕。

注释　　❶ 盖国：朝鲜半岛上的一个古国。
　　　　❷ 巨燕：燕国，战国时期的燕国疆域辽阔，故称巨燕。
　　　　❸ 倭：古书中对日本的称呼。

译文　　盖国在大燕的南面、倭的北面；倭跟燕疆域相连。

朝鲜在列阳①东，海北山南。列阳属燕。

注释　　❶ 列阳："列"通"洌"，洌是朝鲜半岛上的一条河流，列阳是洌水以北的某个地方。

译文　　朝鲜在列阳的东边，在大海的北面、群山的南面。列阳跟燕国地域相连。

列姑射①在海河洲②中。

注释　　❶ 列姑射（yè）：渤海口的庙岛群岛。
　　　　❷ 海河州：海指渤海，河指黄河，州指庙岛群岛。

译文　　列姑射在黄河口外、渤海的群岛上。

姑射国在海中，属列姑射，西南，山环之。

译文　　　　姑射国在大海中，邻近列姑射，它的西南被群山环抱。

大蟹在海中。陵鱼①，人面手足，鱼身，在海中。大鯾居海中②。

注释　　　❶ 陵鱼：当是渤海中的某种海兽，海豹或海狮之类。
　　　　　❷ 大鯾：当指鳐鱼、魟鱼之类体形扁平的大型海鱼。

译文　　　　海里画着一只大螃蟹、一条陵鱼和一条大鯾鱼，陵鱼长着跟人一样的面孔、双手和双脚，身体是鱼的样子。

明组邑居海中①。蓬莱山在海中②。大人之市在海中③。

注释　　　❶ 明组邑：当是蓬莱附近海岛上的一个城邑。
　　　　　❷ 蓬莱山：当是蓬莱附近的一座海岛。
　　　　　❸ 大人之市：大人族进行贸易的一处集市，也在海岛上。

译文　　　　明组邑、蓬莱山、大人之市都在海岛上。

陵魚

海內北經

海内东经

卷十三

海内东北陬以南者①。

注释　　❶ 海内东北陬以南者：《海内东经》记述的是海内图东方的画面内容，按从北向南的顺序记述，故以东北方为起点。

译文　　海内图中，东北方以南的画面内容。

巨燕在东北陬①。

注释　　❶ 巨燕在东北陬：该句原本应在上一篇的末尾。

译文　　大燕在东北方。

国在流沙中者，埻端、玺㬇，在昆仑墟东南。一曰海内之郡，不为郡县，在流沙中。

注释　　❶ 流沙：此流沙在东方，指黄河下游的流沙，不是西方的沙漠。
　　　　❷ 埻（dūn）端、玺㬇（huàn）：黄河下游的两个古国，具体所在已不可考。
　　　　❸ 昆仑墟：这里的昆仑墟指《海外南经》的昆仑墟，在图画的东南方，不同于西北方的昆仑墟。

译文　　流沙中有两个国家叫埻端、玺㬇，位于昆仑墟的东南方。一说这两个国家是海内的郡县，不算在中国的郡县之内，这两个国家都在流沙之中。

国在流沙外者①，大夏、竖沙、居繇、月支之国。西胡白玉山，在大夏东。苍梧在白玉山西南②，皆在流沙西，昆仑墟东南。昆仑山在西胡西，皆在西北。

注释　❶ 国在流沙外者：《海内东经》记载的应该是东方的地理，但该条记载的大夏、月支、西胡都是西域的国家，而且中国人是在张骞通西域之后才对西域地理有所了解，才知道大夏、月支等国家，可见这条内容不是《海内东经》所固有，而是汉人增窜的。
❷ 苍梧在白玉山西南：苍梧又见《海内南经》《大荒南经》《海内经》，均指今连云港，该条的苍梧也不当例外。本段中唯有这一句可以断定是《海内东经》原本的内容。

译文　　流沙之外的国家，有大夏、竖沙、居繇、月支等国。西胡有一座白玉山，在大夏的东边。苍梧在白玉山的西南，苍梧和白玉山都在流沙西，位于昆仑墟的东南。昆仑山在西胡的西边，这些地方都在中国的西北。

雷泽中有雷神，龙身而人头，鼓其腹①。在吴西。

注释　❶ 鼓其腹：敲击肚皮发出像鼓一样的声音。

译文　　雷泽中住着雷神，雷神的样子是龙身人头，用双手敲打自己的肚子就是打雷的声音。雷泽在吴地的西边。

都州①在海中。一曰郁州。

注释　❶ 都州：都州当作郁州，"都""郁"形近而讹。

译文　　都州在海岛上，都州又名郁州。

琅琊台①在渤海②间，琅琊之东。其北有山。一曰在海间。

注释　❶ 琅琊台：今青岛市黄岛区的琅琊台，勾践曾在此建都，秦始皇曾巡守此地，并留下著名的琅琊刻石。
❷ 渤海：古时凡海湾均可称渤海，此处渤海当指琅琊台边上的海湾。

译文　　琅琊台在一个海湾边，位于琅琊的东方。琅琊台的北面有一座山。一说琅琊台在海中。

雷神

韩雁在海中，都州南。始鸠在海中，辕厉南。会稽山在大楚南。①

注释　　❶ 韩雁：该条中的几个地方，韩雁、始鸠、辕厉都不可考。都州当作郁州，是连云港的古名。会稽山当是今浙江省绍兴市（古名会稽）附近的海岛，可能就是舟山群岛。大楚即楚国，战国时期楚国疆域辽阔，故称大楚。

译文　　韩雁在海岛上，在郁州的南面；始鸠在海岛上，在辕厉的南面；会稽山在楚国的南面。

岷三江，首大江出汶山，北江出曼山，南江出高山。高山在城都西。入海，在长州南。浙江出三天子都，在其东。在闽西北，入海，馀暨南。庐江出三天子都，入江，彭泽西。一曰天子鄣。淮水出馀山，馀山在朝阳东，义乡西，入海，淮浦北。湘水出舜葬东南陬，西环之，入洞庭下。一曰东南西泽。汉水出鲋鱼之山，帝颛顼葬于阳，九嫔葬于阴，四蛇卫之。濛水出汉阳西，入江，聂阳西。温水出崆峒，崆峒山在临汾南，入河，华阳北。颍水出少室，少室山在雍氏南，入淮西鄢北。一曰缑氏。汝水出天息山，在梁勉乡西南，入淮极西北。一曰淮在期思北。泾水出长城北山，山在郁郅长垣北，北入渭，戏北。渭水出鸟鼠同穴山，东注河，入华阴北。白水出蜀，而东南注江，入江州城下。沅水山出象郡镡城西，入东注江，入下隽西，合洞庭中。赣水出聂都东山，东北注江，入彭泽西。泗水出吴东北而南，西南过湖陵西，而东南注东海，入淮阴北。郁水出象郡，而西南注南海，入须陵东南。肄水出临晋西南，而东南注海，入番禺西。潢水出桂阳西北山，东南注肄水，入敦浦西。洛水出洛西山，东北注河，入成皋之西。汾水出上窳北，而西南注河，入皮氏南。沁水出井陉山东，东南注河，入怀东南。济水出共山南东丘，绝巨鹿泽，注渤海，入齐琅槐东北。潦水出卫皋东，东南注渤海，入潦阳。虖池水出晋阳城南，而西至阳曲北，而东注渤海，入越章武北。漳水出山阳东，东注渤海，入章武南。

海内东经

注释　　❶ 岷三江：该段记录了中国各地将近三十条河流的原委，一一说明这些河流源自何地，最后流到哪里，其中提到很多郡、县地名，都是秦代以后才有的地名，因此可以断定这段文字不是《山海经》固有的，而是秦代学者加上去的一段记录秦代水道的"水经"。由于这段文字为后人增窜，且体例划一，意思不难理解，故本书不做注释和翻译。

建平元年四月丙戌，待诏太常属臣望校治，侍中光禄勋臣龚、侍中奉车都尉光禄大夫臣秀领主省。

译文　　建平元年四月丙戌，待诏太常属臣望校订整理，侍中光禄勋臣龚、侍中奉车都尉光禄大夫臣秀领衔校对。

大荒经 卷十四 大荒东经

东海之外大壑①，少昊之国②。少昊孺帝颛顼于此③，弃其琴瑟。有甘山者，甘水出焉，生甘渊。

注释　　❶ 东海之外：《大荒经》跟《海外经》一样，也是对一幅图画的记述，共包括《大荒东经》《大荒南经》《大荒西经》《大荒北经》《海内经》五篇，分别是对这幅图画东、南、西、北、中五个部分的画面内容的记述。《大荒经》也跟《海外经》一样，每一篇按照特定走向，依次记述画面内容，但却没有像《海外经》那样明确说明是从何方到何方，不过，分析《大荒经》各篇的内容，不难看出其记述的走向、顺序，例如，《大荒东经》开头两段分别标明方位为"东海之外""大荒东南隅"，结尾两段开头分别标为"东北海外""大荒东北隅中"，表明该篇是按照由南向北的走向记述的，即始自图画的东南角，终于图画的东北角。有鉴于此，为了明确《大荒经》中内容的方位，本书对其各篇内容重新分段，以标识方位的句子作为每一段的首句，该句即标明了本段内容在图画中的方位。例如，本段首句为"东海之外"，下段首句为"大荒东南隅"，说明该段所述内容必定在图画的东南角。
　　　　❷ 大壑：当指东海边一个山崖高峻的海湾或峡谷。
　　　　❸ 少昊孺帝颛顼："孺"意为养育。传说颛顼是少昊的下一代帝王，"少昊孺帝颛顼"意为少昊把颛顼养育成人。

译文　　东海边有一条巨大的壑谷，少昊之国也在东海之外，少昊将帝颛顼养育成人，颛顼继少昊为帝，将琴瑟丢进东海。有一座甘山，甘水从甘山发源，在下游汇聚为甘渊。

大荒东南隅有山，名皮母地丘。

译文　　大荒图的东南角，有一座山，名叫皮母地丘。

东海之外，大荒之中，有山名曰大言，日月所出①。有波谷山者，有大人之国。有大人之市，名曰大人之堂。有一大人踆其上②，张其两耳。有小人国，名靖人。有神，人面兽身，名曰犁䍶之尸③。有潏山，杨水出焉。有蒍国，黍食，使四鸟、虎、豹、熊、罴④。

注释　　❶ 日月所出：《大荒东经》有七座日月所出之山，相应地，《大荒西经》有七座日月所入之山，这七座山是古人用来观察太阳出入方位确定月份和节气的标志，它们形成一个天然的天文坐标系。

大人國

大荒东经

靖人

❷ 踆：义同"蹲"。
❸ 犁𩵄（líng）之尸："𩵄"通"灵"，犁𩵄即主管耕地的神灵，犁𩵄之尸是作为此神替身的巫师。
❹ 使四鸟、虎、豹、熊、罴：《大荒经》有若干"使四鸟"或"使虎豹熊罴"的国家，四鸟、虎、豹、熊、罴当是该国的图腾。

译文　　东海之外，大荒之中，有一座山叫大言，大言山是日月升起的地方。
　　　　有一座波谷山，山边有一个大人之国。大人国里有一个大人之市，大人之市上有一个大人之堂。图中画着一个大人，蹲在堂上，支棱着两只大耳朵。
　　　　大人国边有一个小人国，名叫靖人。
　　　　图中还画着一位人面兽身的神灵，名叫犁灵之尸，是负责耕地的神。
　　　　有一座潏山，杨水由此山发源。有一个国家叫蒍国，这个国家以黍子为主食，这个国家的人会使唤四种鸟以及虎、豹、熊、罴四种猛兽。

大荒之中，有山名曰合虚，日月所出。有中容之国。帝俊生中容，中容人食兽、木实①，使四鸟、豹、虎、熊、罴。有东口之山。有君子之国，其人衣冠带剑。有司幽之国②。帝俊生晏龙，晏龙生司幽，司幽生思士，不妻；思女，不夫。食黍，食兽，是使四鸟。有大阿之山者。

注释　　❶ 食兽、木实：吃野兽和树上结的果实。
　　　　❷ 司幽之国：男无妻、女无夫谓之幽，幽意为幽居、独居，没有配偶。司幽就是负责给无配偶的大龄男女找对象的人物，下面说他生思士不妻，生思女不夫，其实就是意味着没有配偶而犯相思的男女。

译文　　大荒之中，有一座山叫合虚之山，这座山是日月升起的地方。
　　　　这座山附近，有一个中容之国，是帝俊的后代，这个国家的人以野兽和树木的果实为主食，他们也会使唤四种鸟和虎、豹、熊、罴。
　　　　这里还有一座东口之山，有一个君子之国，这个国家的人都衣冠楚楚，腰间佩戴着剑。
　　　　还有一个司幽之国，他们也是帝俊的后代，帝俊生晏龙，晏龙生司幽，司幽生了儿子叫思士，没有妻子，生了个女儿叫思女，没有丈夫。
　　　　中容之国的人以黍米和野兽为主食，也使唤四种鸟。这里还有一座大阿之山。

大荒中有山名曰明星，日月所出。有白民之国。帝俊生帝鸿，帝鸿生白民，白民销姓，黍食，使四鸟、虎、豹、熊、罴。有青丘之国，有狐，九尾。有柔仆民，是维嬴土之国。有黑齿之国。帝俊生黑齿，姜姓，黍食，

使四鸟。有夏州之国。有盖余之国。有神人，八首人面，虎身十尾，名曰天吴。

译文　　大荒之中有一座山叫明星，也是日月升起的地方。
　　　　此山附近有一个白民之国，也是帝俊的后代，帝俊生帝鸿，帝鸿生白民，白民国的人姓销，以黍子为主食，也使唤四种鸟和虎、豹、熊、罴。
　　　　这里还有一个青丘之国，青丘之国有一只九尾狐。
　　　　有一个叫柔仆民的民族，又叫嬴土之国。
　　　　有一个黑齿之国，这个国家的人都长着黑色的牙齿。黑齿之国也是帝俊的后代，帝俊生黑齿，黑齿国的人姓姜，以黍米为主食，也使唤四种鸟。
　　　　这一带还有两个国家，分别叫夏州之国和盖余之国。
　　　　图中画着一位神怪，长着八个脑袋，每个脑袋上都长着人脸，身体像老虎，长着十条尾巴，这个神叫天吴。

大荒之中，有山名曰鞠陵于天、东极离瞀①，日月所出。名曰折丹②，东方曰折，来风曰俊，处东极以出入风。东海之渚中，有神，人面鸟身，珥两黄蛇，践两黄蛇，名曰禺䝞③。黄帝生禺䝞，禺䝞生禺京，禺京处北海，禺䝞处东海，是惟海神④。有招摇山，融水出焉。有国曰玄股，黍食，使四鸟。有困民国，勾姓而食⑤。有人曰王亥，两手操鸟，方食其头。王亥托于有易，河伯仆牛。有易杀王亥，取仆牛。河念有易，有易潜出，为国于兽方，食之⑥，名曰摇民。帝舜生戏，戏生摇民。海内有两人，名曰女丑。女丑有大蟹⑦。

注释　　❶ 东极离瞀（mào）：东极离瞀为鞠陵于天之山的别名，表示此山位于正东方。该山也是日出之山，位于正东方，说明该山是春、秋分时的日出之山。
　　　　❷ 名曰折丹："名曰"前当脱去"有人"二字。折丹是东方的风神。《大荒经》记载了四个风神，分别位于四方。
　　　　❸ 禺䝞：当作禺䝞（hào），又作禺号，因字形相近而讹。本书译文中统一作"禺号"。
　　　　❹ 海神：《大荒经》的四方分别有一个海神，分管四方之海。
　　　　❺ 勾姓而食："食"字上当有脱文，表示其所食之物，如同中容之国"食兽"、白民之国"黍食"之类。姑且以"黍食"译之。
　　　　❻ 为国于兽方，食之：各种《山海经》版本都在"兽""方"之间断句，即读作"为国于兽，方食之"，但"为国于兽"读不通，商代惯例称外国为"某方"，可知此处"兽方"当连

折丹

读，作为地名。

❼ 大蟹：图中在女丑边上画着一只大螃蟹，表示海中出产螃蟹。

译文　　大荒之中，有一座山名叫鞠陵于天，又叫东极离瞀，为日月所出之山。

有一个人名叫折丹，东方的名字叫折，从东方吹来的风叫俊风，折丹居住于正东方，掌管东风的出入。

东海的岛上，有一位神，人面鸟身，耳朵上戴着两条黄蛇，脚下踩着两条黄蛇，此神名叫禺号。黄帝生禺号，禺号生禺京，禺京住在北海，禺号住在东海，作为海神。

有一座招摇山，融水从此山发源。有一个国家叫玄股国，以黍米为主食，使唤四种鸟。

还有一个国家叫困民国，这个国家的人姓勾，以（黍米）为主食。

图中画着一个人，叫王亥，双手捧着一只鸟，正在吃鸟的脑袋。王亥是商人的先人，他借住在有易国，给河伯放牛，有易国的人贪图王亥的牛，杀死王亥，抢了王亥放的牛。河伯想报复有易国，为王亥报仇，有易人趁夜晚偷偷逃走，在兽方重新建立国家，从此就在这里生活了下来，并改名叫摇民。摇民是帝舜的后代，帝舜生戏，戏生摇民。

在这一画面上，在大海里画着两个人，两人被称为女丑，女丑的身边画着一只大螃蟹。

大荒之中，有山名曰孽摇頵羝，上有扶木①，柱三百里②，其叶如芥。有谷曰温源谷③，汤谷上有扶木。一日方至，一日方出，皆载于乌。有神，人面、大耳、兽身，珥两青蛇，名曰奢比尸。有五彩之鸟，相乡弃沙④，惟帝俊下友，帝下两坛，彩鸟是司。

注释　　❶ 扶木：扶桑，神话中的东方神树，太阳每天早晨从扶桑树上升起。
　　　　❷ 柱三百里：形容扶桑树树干笔直，如同直上直下的柱子一样，高达三百里。
　　　　❸ 温源谷：下文的汤谷，汤谷是神话中太阳升起的地方，又称旸谷、阳谷。
　　　　❹ 弃沙：字面意思难解，可能指两只鸟相对起舞的意思，或当作"婆沙"，意为婆娑，即婆娑而舞的意思。

译文　　大荒之中，有一座山名叫孽摇頵(jūn)羝，这座山也是太阳升起的地方。

山上有一棵扶桑树，树干笔直，高达三百里，图中的树叶画的都像芥菜的叶子。扶桑生长在汤谷之上，汤谷又叫温源谷。扶桑树上画着两个太阳，一个正在从树上升起，一个刚刚从海里出现，两个太阳分别驮在两只乌鸦的背上。

扶桑树附近画着一个神，长着人的面孔，有两个大耳朵，身体像野兽，双耳上挂着两条青蛇，此神叫奢比尸。

图中还画着两只五彩鸟，相对而立，婆娑而舞。这两只鸟是帝俊在下界的朋友，帝俊降下两座神坛，这两只五彩鸟就是掌管这两座神坛的神鸟。

大荒之中，有山名曰猗天苏门，日月所生。有埙民之国。有綦山。又有摇山。有䳑山。又有门户山。又有盛山。又有待山。有五彩之鸟。

译文　　大荒之中，有一座山叫猗天苏门，也是日月升起的地方。
　　　　这一带有一个埙民之国，有好几座山，分别叫綦山、摇山、䳑山、门户山、盛山、待山，也有五彩之鸟。

东荒之中，有山名曰壑明俊疾，日月所出。有中容之国。

译文　　东方大荒之中，有一座山名叫壑明俊疾，也是日月升起的地方。这里也有一个中容之国。

东北海外，又有三青马、三骓①、甘华。爰有遗玉、三青鸟、三骓、视肉、甘华、甘柤、百谷所在。有女和月母之国②。有人名曰鹓③，北方曰鹓，来之风曰𤟧，是处东极隅④以止日月⑤，使无相间出没，司其短长。

注释　　❶ 骓（zhuī）：毛色青、白相杂的马。
　　　　❷ 女和月母之国：月母指月亮之母，亦即月神。女和是月神的名字。
　　　　❸ 鹓（wǎn）：鹓是北方的风神。
　　　　❹ 东极隅：这一段所述为东北海外的景观，在图画的东北角，"东极隅"当作"东北隅"。
　　　　❺ 止日月："止"与"正"的甲骨文字形相近，意思也相关。"正"有调整、端正的意思，"止日月"意为正日月，即观察日、月的运行制定使日期和月份步调一致的历法，即我国传统使用的阴阳合历。

译文　　东北方的海外，有三匹青色的马、三匹青白色的马、甘华，另外还有祭神的玉石、三只青鸟、三匹青白色的马、视肉、甘华、山楂、各种各样的谷物。
　　　　这里有一个女和月母之国，是月亮神的国度。
　　　　有一个人叫鹓，他是北方的风神，北方的名字也叫鹓，从北方吹来的风叫𤟧。这个神居住在东北方，还负责观察太阳、月亮的运行，让两者的升起、降落不要发生偏差，使月份和季节的周期相互协调，制定准确的历日。

大荒东北隅中，有山名曰凶犁土丘。应龙处南极①，杀蚩尤与夸父，不得复上。故下数旱，旱而为应龙之状②，乃得大雨。

注释　　❶　应龙处南极：古人崇拜的龙，是东方苍龙星象的神化。中国古代天文学把黄道周边的恒星分为二十八宿，又按四方划分为四组，每组七宿，并将它们想象为不同的神兽，即东方苍龙、南方朱雀、西方白虎、北方玄武。东方苍龙包括角、亢、氐、房、心、尾、箕七个星宿，苍龙在春天黄昏升起于东方，夏天黄昏升到南方，秋天黄昏向西方降落，到冬天就潜入北方地平线之下看不见了。当苍龙星升起于南方时，正是多雨的夏天，因此古人将龙星视为雨季的象征，龙主雨的观念就是由此而来。应龙处南极，就是夏天的苍龙星象，因此应龙即雨神。
　　　　❷　旱而为应龙之状，乃得大雨：古人视应龙为雨神，因此，如果天气大旱，就用泥土塑一条应龙，向它求雨。后世的求雨习俗，每逢大旱，就向龙王爷求雨，或者抬着龙王爷的塑像游行，或者舞龙灯，皆由此而来。

译文　　　大荒东北方，有一座山叫凶犁土丘。这座土丘是祭祀应龙求雨的地方。
　　　　　应龙住在遥远的南方，是主管雨水的神，由于他杀死了蚩尤和夸父，上帝惩罚他，他无法再回到天上，因此天下经常发生大旱。如果出现旱灾，老百姓就用泥土塑成应龙的形象，向它求雨，即刻就会降下大雨。

东海中有流波山，入海七千里。其上有兽，状如牛，苍身而无角，一足，出入水则必风雨，其光如日月，其声如雷，其名曰夔①。黄帝得之，以其皮为鼓，橛以雷兽之骨②，声闻五百里，以威天下。

注释　　❶　夔：这里说夔"状如牛"，还有古书说夔是龙形，夔即春天的苍龙星。春天的黄昏，苍龙的角宿率先从东海上升起，因此古人把它想象为一头牛。苍龙在春天黄昏升起的时候，正是惊蛰节气前后，这时开始出现春雷，春雨开始降落，在神话中就变成夔其声如雷，出入水面时必定刮风下雨。
　　　　❷　雷兽：即夔。因为它的叫声像打雷，故名雷兽。

译文　　　东海之中，离海岸七千里，有一座流波山，山上有一个神兽，长相似牛，浑身是青色的，没有牛角，只长着一条腿，每当他从海里冒出来的时候，必然会伴随着刮风下雨，夔光芒四射，如同日月之光，叫声惊天动地，好像霹雳，这个神兽的名字叫夔，它就是雷兽。
　　　　　后来黄帝杀死了夔，用它的皮做了一面鼓，用它的骨头当鼓槌，鼓声可以传到五百里之外，声震四方，黄帝就用这面鼓号令天下。

應龍

大荒東經

夔

四
一
四

卷
十
四

卷十五

大荒南经

南海之外①，赤水之西，流沙之东，有兽，左右有首，名曰跊踢。有三青兽相并，名曰双双。有阿山者。

注释　　❶ 南海之外：《大荒南经》是对图画中南方内容的记述，开头一条始于"南海之外"，结尾一条终于"东南海之外"，说明该篇是按自西向东的顺序记述的。

译文　　南海之外，赤水的西边，流沙的东边，有一只神兽，它身体的左右两边各长着一个脑袋，这只神兽的名字叫跊（chù）踢。跊踢的边上并排画着三只青色的兽，名叫双双。附近有一座阿山。

南海之中，有氾天之山，赤水穷焉。赤水之东，有苍梧之野，舜与叔均之所葬也。爰有文贝、离俞①、鸱久②、鹰、贾③、委维④、熊、罴、象、虎、豹、狼、视肉。有荣山，荣水出焉。黑水之南，有玄蛇，食麈；有巫山者，西有黄鸟，帝药八斋⑤；黄鸟于巫山，司此玄蛇。

注释　　❶ 离俞：离朱，神话中一种视觉敏锐的神鸟。
　　　　❷ 鸱：当为"鸱"之讹。
　　　　❸ 贾：鹰一类的猛禽。
　　　　❹ 委维：同"委蛇"，即蛇。
　　　　❺ 帝药八斋："帝药"指上帝所服用的药物，当即不死药之类。斋为祭神之前独处洁身的清净居所，这里是指炼制或储存神药之所在。

译文　　南海之中，有一座氾天之山，赤水流到这里就到了尽头。
　　　　赤水的东面，有一片旷野叫苍梧之野，舜和叔均的坟墓都在这里。墓地边上陈列着文贝、离朱、鸱久、鹰、贾、长蛇、熊、罴、大象、老虎、豹子、狼、视肉等奇鸟异兽和各种宝物。
　　　　附近有一座荣山，荣水发源于此山。
　　　　黑水流过这里，在黑水的南方，有一条黑色的巨蛇，正在吃一头麈（zhǔ）鹿；这里有一座巫山，是巫师们炼制不死药的地方，山上有八间为上帝炼药的精舍；山的西边有一只黄鸟，黄鸟在巫山上，专门看管那条黑色的长蛇。

大荒之中，有不庭之山，荣水穷焉。有人三身，帝俊妻娥皇①，生此三身之国，姚姓，黍食，使四鸟。有渊四方，四隅皆达，北属黑水，南属大荒，

跊踢

大荒南经

雙雙

北旁名曰少和之渊，南旁名曰從渊，舜之所浴也。又有成山，甘水穷焉。有季禺之国，颛顼之子，食黍。有羽民之国，其民皆生毛羽。有卵民之国，其民皆生卵。

注释

❶ 荥水："荥"当作"滎"，荥水即上一条的荥水。
❷ 渊："渊"与"泉"古字通，这里的"渊"当是一处泉水，且为舜沐浴的地方，很可能是一处温泉。
❸ 四隅皆达：指这座泉水的四隅都有水道与河流相通。

译文

大荒之中，有一座不庭之山，荥水的下游流经此山。

图中画着一个人，一个脑袋下长着三个身子，帝俊娶娥皇为妻，生下这个三身之国，三身国姓姚，以黍米为主食，使唤四种鸟。

三身国附近有一处四方形的泉水，泉水从四个角落的水道流向四方，向北流进黑水，向南流进大荒，这处泉水的北面还有一处泉水，叫少和之渊，南面也有一处泉水，叫從渊，是帝俊沐浴的地方。

这一带还有一座成山，甘水的下游流经此山。

有一个国家叫季禺之国，这个国家的王是颛顼的儿子，以黍米为主食。

另有两个奇怪的国家，一个叫羽民之国，一个叫卵民之国，羽民之国的人都浑身长满羽毛，卵民之国的人都会下蛋。

大荒之中，有不姜之山，黑水穷焉。又有贾山，汔水出焉。又有言山。又有登备之山。有恝恝之山。又有蒲山，澧水出焉。又有隗山，其西有丹，其东有玉。又南有山，漂水出焉。有尾山。有翠山。有盈民之国，於姓，黍食。又有人方食木叶①。有不死之国，阿姓，甘木是食。

注释

❶ 有人方食木叶：木叶即树叶，这个以树叶为食的人，当即下句的不死之国，不死之国"甘木是食"，就是吃树叶的人。该国人以天然的树叶为食物，不吃五谷杂粮，不食人间烟火，因此可以长生不老，类似于后来的神仙。

译文

大荒之中，有一座不姜之山，黑水的下游流经此山。有一座贾山，汔水由此发源。这一带有好几座山，有言山、登备之山、恝（qì）恝之山，有一座蒲山，澧水源出此山。还有一座隗山，山西产丹砂，山东产玉石。这座山的南面有一座山，漂水源出此山。另有两座山，分别是尾山、翠山。

这里有一个盈民之国，姓於，以黍米为主食。

图中画着一个人正在吃树叶，这是不死之国的人，该国的人姓阿，他们不吃五谷鱼肉，只吃甘木的树叶，所以长生不死。

大荒之中，有山名曰去痓，南极，果北不成，去痓果。南海渚中，有神，人面，珥两青蛇，践两赤蛇，曰不廷胡余。有神名曰因因乎，南方曰因乎，夸风曰乎民，处南极以出入风。有襄山。又有重阴之山。有人食兽，曰季釐，帝俊生季釐，故曰季釐之国。有缗渊，少昊生倍伐，倍伐降处缗渊。有水四方，名曰俊坛。有蒇民之国，帝舜生无淫，降蒇处，是谓巫蒇民。巫蒇民盼姓，食谷，不绩不经，服也；不稼不穑，食也。爰有歌舞之鸟，鸾鸟自歌，凤鸟自舞。爰有百兽，相群爰处。百谷所聚。

注释　❶ 有山名曰去痓（zhì），南极，果北不成，去痓果：这句话难以读通，当有讹文。通行版本均将此句断为"有山名曰去痓，南极果，北不成，去痓果"，值得商榷。《大荒经》中有四座四极之山，分别指东、南、西、北方的正中方位，《大荒东经》说："大荒之中，有山名曰鞠陵于天、东极离瞀。"这是东极之山，该山为东方七座日出之山的中间一座，即春、秋分时的日出之山，因此一定是位于正东方；《大荒西经》说："大荒之中，有山名曰日月山，天枢也。"该山为西方七座日入之山的中间一座，即春、秋分的日落之山，因此一定是位于正西方，此山称为"天枢"，"枢"也有中间、中枢的意思，此为西极之山。《大荒北经》说："大荒之中，有山名曰北极天櫃。"这是北极之山，显然，《大荒南经》的这座去痓山就是南极之山，故"南极"二字当与下面的"果"字断开，而与"去痓"连读。如此断句，这句话虽仍有难解之处，但大致可以读得通，意为："有山名叫去痓，这座山是南极之山。果实到了北方不会成熟，只有在南极之山去痓才能成熟。"这里所说的"果"，很可能就是上文不死国所食甘木结的果，即吃了可以不死的仙果。
❷ 不廷胡余：不廷胡余住在海岛上，是南海之神。
❸ 有神名曰因因乎，南方曰因乎，夸风曰乎民：这句话也多有讹误，对照其他三方神名，校订为："有神名曰因，南方曰因乎，来风曰乎"。
❹ 缗（mín）渊：当是一处泉水。
❺ 有水四方，名曰俊坛：水不当称为坛，古人祭祀天神的祭坛，都要四面环水，这里的俊坛，当是指在水中的一座用来祭祀帝俊的祭坛。此水四方，表明它不是天然的湖泊或泉水，而是人工建造而成。

译文　　　大荒之中，有一座山叫去痓，去痓是南极之山，甘木所结的长生果到了北方就无法成熟，只有在这座去痓之山上才会成熟。
　　南方的海中有一个岛，岛上有一个神，长着人的面容，双耳上各戴着一条青蛇，脚下踩着两条赤蛇，它名叫不廷胡余，是南海之神。南极还有一位神，叫因，南方之神名为因，南方吹来的风叫乎，因是南方风神，居住在南极之山，管理南风的出入。
　　南极附近有两座山，一座叫襄山，一座叫重阴之山。附近画着一个人，正在吃一只野兽，此人名叫季釐。季釐是帝俊的儿子，他的国家因此被称为季釐之国。
　　图中还画着一座叫缗渊的泉水，少昊的儿子倍伐，降临下界，就住在缗渊里。附近有一个四四方方的水池，水中有一座祭坛，叫俊坛，是祭祀帝俊的地方。
　　这一带有一个国家，叫蒇民之国，是帝舜的后代，帝舜生无淫，无淫降世，住在蒇这个地方，就是所谓巫蒇民。巫蒇民姓盼姓，以谷子为主食。这个国家的人民，不需要纺线织布就有衣服穿，不需要耕田种庄稼就有饭吃，过着衣来伸手、饭来张口的幸福生活。这里到处

都有载歌载舞的神鸟，鸾鸟婉转歌唱，凤鸟婆娑起舞，还有各种各样的野兽，与世无争地生活在一起。这里到处都堆积着各种谷物，一片幸福安宁的太平景象。

大荒之中，有山名曰融天，海水南入焉①。有人曰凿齿，羿杀之。有蜮山者，有蜮民之国，桑姓，食黍②，射蜮是食。有人方扜弓射黄蛇③，名曰蜮人。有宋山者，有赤蛇，名曰育蛇。有木生山上，名曰枫木。枫木，蚩尤所弃其桎梏，是谓枫木。有人方齿虎尾，名曰祖状之尸④。有小人，名曰焦侥之国，几姓，嘉谷是食。

注释　　❶ 海水南入：这表明图中画着一个海湾，海在南、陆地在北，海水从南面侵入陆地，故称海水南入。
　　　　❷ 蜮（yù）：即"蝈"字，古书中指青蛙之类。
　　　　❸ 扜（yū）弓：挽弓。
　　　　❹ 柤：郭注云："音如柤梨之柤"，则此字不作"柤"，别本作"祖"，当据改。

译文　　大荒之中，有一座山名叫融天，这里有一个海湾，海水从南方伸进陆地。
　　　　图中画着一个人，叫凿齿，羿杀死了他。
　　　　有一座蜮山，山上有一个国家，叫蜮民之国，这个国家的人姓桑，以黍米为主食，也吃青蛙，他们会用箭射杀青蛙作为食物。图中画着一个人正在挽弓射一条黄蛇，此人称为蜮人，就是蜮民之国的人。
　　　　图中画着一座山叫宋山，山边有一条红色的蛇，叫育蛇。宋山上长着一棵树，叫枫木。这棵树是从蚩尤抛掉的桎梏上长出来的，故被称为枫木。枫树边有一个人长着像凿子一样的大板牙，还长着老虎的尾巴，名叫祖状之尸。
　　　　画面中有一个身材矮小的侏儒，来自焦侥之国，这个国家的人姓几，只吃美味的谷物。

大荒之中，有山名朽涂之山①，青水穷焉。有云雨之山，有木名曰栾。禹攻云雨②，有赤石焉生栾，黄本，赤枝，青叶，群帝焉取药。有国曰颛顼，生伯服③，食黍。有鼬姓之国。有苕山。又有宗山。又有姓山。又有壑山。又有陈州山。又有东州山。又有白水山，白水出焉，而生白渊，昆吾之师所浴也④。有人名曰张弘，在海上捕鱼。海中有张弘之国⑤，食鱼，使四鸟。有人焉，鸟喙，有翼，方捕鱼于海⑥。

大荒南经

注释　　❶ 歾（xiǔ）涂之山："歾"通"朽"，涂意为涂泥、泥巴，歾涂之山即烂泥之山的意思，这座山当与大禹治水有关。
❷ 禹攻云雨：大禹是治水之神，大雨会导致洪水泛滥，毁坏家园，因此大禹治水必定会讨伐云雨之神。据上下文，禹攻云雨跟栾树有何关系，此处语焉不详，这一记载背后肯定有一个更详细的故事，但没有保存下来。
❸ 有国曰颛顼，生伯服：按照《大荒经》记述方国的体例，一般是先说国名，然后说明该国的世系，说某某生此国，据此，该句原本应为"有国曰伯服，颛顼生伯服"，前面的"伯服"二字脱漏了。
❹ 昆吾：昆吾传说为夏代的诸侯，又是冶金术的发明者。
❺ 张弘之国：张弘即长肱，亦即长臂，张弘之国当即《海外南经》中的长臂国。
❻ 有人焉，鸟喙，有翼，方捕鱼于海：这句话与上面的"有人名曰张弘，在海上捕鱼"一句语义重复，当是对同一画面的记述。

译文　　大荒之中，有一座山名叫歾涂之山，青水的下游流经此山。
有一座山叫云雨之山，山上长着一棵树，叫栾树。大禹治水，云雨之山为云雨之神的神山，大禹治水时，曾至此山讨伐云雨之神。栾树生在山上的一块红色石头上，图中的树干是黄色的，树枝是红色的，树叶是青色的，这棵树是群帝获取不死药的神树。
有一个国家叫伯服，颛顼生伯服，伯服国的人以黍米为主食。
这一带还有一个融姓之国。有好几座山，分别为苕山、宗山、姓山、壑山、陈州山、东州山。
还有一座白水山，白水由此山发源，在下游聚积为一个叫白渊的深潭，这座深潭是冶金之神昆吾的师傅沐浴的地方。
海里有一个张弘之国，该国以鱼为主食，会使唤四种鸟。图中一个人，长着鸟的长嘴巴，身上长着翅膀，正在海里捕鱼。

大荒之中，有人名曰䯄头。鲧妻士敬，士敬子曰炎融，生䯄头。䯄头人面鸟喙，有翼，食海中鱼，杖翼而行。维宜芑苣，穋杨是食❶。有䯄头之国。帝尧、帝喾、帝舜葬于岳山。爰有文贝，离俞、鸱久、鹰、贾、延维、视肉、熊、罴、虎、豹。朱木，赤支，青华，玄实。有申山者。

注释　　❶ 维宜芑苣，穋（lù）杨是食：芑、苣、穋、杨都是谷物名称。

译文　　大荒之中，有一个人名叫䯄（huān）头。鲧娶士敬为妻，士敬生下一个儿子叫炎融，炎融又生了䯄头。䯄头长着人脸，却有一个长长的鸟喙，身上长着翅膀，以海里的鱼虾为食。䯄头的翅膀不能飞翔，而是像两条前腿一样拄地而行。这里适合种芑、苣两种谷物，他们以穋、杨为食。这就是䯄头国。
帝尧、帝喾、帝舜的坟墓都在岳山，这里陈列着文贝以及离朱、鸱久、鹰、贾、长蛇、视肉、熊、罴、老虎、豹子等各种奇鸟异兽。还有一棵红色的树木，枝、干是红色的，花朵是青色的，果实是黑色的。这里有一座申山。

大荒之中，有山名曰天台高山，海水入焉。

译文 大荒之中，有一座山名叫天台高山，山下有一个海湾，海水伸进陆地。

东南海之外，甘水之间，有羲和之国。有女子名曰羲和，方浴日于甘渊。羲和者，帝俊之妻，生十日。有盖犹之山者，其上有甘柤，枝干皆赤，黄叶，白华，黑实。东又有甘华，枝干皆赤，黄叶。有青马，有赤马，名曰三骓①。有视肉。有小人名曰菌人。有南类之山，爰有遗玉、青马、三骓、视肉、甘华，百谷所在。

注释 ❶ 有青马，有赤马，名曰三骓：三骓应该有三匹马，除青马、赤马外，还有一匹，该句或许有脱漏。

译文 东南海之外，甘水环绕着一个羲和之国。图中画着一个女子叫羲和，正在甘水的河渊中给太阳洗澡。羲和是帝俊的妻子，她生了十个太阳。
　　这里有一座盖犹之山，山上长着甜美的山楂。山楂树树枝、树干都是红色，树叶是黄色的，开白色的花朵，结的果实是黑色的。山楂树的东边有一棵甘华树，树干、树枝都是红色的，树叶是黄色的。
　　图中还画着一匹青马、一匹红马，名叫三骓。图中还画着视肉。还画着一个身材矮小的人，叫菌人。附近有一座南类之山，山边陈列着祭神的玉器、青马、三骓、视肉、甘华等宝物，还有各种各样的谷物。

囿人

卷十六 大荒西经

西北海之外，大荒之隅，有山而不合，名曰不周负子。有两黄兽守之。有水曰寒暑之水，水西有湿山，水东有幕山。有禹攻共工国山。有国名曰淑士，颛顼之子。有神十人，名曰女娲之肠，化为神，处栗广之野，横道而处。有人名曰石夷，来风曰韦，处西北隅以司日月之长短。有五彩之鸟，有冠，名曰狂鸟。有大泽之长山。有白民之国。

注释

❶ 西北海之外：《大荒西经》是对图画中西方内容的记述，开头一条始于"西北海之外"，结尾一条终于"西南大荒之中隅"，说明该篇是按自北向南的顺序记述的。

❷ 有山而不合：指山体如环状但其环体上有缺口，该山名为不周，即由此而来。

❸ 不周负子："负子"二字衍。

❹ 禹攻共工国山：《山海经》及其他古书均无禹攻共工国的记载，但《大荒北经》记载禹杀死共工之臣相柳，当与禹攻共工国有关。

❺ 女娲之肠：女娲之肠指上文"有神十人"，这一记载意义不明，或许与女娲造人有关，"女娲之肠"又作"女娲之腹"，其义或指这十个神是女娲所生。可见在古代当存在与女娲抟土造人不同的造人神话。

❻ 石夷：石夷为西方的风神，四方风神之一。

译文　　西北海之外，大荒西北隅，有一座山的山体是环形的，但环形之上有缺口，故被称为不周之山。图中有两只黄色的神兽守护着不周山。

有一片水叫寒暑之水，水的西边有一座湿山，水的东边有一座幕山。还有一座山叫禹攻共工国山。

有一个国家叫淑士国，这个国家的王是颛顼的儿子。

图中画着并排十个神人，名叫女娲之肠，是女娲的肠子变成的神。他们在栗广之野这个地方，十个人并排横在一条道路上。

有一个人名叫石夷，他是主管西方来风的神，西方来风叫韦，石夷住在西北方，还负责观察日月出入，以调整月份和季节的长短。

图中还画着一个五彩的鸟，头上戴着冠，名曰狂鸟。这里有一座位于大泽边的山，叫长山。山边有一个国家叫白民之国。

西北海之外，赤水之东，有长胫之国。有西周之国，姬姓，食谷。有人方耕，名曰叔均。帝俊生后稷，稷降以百谷。稷之弟曰台玺，生叔均。叔均是代其父及稷播百谷，始作耕。有赤国妻氏。有双山。

译文　　西北海之外，赤水的东面，有一个国家叫长胫之国，这个国家的人都长着长腿。

有一个国家叫西周之国，这个国家的人姓姬，以谷为主食。图中有一个人正在耕地，他

女媧

大荒西经

的名字叫叔均。叔均是帝俊的后代，帝俊生后稷，后稷从天上给下界带来各种谷物的种子。后稷的弟弟叫台玺，台玺生了个儿子叫叔均。叔均发明了耕地技术，代替他的父亲和后稷耕地种庄稼。

这里还有一个国家叫赤国妻氏。还有一座山叫双山。

西海之外，大荒之中，有方山者，上有青树，名曰柜格之松，日月所出入也。

译文　　西海之外，大荒之中，有一座山叫方山。方山上生长着一棵青松，名叫柜格之松，这座山是日月升起落下的地方。

西北海之外，赤水之西，有先民之国，食谷，使四鸟。有北狄之国。黄帝之孙曰始均，始均生北狄。有芒山。有桂山。有榣山。其上有人，号曰太子长琴。颛顼生老童，老童生祝融，祝融生太子长琴，是处榣山，始作乐风①。有五彩鸟三名：一曰皇鸟，一曰鸾鸟，一曰凤鸟。有虫状如菟②，胸以后者裸不见③，青，如猿状④。

注释　　❶ 乐风：泛指歌舞音乐。
　　　　❷ 菟：兔。
　　　　❸ 胸以后者裸不见："不见"二字不可解，或有讹文。
　　　　❹ 猨：猿。

译文　　西北海之外，赤水的西边，有一个国家叫先民之国，这个国家的人以谷子为主食，能使唤四种鸟。

另有一个北狄之国，北狄是黄帝的后裔，黄帝的孙子叫始均，始均生北狄。

这里有三座山，分别叫芒山、桂山、榣山。榣山上有一个人，叫太子长琴。太子长琴是颛顼的重孙子，颛顼生老童，老童生祝融，祝融生太子长琴。太子长琴住在榣山，发明了音乐歌舞。图中画着一只羽毛五彩的鸟，这只鸟有三个名字，一为皇鸟，一为鸾鸟，一为凤鸟。

有一个怪兽，形状像兔子，胸部以后不长毛，浑身都是青色的，像猿的颜色。

大荒之中，有山名曰丰沮玉门，日月所入。有灵山，巫咸、巫即、巫盼、巫彭、巫姑、巫真、巫礼、巫抵、巫谢、巫罗十巫，从此升降，百药爰在。西有王母之山①、壑山、海山。有沃之国，沃民是处。沃之野②，凤鸟之卵是食，甘露是饮。凡其所欲，其味尽存。爰有甘华、甘柤、白柳、视肉、三骓、璇瑰③、瑶碧④、白木、琅玕⑤、白丹、青丹，多银铁。鸾鸟自歌，凤鸟自舞，爰有百兽，相群是处，是谓沃之野。有三青鸟，赤首黑目，一名曰大鵹⑥，一名少鵹，一名曰青鸟。有轩辕之台，射者不敢西向射，畏轩辕之台。

注释
❶ 西有王母之山：按《大荒经》记述体例，当作"有西王母之山"。
❷ 沃之野：即沃野，这里应有尽有，物产丰盛，故称为沃之野。
❸ 璇瑰：红色的玉石。
❹ 瑶碧：绿色的玉石。
❺ 琅玕：一种宝石。
❻ 鵹（lí）：也是青鸟的意思。

译文
　　大荒之中，有一座山叫丰沮玉门，这座山是日月降落的地方。旁边有一座灵山，巫咸、巫即、巫盼、巫彭、巫姑、巫真、巫礼、巫抵、巫谢、巫罗十位巫师，经由这座山在天地之间来往，这座山上有各种各样的药物。
　　有一座西王母之山，附近还有两座山，叫壑山、海山。这几座山附近就是沃之国，是沃民居住的国度。沃之国里有一片沃之野，这里的人们吃的是凤皇的蛋，喝的是天降的甘露，凡是人们想吃的美味和美好之物，这里应有尽有，有甘华、山楂、白柳、视肉、三骓、璇瑰、瑶碧、白木、琅玕、白丹、青丹，银和铁等金属也取之不尽、用之不竭。不用人的指挥，鸾鸟婉转歌唱，凤鸟婆娑起舞，各种各样的野兽住在一起，成群结队，自由自在，这里因此被称为沃之野。
　　图中画着三只青色的鸟，都长着红色的脑袋、黑色的眼睛，大的叫大鵹，小的叫少鵹，还有一个叫青鸟。
　　这里有一座轩辕之台，图中画着一个射手正在挽弓射箭，但他不敢向西射，因为西边是轩辕之台，他畏惧轩辕之台。

大荒之中，有龙山，日月所入。有三泽水，名曰三淖，昆吾之所食也。有人衣青，以袂蔽面，名曰女丑之尸。有女子之国。有桃山。有䗪山。有桂山。有于土山。有丈夫之国。有弇州之山，五彩之鸟仰天，名曰鸣鸟。爰

有百乐歌儛之风。有轩辕之国。江山之南栖为吉，不寿者乃八百岁①。

注释　　❶ 江山之南栖为吉，不寿者乃八百岁：这句话当是指轩辕之国的人都很长寿。"江山之南栖为吉"一句大概跟《大荒南经》记载的南方不死之国有关，因为不死药在南方，故住在江山之南更吉祥。

译文　　　　大荒之中，有一座山叫龙山，这里是日月降落的地方。这里有三片相连的湖泽，称为三淖，这里是昆吾赖以为生的地方。
　　　　　　有一个女子，身穿青色的衣裳，举着衣袖遮住面孔，名叫女丑之尸。
　　　　　　这里有四座山，分别叫桃山、䖟（mǎng）山、桂山、于土山。这四座山附近，有一个女子之国，国内只有女人，还有一个丈夫之国，国内只有男人。
　　　　　　有一座弇（yǎn）州之山，山上有一只五彩羽毛的鸟，正在仰天高歌，名叫鸣鸟。弇州之山上到处是一片载歌载舞的景象。
　　　　　　这里有一个轩辕之国，轩辕之国的人都很长寿，寿命最短的也超过八百岁，如果能到江山之南的不死国居住，人会更长寿。

西海陼①中，有神人面鸟身，珥两青蛇，践两赤蛇，名曰弇兹。

注释　　❶ 陼（zhǔ）：同"渚"。

译文　　　　西海的岛上，住着一个神，这位神长着人面鸟身，耳朵上戴着两条青蛇，脚下踩着两条赤蛇，名叫弇兹。他是西海之神。

大荒之中，有山名曰日月山，天枢①也。吴姖天门，日月所入。有神人面无臂，两足反属于头上，名曰嘘②。颛顼生老童，老童生重及黎，帝令重献上天，令黎卭下地，下地是生噎③，处于西极，以行日月星辰之行次。有人反臂④，名曰天虞。有女子方浴月。帝俊妻常羲⑤，生月十有二，此始浴之。有玄丹之山。有五色之鸟，人面有发。爰有青鸢、黄鹜，青鸟、黄鸟，其所集者其国亡⑥。有池，名孟翼之攻颛顼之池。

注释　　❶ 天枢：天柱，神话中天地的中心，天跟地相连的地方。

❷ 噓：下文的"噎"，也就是《海内经》的噎鸣，"噓"字当作"噎"，形近而讹。
❸ 帝令重献上天，令黎卬下地："卬"当作"印"。"献"是往上举，"印"是往下按，帝令重献上天，令黎印下地，意为上帝命令重把天举上去，令黎把地按下去，把天跟地分开，这就是传说中的"重黎绝地天通"。
❹ 反臂：反举双臂。一般人通常举起手臂时都是习惯性地手掌在前、手指在后，但托举着东西时，则是手指在前、手掌在后，故称为反臂，这正是"献"的动作。这个画面中，噎（噓）"两足反属于头上"，头朝下、脚朝上，像是在倒立拿大顶，而天虞则双手高举像托着什么东西，他们两位其实就是重和黎，天虞就是重，他正在高举双手把天托举上去，噎就是黎，他正在头朝下地把地按下去。这个画面呈现的就是"重黎绝地天通"的场景。
❺ 常羲：又作常仪。常羲就是嫦娥，"羲""娥"字形、发音都相近。常羲生十二个月，是月亮之母，亦即月亮神，后来的嫦娥奔月神话就由此演变而来。
❻ 集："集"通"栖"，"集"字的甲骨文即一只鸟栖息在一棵树上的样子。

译文　　　　大荒之中，有一座山名叫日月山，这座山是天地相连的天柱，又称为吴姖（jù）天门，由此可以登天，这座山是日月降落的地方。
　　　　　　图中画着一位神，长着人的面孔，看不见双臂，正倒立着身体，把两只脚高举在头上，他正在用力地向下按压大地，这位神的名字叫噎。还有一位神，正反举着双臂，用力地把天举上去，他的名字叫天虞。这两位神就是传说中分开天地的重和黎。据说颛顼生了儿子老童，老童生了两个儿子，叫重和黎，上帝命令重把天举上去，命令黎把地按下去。噎就是大地的儿子，他住在日月山这座西极之山，负责观察日月星辰的运行和方位。
　　　　　　图中画着一个女子，正在给月亮洗澡，她就是月母常羲，她是帝俊的妻子，生了十二个月亮，在这里为月亮沐浴。
　　　　　　有一座玄丹之山，山上有一只羽毛五彩的鸟，长着人一样的面孔和头发。这里还有两只名叫青鹲（wén）和黄鹜的鸟，也就是青鸟和黄鸟，它们飞到哪个国家，那个国家就会灭亡。
　　　　　　这一带还有一片池泽，孟翼曾在这里攻打颛顼，因此被称为孟翼之攻颛顼之池。

大荒之中，有山，名曰鏖鏊钜，日月所入者。有兽，左右有首，名曰屏蓬①。有巫山者。有壑山者。有金门之山，有人名曰黄姖之尸。有比翼之鸟。有白鸟青翼，黄尾，玄喙。有赤犬，名曰天犬②，其所下者有兵。

注释　　　　❶ 屏蓬：即《海外西经》的并封。封、蓬都指猪，屏蓬是一个两头猪。
　　　　　　❷ 天犬：即天狗。天狗是一种火流星的名字，它坠落的地方会爆发战争，见《史记·天官书》。因为火流星坠落的时候发出如同狗吠一样的声音，故古人把它想象成一只从天而降的狗。

译文　　　　大荒之中，有一座山叫鏖鏊（ào）钜，这座山是日月降落的地方。
　　　　　　图中画着一只怪兽，身体的两边各长着一个脑袋，它的名字叫屏蓬。
　　　　　　这里有三座山，分别是巫山、壑山、金门之山，金门之山上有一个人，叫黄姖之尸。
　　　　　　图中画着一对比翼鸟，还有一只白鸟，但翅膀是青色的，尾巴是黄色的，嘴巴是黑色的。
　　　　　　图中画着一只红色的狗，这是名为天狗的火流星，它坠落到哪里，哪里就会爆发战争。

西海之南，流沙之滨，赤水之后，黑水之前，有大山，名曰昆仑之丘。有神，人面虎身，有文有尾，皆白，处之。其下有弱水之渊环之①，其外有炎火之山，投物辄然②。有人戴胜，虎齿，有豹尾，穴处，名曰西王母。此山万物尽有。

注释　　❶ 弱水之渊：在这里，弱水指浮力很小的水，连羽毛都会沉没。昆仑丘北弱水之渊、炎火之山层层包围着，意味着这是一座神山，禁止一般人接近。
❷ 炎火之山，投物辄然："然"通"燃"。炎火之山可能是一座有天然气冒出的山，天然气长期自燃，把异物丢进去，就会燃烧。

译文　　　西海的南面，流沙的边上，赤水的后面，黑水的前面，有一座大山，名叫昆仑之丘。山上有一位神，长着人的面孔、老虎的身子，身上有老虎一样的斑纹，长着老虎一样的尾巴，全身都是白色的。昆仑之丘的山下，四周环绕着一片弱水之渊，弱水之渊外面则环绕着一圈火焰山，火焰山上常年燃烧着烈焰，无论什么东西掉进去，都会立刻烧成灰烬。山上住着西王母，她头戴华胜，长着老虎的牙齿和豹子的尾巴，住在山洞里。昆仑丘上什么都有，一样也不缺。

大荒之中，有山名曰常阳之山，日月所入。有寒荒之国。有二人女祭、女薎。有寿麻之国。南岳娶州山女，名曰女虔。女虔生季格，季格生寿麻。寿麻正立无景，疾呼无响，爰有大暑，不可以往①。有人无首，操戈盾立，名曰夏耕之尸②。故成汤伐夏桀于章山，克之，斩耕厥前。耕既立，无首，走厥咎，乃降于巫山。有人名曰吴回，奇左，是无右臂。有盖山之国，有树，赤皮支干，青叶，名曰朱木。有一臂民③。

注释　　❶ 寿麻正立无景："寿麻正立无景，疾呼无响，爰有大暑，不可以往"这句话，都不是指寿麻这个人或神而言，而是指寿麻国这个地方而言，意为寿麻国这个地方，到了中午，太阳正当头顶，因此那个地方非常炎热，人站直了，地上没有影子。这是古人对南方的推想。
❷ 夏耕之尸：夏耕之尸即夏耕的尸体，耕是夏桀的臣子，故称为夏耕。夏耕之尸当即《海外西经》的形天。
❸ 一臂民：当即指上文的吴回而言，吴回只有左臂，没有右臂，因此名为一臂民。

译文　　　大荒之中，有一座山名叫常阳之山，这座山是日月降落的地方。有一个国家叫寒荒之国。图中画着两个女人，叫女祭和女薎（miè）。

一臂民

大荒西经

有一个国家，叫寿麻之国。南岳之神娶州山之神的女儿为妻，名叫女虔。女虔生了个儿子叫季格，季格生了寿麻。寿麻这个地方，到了中午的时候，太阳正当头顶正上方，人站直了，脚下看不见影子，大声呼唤，也不会有回声。这个地方天气十分炎热，一般人不敢去。

图中画着一个无头人，一手拿着戈、一手拿着盾牌伫立在山上，名叫夏耕之尸。以前商王成汤伐夏桀，在章山这个地方大战一场，打败了夏桀，当着夏桀的面斩杀了他的战将夏耕。夏耕被砍掉脑袋后，尸体没有倒下，无头的尸身撒腿就逃，跑到了巫山，成了巫山之神。

图中还画着一个人，叫吴回，吴回只有左边一条胳膊，没有右臂。又被称为一臂民。

有一个国家叫盖山之国，有一棵树，树皮、树干、树枝都是红色的，叶子是青色的，名为朱木。

大荒之中，有山名曰大荒之山，日月所入。<u>有人焉三面</u>，是颛顼之子，三面一臂，三面之人不死，是谓大荒之野。

译文　　大荒之中，有一座山名叫大荒之山，这座山是日月降落的地方。有一个人长着三个面孔，但只有一条手臂，此人是颛顼之子，这个三面人长生不死。大荒之山所在的这片旷野称为大荒之野。

西南海之外，赤水之南，流沙之西，有人珥两青蛇，乘两龙，名曰夏后开①。开上三嫔于天，得九辩与九歌②以下。此天穆之野，高二千仞，开焉得始歌九招③。有互人之国。炎帝之孙，名曰灵恝，灵恝生互人，是能上下于天。有鱼偏枯④，名曰鱼妇。颛顼死即复苏⑤。风道北来，天乃大水泉，蛇乃化为鱼⑥，是谓鱼妇。颛顼死即复苏。有青鸟，身黄，赤足，六首，名曰䴅鸟⑦。有大巫山。有金之山。

注释　　❶ 夏后开：即夏后启。因为汉景帝叫刘启，汉人在整理本书的时候为避讳，改为夏后开。
❷ 九辩与九歌：是古代的两种祭神歌舞，只有天子才有资格祭神，因此只有天子才有资格举行九辩和九歌这样的歌舞活动。
❸ 九招：即上文的九辩和九歌。
❹ 有鱼偏枯：偏枯，形容身体的半边枯死，大概意为到了旱季，这种鱼就会休眠，形同死去一样。有些鱼类有旱季休眠的习性。
❺ 颛顼死即复苏：颛顼是北方之神，又是冬天之神，象征冬天。颛顼死，意味着冬天过去，春天归来。春天到来以后，雨季也随之到来，有了雨水，在冬天因干旱而休眠的鱼就会重新

三面人

大荒西经

活过来。

❻ 风道北来，天乃大水泉："道"通"导"，"风道北来"，意为风从北来，即刮北风。刮北风的时候，雨季到来，导致洪水泛滥，即"天乃大水泉"。

❼ 蛇乃化为鱼：蛇不会变成鱼，但有些鱼，比如黄鳝、鳗鱼、泥鳅，确很像蛇，加之雨季的时候，蛇隐匿不见，而鱼多见，故古人误认为那些形状像蛇的鱼是蛇变成的。

译文　　西南海之外，赤水的南面，流沙的西面，有一个人耳朵上挂着两条青蛇，骑着两条龙，这是夏的国君夏后启。夏后启把三位美女献给上天，上帝赐给他"九辩"和"九歌"两种祭祀的歌舞。这里是天穆之野，高出周边二千仞，夏后启最早就是在这里演唱"九辩"和"九歌"的。

有一个互人之国，是炎帝的后代。炎帝的孙子叫灵恝，灵恝生互人，互人能够上下于天，作为天地之间的信使。

图中画着一条半边枯死的鱼，名叫鱼妇，颛顼一死，冬去春来，这条鱼就会复活过来。当开始刮北风的时候，大雨下个不停，洪水泛滥，蛇会变成鱼，所以称之为鱼妇。

图中画着一只青鸟，身上的羽毛是黄色的，脚是红色的，长着六个脑袋，名叫䴅鸟。有一座大巫山，还有一座金之山。

西南大荒之中隅①，有偏勾、常羊之山。

注释　　❶ 西南大荒之中隅："中隅"不通，"隅"是角落，不可能在正中，这句话原本当作"大荒西南隅"或"大荒之中，西南隅"。

译文　　大荒西南方，有两座山，叫偏勾之山和常羊之山。

案：夏后开即启，避汉景帝讳云①。

注释　　❶ 该句为后人所加，说明上文夏后开即夏后启，因汉景帝名刘启，为了避讳，汉人将"启"改写为"开"。

卷十七

大荒北经

东北海之外,大荒之中,河水之间,附禺之山,帝颛顼与九嫔葬焉。爰有鸱久、文贝、离俞、鸾鸟、凤鸟、大物、小物。有青鸟、琅鸟、玄鸟、黄鸟、虎、豹、熊、罴、黄蛇、视肉、璇、瑰、瑶、碧,皆出卫於山。丘方圆三百里,丘南帝俊竹林在焉,大可为舟。竹南有赤泽水,名曰封渊。有三桑无枝。丘西有沉渊,颛顼所浴。有胡不与之国,烈姓,黍食。

注释　　❶ 东北海之外:《大荒北经》是对图画中北方内容的记述,开头一条始于"东北海之外",结尾一条终于"西北海之外",说明该篇是按自东向西的顺序记述的。
　　　　❷ 大物、小物:其义大概是说大、小各种动物应有尽有。

译文　　东北海之外,大荒之中,河水环绕之地,有一座附禺之山,帝颛顼和他的九位嫔妃的坟墓在这座山上。这里有鸱久、文贝、离朱、鸾鸟、凤鸟、大大小小的各种鸟兽,应有尽有,还有青鸟、琅鸟、玄鸟、黄鸟、虎、豹、熊、罴、黄蛇、视肉、璇、瑰、瑶、碧等各种奇鸟异兽、奇珍异宝,都环绕在山的四周。
　　　　这座山方圆三百里,山的南麓有一片竹林,这是帝俊的竹林,竹林中最粗壮的竹子可以用来制造独木舟。
　　　　竹林南面有一片红色的泽水,叫封渊。泽边有三棵桑树,树干高大,不长枝丫。
　　　　山的西麓有一片泉水,叫沉渊,是颛顼沐浴的地方。这里有一个胡不与之国,这国的人姓烈,以黍米为主食。

大荒之中,有山名曰不咸。有肃慎氏之国。有蜚蛭,四翼。有虫,兽首蛇身,名曰琴虫。有人名曰大人。有大人之国,釐姓,黍食。有大青蛇,黄头,食麈。有榆山。有鲧攻程州之山。

注释　　❶ 鲧攻程州之山:这个山名意味着鲧曾在此地讨伐过程州,程州当是一个国家,但这个故事书中没有记载下来。

译文　　大荒之中,有一座山叫不咸。有一个肃慎氏之国。有一种叫蜚蛭的飞虫,长着四个翅膀。另有一种兽首蛇身的虫子,名叫琴虫。
　　　　图中画着一个人叫大人,这里是大人之国,这个国家的人姓釐,以黍米为主食。
　　　　图中还画着一条青色的大蛇,头部是黄色的,正在吞噬一只麈。这里有一座榆山,还有一座鲧攻程州之山。

琴蟲

大荒北经

大荒之中，有山名曰衡天。有先民之山。有盘木千里。有叔歜国，颛顼之子，黍食，使四鸟、虎、豹、熊、罴。有黑虫，如熊状，名曰猎猎。有北齐之国，姜姓，使虎、豹、熊、罴。

译文　　大荒之中，有一座山名叫衡天。还有一座先民之山，山上有一株盘曲的大树，树高千里。
　　　　有一个叔歜（chù）国，叔歜是颛顼的儿子，这个国家的人以黍米为主食，使唤四种鸟和虎、豹、熊、罴四种猛兽。
　　　　图中画着一条黑虫，长得像黑熊一样，名叫猎猎。
　　　　这里有北齐之国，这国的人姓姜，使唤虎、豹、熊、罴四种猛兽。

大荒之中，有山名曰先槛大逢之山，河、济所入①，海北注焉②。其西有山，名曰禹所积石。有阳山者。有顺山者，顺水出焉。有始州之国，有丹山。有大泽方千里，群鸟所解③。有毛民之国，依姓，食黍，使四鸟。禹生均国，均国生役采，役采生修鞈，修鞈杀绰人。帝念之，潜为之国，是此毛民。有儋耳之国，任姓，禺号子，食谷。北海之渚中，有神，人面鸟身，珥两青蛇，践两赤蛇，名曰禺彊④。

注释　　❶ 河、济所入："河"指黄河，"济"指济水，两者都在山东北部的渤海入海。
　　　　❷ 海北注焉：海水在这个地方伸进陆地，这是一个在陆地北面的海湾，这个海湾靠近黄河和济水入海口，只能是山东北面的莱州湾。
　　　　❸ 群鸟所解："解"指鸟儿蜕换羽毛。大泽即大片的沼泽湿地，是候鸟迁徙驻留的地方，候鸟会在此蜕换羽毛，以适应季节的变化。
　　　　❹ 禺彊：禺彊是北海之神。

译文　　大荒之中，有一座山叫先槛大逢之山，黄河和济水在这里流进大海，附近有一个海湾，海水从北方伸进陆地。这座山的西边有一座山，叫禹所积石之山，此山是大禹治水时堆积石头而成。
　　　　附近还有一座阳山，一座顺山，顺水由顺山发源。有一个始州之国，有一座丹山。有一片广阔的大泽，方圆上千里，迁徙的鸟群都在此蜕换羽毛。
　　　　有一个毛民之国，这国的人姓依，以黍米为主食，使唤四种鸟。均国是大禹的后代，均国的后代是役采，役采的后代是修鞈（gé），修鞈杀了绰人，上帝可怜绰人的后代，悄悄地帮绰人的后代重建了一个国家，就是这个毛民国。
　　　　有一个儋耳之国，这国的人姓任，他们是海神禺号的后代，以谷子为主食。
　　　　北海的岛上，有一位神，长着人的面孔、鸟的身体，耳朵戴着两条青蛇，脚下踩着两条

猎猎

大荒北经

毛民國

赤蛇，名叫禺彊，禺彊是北海之神。

大荒之中，有山名曰北极天櫃①，海水北注焉。有神，九首人面鸟身，名曰九凤。又有神衔蛇操蛇，其状虎首人身，四蹄长肘，名曰彊良。

注释　　❶ 北极天櫃（guì）：这座山位于正北方，故称北极。

译文　　大荒之中，有一座山叫北极天櫃，北方的海水由此伸进陆地。
　　　　有一位神，长着鸟的身体，有九个脑袋，每个脑袋都长着人脸，名叫九凤。
　　　　另有一位神，口里衔着一条蛇，手中抓着一条蛇，长着老虎的头、人的身体，有四个蹄子、长长的肘子，名叫彊良。

大荒之中，有山名曰成都载天。有人珥两黄蛇，把两黄蛇，名曰夸父。后土生信，信生夸父。夸父不量力，欲追日景①，逮之于禺谷②。将饮河而不足也，将走大泽，未至，死于此。应龙已杀蚩尤，又杀夸父③，乃去南方处之，故南方多雨④。又有无肠之国，是任姓，无继子，食鱼。共工臣名曰相繇⑤，九首蛇身，自环，食于九土。其所歍所尼⑥，即为源泽，不辛乃苦，百兽莫能处。禹湮洪水，杀相繇，其血腥臭，不可生谷，其地多水，不可居也。禹湮之，三仞三沮，乃以为池，群帝是因以为台。在昆仑之北。有岳之山⑦，寻竹生焉。

注释　　❶ 日景："景"通"影"。夸父追日神话，本来说的并非追赶太阳本身，而是追太阳的影子。
　　　　❷ 禺谷：禺谷是西方日落之地，借指黄昏日落时分。
　　　　❸ 杀夸父：上面明明说夸父是追日影时渴死的，接着却说夸父是被应龙杀死的，自相矛盾。古代神话长期流传，会出现各种不同的说法，不足为怪。
　　　　❹ 南方多雨：应龙主管雨水，住在南方，故南方经常下雨。这是古人对南方多雨这一自然现象的解释。
　　　　❺ 相繇（yóu）：《海外北经》的相柳，象征吞噬大地的洪水。
　　　　❻ 所歍（wū）所尼："歍"义同"呕"，即呕吐；尼，停留。"所歍所尼"指相繇呕吐出来的东西和盘踞的地方。

九鳳

❼ 岳之山：按照《大荒经》的记载体例，山名若为两个字或两个字以上，则称为"某某之山"，而若山名只有一个字，则一般称为"某山"，由此可知"岳之山"或有脱字，此山处于北方，当为"北岳之山"。《大荒经》中有南岳，见《大荒西经》；有西岳，见于《海内经》；《大荒南经》有一座岳山，在东南方，当为东岳；《大荒北经》这座岳之山为北岳，可见《大荒经》中有四岳。

译文　　　大荒之中，有一座山名叫成都载天。有一个人，耳朵上戴着两条黄蛇，手中抓着两条黄蛇，名叫夸父。后土的儿子叫信，信的儿子就是夸父。夸父不自量力，想追赶太阳的影子，终于在日落的地方禺谷追上了。他口中干渴，喝干了黄河还没有解渴，于是又赶往大泽，还没有走到，就渴死在这里。

　　还有一个说法，夸父是被应龙杀死的。应龙在北方先杀了蚩尤，接着又杀了夸父，他只好去南方居住，因此南方经常下雨。

　　这里有一个无肠之国，这国的人姓任，无肠国是无继的后代，以鱼为主食。

　　共工的臣子叫相繇，是一条巨蛇，长着九个脑袋，它首尾相环，圈住了大禹造的九州，作为自己的食物。他把九州的土地吞噬以后，吐出来都变成了稀泥，他盘踞的地方，也变成一片沼泽，沼泽的水又苦又咸，连野兽都无法生存。大禹治理洪水，杀死了相柳，相柳的血又腥又臭，污染了大地，无法种植庄稼，到处都是水，人类无法居住。大禹只好在水中填土造地，填了三次，每次都被洪水淹没。他只好开挖沟池，把水排进沟池里，这样才在水里造出几座高台，这些高台在昆仑墟的北方，成为众位天帝居住的地方。

　　有一座叫北岳的山，山上生长着一棵高大的竹子，叫寻竹。

大荒之中，有山名曰不句，海水入焉。有系昆之山者，有共工之台，射者不敢北向。有人衣青衣，名曰黄帝女魃①。蚩尤作兵伐黄帝，黄帝乃令应龙攻之冀州之野。应龙畜水②，蚩尤请风伯、雨师，纵大风雨。黄帝乃下天女曰魃。雨止，遂杀蚩尤。魃不得复上，所居不雨。叔均言之帝，后置之赤水之北，叔均乃为田祖③。魃时亡之。所欲逐之者，令曰："神北行！"④先除水道，决通沟渎。有人方食鱼，名曰深目民之国，盼姓，食鱼。有钟山者。有女子衣青衣，名曰赤水女子献⑤。

注释　❶ 女魃：即旱魃，古人认为干旱是女魃导致的，因此每逢发生大旱，就要举行赶旱魃的仪式。
❷ 应龙畜水：畜水即蓄水，应龙是雨神，支配雨水，可以令雨水增加，也可以管理雨水，不让它泛滥成灾。
❸ 叔均乃为田祖：田祖即农田之神，叔均发明耕地技术，故被供奉为农田之神。
❹ 神北行：这句是驱赶旱魃的咒语，把她驱赶到遥远的北方去。
❺ 赤水女子献：赤水女子献也穿着青衣，而且住在赤水边，很可能就是旱魃。

女魃

四四六
卷十七

译文　　　　　大荒之中，有一座山叫不句，北海由此侵入陆地。有一座系昆之山，山边有一座共工之台，有一个人正在射箭，他不敢向北方射。

有一个女子，穿着青色的衣裳，叫黄帝女魃。蚩尤兴兵作乱，攻打黄帝，黄帝下令应龙在冀州之野这个地方迎战蚩尤。蚩尤请来风伯、雨师，刮起大风，下起大雨，应龙设法堵截雨水，但最后失败了。黄帝只好从天上请来旱魃，旱魃一到，即打败了风伯、雨师，止住了雨水，黄帝最终打败并杀死了蚩尤。旱魃降临人间后，再也无法回到天上，她住在哪里，哪里就会长期不下雨，发生旱灾。叔均是管种地的，他把此事向黄帝禀报，黄帝将旱魃安置到赤水的北方。农田重新得到了雨水的浇灌，人们于是把叔均当成田祖加以崇拜。旱魃被黄帝安置到赤水之北后，却不安心居住在这里，经常到处乱跑，她到了哪里，哪里就会干旱，人们只好想办法驱赶她。要想驱赶女魃，只要念动咒语："请神到北方去吧。"旱魃就会离开。在赶旱魃之前，先要清理河道，疏通沟渠，以免大雨降临后积水成灾。

图中画着一个正在吃鱼的人，这是深目民之国，深目民姓盼（fēn），以鱼为主要食物。

这里还有一座山叫钟山。有一位女子身穿青色衣裳，名叫赤水女子献。

大荒之中，有山名曰融父山，顺水入焉。有人名曰犬戎。黄帝生苗龙，苗龙生融吾，融吾生弄明，弄明生白犬，白犬有牝牡①，是为犬戎，肉食。有赤兽，马状无首，名曰戎宣王尸②。有山名曰齐州之山、君山、鬵山、鲜野山、鱼山。有人一目，当面中生，一曰是威姓③，少昊之子，食黍。有继无民，继无民任姓，无骨子，食气、鱼。

注释　　　　❶ 白犬有牝牡：大概是说白犬一身兼具雌雄两性生殖器官。
❷ 戎宣王尸：戎宣王尸身体像马，没有脑袋，且画成红色野兽的形象，很可能是象征一位被斩首的犬戎国王。犬戎是北方民族，善于养马，故把戎王画成马的样子。
❸ 当面中生，一曰是威姓："当面中生"无宾语，"一曰"原本当作"一目"，属上读，曰、目形近而讹。原文当作"当面中生一目，是威姓"。

译文　　　　　大荒之中，有一座山名叫融父山，顺水下游流至此山。

图中画着一个人，叫犬戎。犬戎是黄帝后人，黄帝的儿子叫苗龙，苗龙的儿子叫融吾，融吾的儿子叫弄明，弄明的儿子叫白犬，白犬一身兼具雌雄两性，他就是犬戎，犬戎以肉为主食。犬戎旁边有一个红色的野兽，样子像马，没有脑袋，这是戎宣王的尸首。

这里有好几座山，分别是齐州之山、君山、鬵（qián）山、鲜野山、鱼山。

有一个人，只在当面正中长着一只眼睛，这是一目国，这国的人姓威，是少昊的后代，以黍米为主食。

还有一个继无民，继无民姓任，是无骨国的儿子，这个国家的人以气和鱼为食。

西北海外，流沙之东，有国曰中轮，颛顼之子，食黍。有国名曰赖丘。有犬戎国。有神，人面兽身，名曰犬戎①。

注释　　❶ 犬戎：犬戎已见上文，该条再次出现，当是上条的错简。

译文　　西北海之外，流沙的东面，有一个国家叫中轮，中轮国君是颛顼的儿子，以黍米为主食。还有一个国家叫赖丘国。犬戎国有一个神，人面兽身，名叫犬戎。

西北海外，黑水之北①，有人有翼，名曰苗民。颛顼生骧头，骧头生苗民，苗民釐姓，食肉。有山名曰章山。

注释　　❶ 黑水之北：宋本"北"讹作"汜"。

译文　　西北海之外，黑水的北面，有一个长着翅膀的人，叫苗民。颛顼的儿子叫骧头，骧头的儿子叫苗民，苗民姓釐，以肉为主食。有一座山叫章山。

大荒之中，有衡石山、九阴山、灰野之山，上有赤树，青叶，赤华，名曰若木。有牛黎之国，有人无骨，儋耳之子。

译文　　大荒之中，有三座山，分别是衡石山、九阴山、灰野之山，灰野之山上长着一棵红色的树木，叶子是青色的，花朵是红色的，名叫若木。
　　　　有一个国家叫牛黎之国，这国的人不长骨头，是儋耳的儿子。

西北海之外，赤水之北，有辽尾山①。有神，人面蛇身而赤，直目正乘②，其瞑乃晦，其视乃明，不食，不寝，不息，风雨是谒③，是烛九阴④，是谓烛龙⑤。

注释　　❶ 辽尾山：别本作"章尾山"。
　　　　❷ 直目正乘："直目"指眼睛是竖着的。"乘"的甲骨文像一个人正身跨在树上，"正乘"的意思大概是指烛龙正面朝向画面外盘踞在章尾山上。
　　　　❸ 风雨是谒："谒"意为谒见，指烛龙能够呼风唤雨。
　　　　❹ 烛九阴：烛本义为火炬，九阴指最为阴暗之处，烛九阴意为照亮天地间最为阴暗的地方。
　　　　❺ 烛龙：就是《海外北经》的烛阴。

译文　　　　西北海之外，赤水的北方，有一座章尾山，山上有一位神，人面蛇身，浑身火红，生着一双竖眼。他闭上眼睛，天地就变得一片晦暗；睁开眼睛，天地就一片光明。他不吃饭，不睡觉，不呼吸，能够呼风唤雨，它的光芒能够照亮天地间最阴暗的地方，这就是烛龙。

卷十八

海内经

东海之内①，北海之隅，有国名曰朝鲜、天毒②，其人水居，偎人爱人③。

注释　　❶ 东海之内：《海内经》属于《大荒经》的组成部分，《大荒经》四篇记述的是图画四方的画面内容，《海内经》记述的是图画中央的画面内容。"东海"，宋本误作"东经"，今据别本改正。
❷ 天（qián）毒：即天竺，又称乾毒、身毒，皆为印度的古称。印度在中国西南，此处却将它跟位于中国东北方的朝鲜并列，放在东北方，这意味着古人最早了解的印度人，可能是沿海路从东海来的，因此误以为印度跟朝鲜一样是东海的国家，故把它跟朝鲜一块放在"东海之内"。一般认为中国人知道印度，是西汉时期张骞通西域才开始的，这条记载表明，印度人可能在西汉之前就早已通过海路来到中国，在张骞通西域之前，中印之间的海上交通已经开辟了。
❸ 偎人爱人：喜欢亲近人，这很像是说佛教徒的气质。印度孔雀王朝阿育王统治时期，国力强盛，佛教兴盛，阿育王派遣佛教徒奔赴世界各地传播佛教，印度人可能就是在这个时候经由海路来到中国的。佛教宣扬众生平等，佛教徒要吸收信徒，弘扬佛法，必然要摆出平易近人的态度，"偎人爱人"透露出来的消息很耐人寻味。

译文　　东海之内，北海的角上，有两个国家，一个叫朝鲜，一个叫天毒，天毒人住在水边，很喜欢亲近人。

西海之内，流沙之中，有国名曰壑市①。

注释　　❶ 流沙之中：《海内经》的流沙都是指黄河下游的流沙，而非中国西部的沙漠。

译文　　西海之内，流沙之中，有一个国家叫壑市。

西海之内，流沙之西，有国名曰氾叶。

译文　　西海之内，流沙以西，有个国家叫氾叶。

流沙之西，有鸟山者，三水出焉。爰有黄金、璇瑰、丹货、银铁，皆流于此中。又有淮山，好水出焉。

译文　　　　流沙以西，有一座鸟山，有三条河流源出此山，这些河流中出产黄金、璇瑰、丹砂、银、铁，都是随流水而来的。另有一座淮山，好水源出此山。

流沙之东，黑水之西，有朝云之国、司彘之国①。黄帝妻雷祖②，生昌意，昌意降处若水，生韩流。韩流擢首、谨耳、人面、豕喙、麟身、渠股、豚止，取淖子曰阿女，生帝颛顼。

注释　　❶　司彘之国：《大荒经》记述方国的惯例，往往提到一个方国的名称，会接着介绍该国的世系、姓氏等内容。此处"司彘之国"后关于从黄帝到颛顼的一段世系记述，应当就是针对司彘之国而言，也就是说，黄帝—昌意—韩流—颛顼这一世系，就是司彘之国的祖先。实际上，司彘之国就是养猪之国的意思，而韩流的长相"擢（zhuó）首、谨耳、人面、豕喙、麟身、渠股、豚止"就明显具有猪的特征。《说文》说："颛，头颛颛谨貌"，又说："顼，头顼顼谨貌"，都是指脑袋尖尖的意思，说的也是猪的面部特征，可见"颛顼"的名字也跟猪有关。司彘之国是养猪的国度，因此把他们的祖先也想象为猪的样子。
❷　雷祖：其他古书里写作"嫘祖"。

译文　　　　流沙的东面，黑水的西面，有一个朝云之国，还有一个司彘之国。司彘之国是黄帝的后代，黄帝娶雷祖为妻，生下儿子昌意，昌意定居于若水边，生了儿子韩流。韩流长得尖嘴长头，支棱双耳，面孔像人，嘴巴像猪，身体像麒麟，有肥硕的大腿，脚是猪蹄子。韩流娶淖国的女子阿女为妻，生了儿子颛顼。

流沙之东，黑水之间，有山名不死之山、华山①。

注释　　❶　华山：各种版本的《山海经》中，都将"华山"与下句"青水之东"连读，读作"华山、青水之东"，这是错误的。《山海经》的记述体例，都是以海、河流作为方位参照，而无以山为方位参照的情况，因此，"华山"不应作为下一段的开头，应该与"不死之山"并列，是位于流沙之东、黑水之间的两座山。此外，也不应该将这座华山等同于现在的西岳华山。

译文　　　　流沙的东边，黑水环绕之间，有一座山叫不死之山，还有一座山叫华山。

青水之东，有山名曰肇山，有人名曰柏高，柏高上下于此，至于天。

注释　　❶ 柏高：柏高是一位能够登天的神仙。古书中记载一位叫王乔的神仙，又名王子乔，《列仙传》云："王子乔者，周灵王太子晋也。好吹笙，作凤凰鸣。游伊洛之间，道士浮丘公接以上嵩高山三十余年。后求之于山上，见桓良曰：'告我家，七月七日待我于缑氏山巅。'至时，果乘白鹤驻山头，望之不得到。举手谢时人，数日而去。亦立祠于缑氏山下，及嵩高首焉。"高、乔二字音义均相近，王子乔的事迹可能即从柏高的传说演变而来。

译文　　　　青水的东面，有一座山叫肇山，山上有一个人叫柏高，柏高通过这座山登上了天界，成了神仙。

西南黑水之间，有都广之野，后稷葬焉。爰有膏菽、膏稻、膏黍、膏稷，百谷自生，冬夏播琴。鸾鸟自歌，凤鸟自儛，灵寿实华，草木所聚。爰有百兽，相群爰处。此草也，冬夏不死。

注释　　❶ 播琴：播种。
　　　　❷ 灵寿：一种树干上长着像竹节一样的结节的树木，可以制作老人用的拐杖。

译文　　　　西南方黑水环绕的地方，有一片都广之野，谷神后稷的坟墓就在这里。这里长满了美味的豆子、水稻、黍子、谷子，各种谷物不用人管理，自己就会生长，这里气候温和，冬夏两季都可以播种。这里到处都有鸾鸟、凤鸟载歌载舞，灵寿木鲜花盛开，结满果实，各种草木生长茂盛，郁郁葱葱。各类野兽成群结队，自在逍遥。这里的草木冬夏常青，永不凋谢。

南海之内，黑水、青水之间，有木名曰若木，若水出焉。有禹中之国。有列襄之国。有灵山，有赤蛇在木上，名曰蝡蛇，木食。有盐长之国。有人焉鸟首，名曰鸟氏。有九丘，以水络之，名曰陶唐之丘、有叔得之丘、孟盈之丘、昆吾之丘、黑白之丘、赤望之丘、参卫之丘、武夫之丘、神民之丘。有木，青叶紫茎，玄华黄实，名曰建木，百仞无枝，有九欘，下有九枸，其实如麻，其叶如芒，大皞爰过，黄帝所为。有窫窳，龙首，是食人。有青兽，人面，名曰猩猩。

注释　❶ 蝡（ruǎn）蛇：“蝡”通“蠕”，蝡蛇即善于爬行的蛇，因此能爬到树上。
　　　❷ 盐长之国：“长”当作长官、首领解，盐长之国当是一个以贩卖食盐为业的方国。
　　　❸ 九丘：九丘的名字分别叫陶唐之丘、叔得之丘、孟盈之丘、昆吾之丘、黑白之丘、赤望之丘、参卫之丘、武夫之丘、神民之丘，其中，陶唐、昆吾都是见于其他古书记载的古族名，据说尧即陶唐氏，昆吾是祝融之后，夏、商时期的国家，后被商汤所灭。陶唐之丘、昆吾之丘当是祭祀陶唐氏、昆吾氏的祭坛，以此类推，其他几座丘也当是祭祀某些古族之祖的祭坛。九丘都在水中，可能象征大禹造地时最初造成的九州。
　　　❹ 有：当为衍文。
　　　❺ 建木：“建”意为竖立，“建木”意为竖立的木头。建木百仞无枝，上有九欘，下有九枸，这显然不是一棵天然的树木，而是人工竖立起来的一根木头，用来测量太阳的影子，以判断时间，即立杆测影，建木即原始的日晷。
　　　❻ 有九欘（zhú）：树顶有九根弯曲的树枝。
　　　❼ 下有九枸（gōu）：树下有九根弯曲的树根。
　　　❽ 大皞爱过：“大皞”同"太皞”，"太皞”为太阳神，"太皞爱过”意为太阳经过建木，即太阳在每天东升西落的过程中，经过建木投下影子，可以根据影子的变化判断时间。

译文　　　南海之内，黑水和青水两条河流之间，有一棵树叫若木，若水从若木下发源。这里有一个禺中之国，有一个列襄之国。
　　　　　有一座灵山，有一条红色的蛇攀缘在树上，正在吃树叶，这条蛇叫蝡蛇。有一个国家叫盐长之国。图中画着一个人，长着鸟头，名叫鸟氏。
　　　　　有九座高台，周围有水环绕，分别叫陶唐之丘、叔得之丘、孟盈之丘、昆吾之丘、黑白之丘、赤望之丘、参卫之丘、武夫之丘、神民之丘。九丘之间有一棵树，树叶是青色的，树茎是紫色的，开黑色的花，结黄色的果实，这棵树名叫建木。建木高达百仞，不长树枝，只有树顶有九根弯曲的树枝，树底下有九根弯曲的树根。建木的种子像麻籽，树叶像针芒。建木是黄帝栽下的，太皞每天都要经过这里。
　　　　　建木边有窫窳，窫窳长着龙头，这是一个吃人怪兽。还有一个青色的野兽，长着人的面孔，名叫猩猩。

西南有巴国。大皞生咸鸟，咸鸟生乘釐，乘釐生后照，后照是始为巴人。有国名曰流黄辛氏，其域中方三百里，其出是尘土①。有巴遂山，渑水出焉。又有朱卷之国。有黑蛇，青首，食象。

注释　❶ 尘土：尘土到处都有，《大荒经》没必要记载，"尘土"的繁体作"塵土"，"塵土"二字上下连写很像"麈"字，可以断定，"塵土"原本当作"麈"，被抄书者分为两个字，误解为"塵土"。麈是一种鹿科动物。

译文　　　西南方有一个国家叫巴国。巴国是太皞的后代，太皞的儿子叫咸鸟，咸鸟的儿子叫乘釐，乘釐的儿子叫后照，后照建立的巴国。
　　　　　还有一个国家叫流黄辛氏。流黄辛氏国境内方圆三百里，出产麈这种动物。
　　　　　有一座巴遂山，渑水由此山发源。有一个朱卷之国。图中画着一条黑色的大蛇，长着青色的脑袋，正在吞噬一头大象。

南方有赣巨人①,人面长臂,黑身有毛,反踵②,见人笑亦笑③,唇蔽其面④,因即逃也⑤。又有黑人,虎首鸟足,两手持蛇,方啖之。有嬴民⑥,鸟足。有封豕⑦。有人曰苗民。有神焉,人首蛇身,长如辕,左右有首,衣紫衣,冠旃冠,名曰延维,人主得而飨食之,伯天下。有鸾鸟自歌,凤鸟自儛。凤鸟首文曰德,翼文曰顺,膺文曰仁,背文曰义,见则天下和⑧。又有青兽如菟,名曰菌狗⑨。有翠鸟。有孔鸟。

注释

❶ 赣巨人:"赣"通"戆",据下文所述,赣巨人就是猩猩,猩猩身材高大、鲁莽憨厚,故被称为赣巨人。

❷ 反踵:动物的脚后跟一般都在后面,而猩猩前肢握拳撑地时,脚后跟在前面,故说它反踵。

❸ 见人笑亦笑:猩猩经常做出龇牙咧嘴的表情,人们以为那是猩猩在笑。

❹ 唇蔽其面:形容猩猩嘴大唇阔,龇牙咧嘴的时候几乎整个面孔都被嘴唇遮住了。

❺ 因即逃也:看到猩猩笑要赶紧逃。猩猩龇牙咧嘴的表情并非是笑,而是恐惧、愤怒的表现,此时它很可能会攻击人类,所以要赶紧跑开。

❻ 嬴民:"嬴"当作"嬴",嬴民当即嬴姓之民。

❼ 封豕:"封"有大的意思,封豕即身体巨大的野猪。

❽ 凤鸟首文曰德,翼文曰顺,膺文曰仁,背文曰义,见则天下和:这一句话,跟《山海经》整体的文字风格相差甚远,德、顺、仁、义也不像是上古的观念,当是后人的注释混入了正文。

❾ 菌(jūn)狗:"菌"通"菌",菌有小的意味,菌狗作为一种体型小巧、长相像兔子、身体是青色且见于南方的异兽,可能是鼷鹿。鼷鹿是世界上体型最小的有蹄类动物,身体大小跟兔子差不多,体形像鹿,雄性鼷鹿长着又尖又长的獠牙。鼷鹿主要分布于中南半岛,在我国现仅见于云南西双版纳西南部一带。

译文

南方有一种赣巨人,长着人脸,双臂甚长,全身长满黑毛,脚后跟朝前,看见人笑它也跟着笑,笑起来嘴唇翻起来几乎把面孔盖住。如果看到它笑,说明它发怒了,要赶紧逃走。

有一个黑人,长着老虎脑袋,鸟的爪子,双手抓着一条蛇,正在吃着。图中画着一个嬴姓之民,也长着鸟爪。边上画着一头大猪叫封豕,还画着一个人叫苗民。

图中画着一位神,长着人头、蛇身,长如大车的车辕,左右各长着一个脑袋,穿着紫色的衣裳,戴着毛毡作的帽子,名叫延维。人间的君主能够得到延维把它吃掉,就能成为天下霸主。

有鸾鸟在引吭高歌,凤鸟在展翅起舞。凤鸟的头上写着德,翅膀上写着顺,胸口写着仁,背上写着义,一旦出现,就会天下和平。

有一个野兽,身体是青色的,长得像兔子,名叫菌狗。图中还画着一只翠鸟,一只孔雀。

南海之内有衡山，有菌山，有桂山，有山名三天子之都。南方苍梧之丘，苍梧之渊，其中有九嶷山，舜之所葬，在长沙零陵界中①。

注释　　❶ 在长沙零陵界中：长沙郡零陵县，是秦始皇时期才有的地名，在今广西壮族自治区，不可能出现在《大荒经》成书的时代，这句话是后人的注释混入了正文。《大荒经》中的苍梧、九嶷山，不在广西，古代苍梧即今江苏省的连云港，九嶷山也应当在连云港一带。

译文　　南海之内，有衡山、菌山、桂山，有一座名叫三天子之都的山。
　　　　南方有一座山叫苍梧之丘，山下有一片深潭叫苍梧之渊，苍梧之渊里有一座九嶷山，舜的坟墓就在这座山上。

北海之内，有蛇山者，蛇水出焉，东入于海。有五彩之鸟，飞蔽一乡，名曰翳鸟。又有不距之山，巧倕①葬其西。

注释　　❶ 巧倕：传说中一位手艺高超的工匠，被视为各种手工艺的发明者。

译文　　北海之内，有一座蛇山，蛇水由此山发源，向东流进大海。有一只巨大的五彩鸟，名叫翳鸟，它展翅飞翔时，巨大的双翼可以遮住一大片地方。北海边有一座不距之山，巧倕的坟墓在这座山西边。

北海之内，有反缚盗①，械，带戈②，常倍之佐③，名曰相顾之尸。伯夷父生西岳，西岳生先龙，先龙是始生氐羌④，氐羌乞姓。

注释　　❶ 反缚盗：双手被反绑在北海的盗贼。图画中的这个盗贼，当即指下文的氐羌，历史上商人经常跟羌人发生战争，两者是世仇，故商人将羌人视为盗贼。
　　　　❷ 械，带戈：指脚上戴着刑具，背上绑着戈，背上绑戈表示处刑。
　　　　❸ 常倍之佐：倍意为背叛，佐意为辅佐。"常倍之佐"意为氐羌作为辅佐商人的附庸，却经常背叛商王。
　　　　❹ 氐羌：上古时期的氐羌，不同于后来居住在甘肃一带的氐羌。

译文　　图中在北海之内，画着一个双手反绑的盗贼，脚上上着刑具，背上背着戈，这个形象表示氐羌，氐羌经常叛乱，名叫相顾之尸。伯夷父的儿子是西岳，西岳的儿子是先龙，先龙的儿子是氐羌，氐羌的人姓乞。

北海之内，有山，名曰幽都之山，黑水出焉。其上有玄鸟、玄蛇、玄豹、玄虎、玄狐蓬尾。有大玄之山。有玄丘之民。有大幽之国。有赤胫之民。有钉灵之国①，其民从膝已下有毛，马蹄善走。

注释　　❶ 钉灵之国：钉灵之国膝盖以下生毛，长着马蹄，善于奔跑，这是古人对于骑马民族的想象，就像希腊神话中的马人。

译文　　北海之内，有一座山，叫幽都之山，黑水流经此山。山上有黑鸟、黑蛇、黑豹、黑虎、黑狐狸，黑狐狸长着蓬松的大尾巴。有一座大玄之山，有一个叫玄丘的国家，有一个大幽之国，还有一个国家叫赤胫之民。

有一个钉灵之国，这国的人膝盖以下长满了毛，长着马蹄子，很善于奔跑。

炎帝之孙伯陵①，伯陵同吴权之妻阿女缘妇，缘妇孕三年，是生鼓、延、殳③。始为侯，鼓、延是始为钟，为乐风。黄帝生骆明，骆明生白马，白马是为鲧。帝俊生禺号，禺号生淫梁，淫梁生番禺，是始为舟。番禺生奚仲，奚仲生吉光，吉光是始以木为车。少皞生般，般是始为弓矢。帝俊赐羿彤弓素矰④，以扶下国⑤，羿是始去恤下地之百艰⑥。帝俊生晏龙，晏龙是为琴瑟。帝俊有子八人，是始为歌儛。帝俊生三身，三身生义均，义均是始为巧倕，是始作下民百巧。后稷是播百谷。稷之孙曰叔均，是始作牛耕。大比赤阴⑦，是始为国。禹鲧是始布土，均定九州。炎帝之妻，赤水之子听訞生炎居，炎居生节并，节并生戏器，戏器生祝融，祝融降处于江水，生共工，共工生术器，术器首方颠⑧，是复土穰⑨，以处江水。共工生后土，后土生噎鸣，噎鸣生岁十有二⑩。洪水滔天。鲧窃帝之息壤以堙洪水⑪，不待帝命。帝令祝融杀鲧于羽郊。鲧复生禹⑫。帝乃命禹卒布土以定九州。

注释　　❶ 炎帝之孙伯陵：从该句直到末尾这一段，记述的内容和体例与上文有明显区别。内容上，这一段记述了一系列创造发明的神及其世系，而不像上文的内容都是对画面中方国、山川、神怪形象的记述；体例上，这段不像前面的内容那样有明显的看图说话的特征，而是直

釘靈國

海內經

接记述。这意味着这段可能原本是就是以文字的形式书写在图画的某个位置，后来被抄到了书的末尾。伯陵，又称有逢伯陵，是有逢氏的国君，死后升天成为神，是一个半人半神的传说人物。

❷ 同：意为私通。

❸ 始为侯：侯是射箭的靶子。鼓、延、殳是三兄弟，下句说"鼓、延是始为钟，为乐风"，则"始为侯"当指殳而言，即殳发明了侯，"始为侯"前可能脱掉了一个"殳"字。古人抄书，接连重复的字常用两个短横（＝）代替，后来的抄写者疏忽了短横，因此造成脱漏。

❹ 矰（zēng）：拴着细绳的箭。

❺ 下国：天下的国家，即下界，相对天界而言。

❻ 羿是始去恤下地之百艰：去，消除；恤，救助；下地，义同"下国"，指天下。百艰，各种灾难、祸害。意为羿从天界降临人间，救助百姓，消灭各种祸害人间的怪兽、灾难。《淮南子·本经训》云："尧之时，十日并出，焦禾稼，杀草木，而民无所食。猰貐、凿齿、九婴、大风、封豨、修蛇皆为民害。尧乃使羿诛凿齿于畴华之野，杀九婴于凶水之上，缴大风于青丘之泽，上射十日而下杀猰貐，断修蛇于洞庭，禽封豨于桑林。"十日并出导致大旱，猰貐、凿齿、九婴、大风、封豨、修蛇祸害百姓，盖即羿消除的"下地之百艰"。

❼ 大比赤阴："比"读作"妣"，指母亲，大妣指女性祖先，亦即始祖母之神。"大比赤阴"的名字意味着图中描绘的这位始祖母之神可能是赤裸着身体，旨在表现其女性特征。

❽ 首方颠："颠"指头顶。"方颠"即方头，头顶是平的。

❾ 复土穰："穰"通"壤"，恢复、修复了被洪水淹没的土壤。

❿ 岁十有二：木星十二年环绕太阳公转一圈，在地球看来就是十二年绕地球一圈，古人根据此现象纪年，木星因此称为岁星。岁十有二，指岁星十二年绕地一圈为一个周期。噎鸣生岁十有二，意为噎鸣发明了这种岁星纪年法。

⓫ 息壤："息"是生息的意思，息壤是传说中的一种神土，投进水中可以无限膨胀。

⓬ 鲧复生禹："复"通"腹"，指鲧死后，从其尸体的肚子里生出了禹。

译文　　炎帝的孙子叫伯陵，伯陵跟吴权的妻子阿女缘妇私通，缘妇怀孕，三年后生下三个儿子，分别是鼓、延、殳。殳发明了箭靶子，鼓和延发明了钟，并发明了音乐。

黄帝的儿子叫骆明，骆明的儿子是白马，白马就是鲧。

帝俊的儿子是禺号，禺号的儿子是淫梁，淫梁的儿子是番禺，番禺发明了船。番禺的儿子是奚仲，奚仲的儿子是吉光，吉光发明用木头造车的技术。

少皞的儿子是般，般发明了弓箭。

帝俊赐给羿红色的弓、白色的矰箭，命他降临人间帮助地上的国家，羿同情天下百姓，为他们除掉了各种灾难和祸害。

帝俊的儿子叫晏龙，晏龙发明了琴瑟。

帝俊有八个儿子，他们发明了歌舞。

帝俊的儿子是三身，三身的儿子是义均，义均是最早担任巧倕的人，他为天下百姓发明了各种手艺。

后稷发明了播种谷物的技术。

后稷的孙子叫叔均，叔均发明了用牛耕地的技术。

大母神赤阴，她发明了建造城墙的技术。

大禹和他的父亲鲧开始布土，平复洪水，划分九州。

炎帝的妻子、赤水之神的女儿听訞生了儿子炎居，炎居的儿子叫节并，节并的儿子叫戏器，戏器的儿子叫祝融，祝融在江水边定居，生了儿子共工，共工的儿子叫术器，术器的头顶是平的，他恢复了被洪水毁坏的土壤，继续在江水边定居。

共工的儿子叫后土，后土的儿子叫噎鸣，噎鸣生了十二个岁星。

世界之初，洪水滔天，天底下还没有土地。鲧没有得到上帝的准许，偷了上帝的神土息壤，在洪水中填水造地。上帝派出祝融，把鲧杀死在羽郊这个地方。鲧死后，从尸体的肚子里生出了禹。上帝于是让禹继承鲧的事业，继续布土造地，终于造出大地，奠定了九州。

画作索引

一画
一臂民·四三三

二画
九凤·四四四
九尾狐·〇一四

三画
三足龟·二五〇
三身国·二三二
三面人·三三五
三首国·三二五
于儿·三〇六
大人国·三〇五
山㹙·一三二
女魃·四二七
女娲·〇四六
飞鱼·二三三
马身龙首神·二六八

四画
开明兽·二八三
天马·二四九
天吴·三六〇
天狗·〇八七
夫诸·二二九

一画
犬封国·三八八

二画
比翼鸟·三一六
当康·一九八

三画
毛民国·四四二
长右·〇二〇
长蛇·一二八
长臂国·三三七
炅溪·〇六二
化蛇·二一四

四画
从从·一七二
凤皇·〇三一
计蒙·二六二
巴蛇·三七六
双双·四一八

五画
龙身人面神·〇二七
冉遗鱼·一〇四
氏人国·三七五
句芒·三六六
钉灵国·四五九
兕·〇一九
轩辕国·三三九
折丹·四〇九
赤鱬·〇一五
赤鲑·一二八
扶桑·三三四
形天·三二四

七画
羽民国·三一七
并封·三三八
狙鸮·一四三
狌狌·〇〇四
狙如·二九五
肥蠹·〇四三
肥遗·一三六
朱獳·一八四
朱厌·〇六四
地狼·二七三
雨师妾·三六四

八画
英招·〇七六
武罗·一二〇

六画
西王母·〇八二
厌火国·三二一
夸父·三五一

五画
鸟身人面神·一二六
鸟鼠同穴·一〇八

六画
犰狳·一八一
穷奇·三八九
何罗鱼·一一八
应龙·四一三

八画
陆吾·〇六八

九画
孟槐·一一九
骄吾·三九一

十一画
菌人·四二四
跂踵·二八一
蛊雕·二六
婴勺·二四九
猎猎·二四一
鹿蜀·〇〇六
旋龟·〇〇七
梁渠·三〇〇
类·〇一一
帝江·〇九一
浄·〇八五
钦原·〇七九
禺䝞·三五五
相柳·三四八

九画
枭阳国·三六〇
陵鱼·三九五
诸犍·一三五
狪狪·一四二
靖人·四〇六
狒狒·〇八九
乘黄·三四〇
烛阴·〇八八
诸怀·一三四
雷神·四〇〇
聂耳国·三四九
珠蟞鱼·一八〇

十二画
琴虫·一八七
絜钩·四三八
葱聋·〇四五
跋踢·〇四七
蛮蛮(鸟)·〇七一
蛮蛮(兽)·一〇二
寓·一二一

十画
泰逢·二三五
羿·三三四
祝融·三三八
窦脂·二七二
首山山神·一三八
举父·〇八一

十三画
蓐收·三四二

十四画
雍和·二八七
蒦人·四〇六
徽狪·〇八九
辣辣·一六二
獭獭·一八六
蛩与·一五三
酸与·二〇一
蚩·一五三

十五画
窫窳·三七三
精卫·一五五
獠獠·一八六
儵鱼·二二七
瞿如·三二〇
魃·一〇一

十六画
駮·一〇五
鹡鸟·二三四
歛羊·〇四二
魃·一〇一

十七画
鲑鲑鱼·一三五
鲑鲑·一九二
鹡·〇一九
驸马·一四二

十八画
鳌鱼·一〇九
鳜鳜鱼·一二一
鲛鱼·一〇七

十九画
鹬鹎·〇九四
獜·二三八

二十画
鳝鱼·二〇〇
鸚如·〇五三
䴅·〇三五
蠪·二七〇

二十一画
夔·四一四
鹕鸲·〇五四

二十二画
鳒鱼·二二二

二十四画
蠹头国·三一九
蠹·二五九
蠹围·二五九

二十六画
鹏·〇五七

二十八画
鳨·〇五六

画作索引条目按笔画排列，笔画少的在前，多的在后。
笔画数相同的，按起笔笔形横（一）、竖（丨）、撇（丿）、点（丶）、折（乛）的次序排列。
起笔笔形相同的按第二笔笔形的次序排列，以下类推。

作者简介

任才峰

青年艺术家,芳园主人,本科、硕士毕业于中央美术学院。既爱『宋元』的精微传神,又爱『山海』的瑰丽烂漫。

刘宗迪

山东青岛人,先后毕业于南京大学气象学系、四川师范大学中文系、北京师范大学中文系,曾任职于中国社会科学院民族文学研究所、山东大学儒学高等研究院,现任北京语言大学文学院教授、博士生导师。已出版《失落的天书:〈山海经〉与古代华夏世界观》(2006)、《古典的草根》(2010)、《七夕》(2013)、《〈山海经〉的世界》(2021)、《众神的山川:〈山海经〉与上古地理、历史及神话的重建》(2022)等论著。

图书在版编目（CIP）数据

山海经：插图珍藏版 / 任才峰绘；刘宗迪注译
. -- 北京：中信出版社，2023.4（2024.11重印）
ISBN 978-7-5217-5311-0

I. ①山… II. ①任… ②刘… III. ①历史地理—中国—古代②《山海经》—注释③《山海经》—译文 IV.
①K928.631

中国国家版本馆CIP数据核字（2023）第023002号

山海经：插图珍藏版

绘　　画：任才峰
注　　译：刘宗迪
出版发行：中信出版集团股份有限公司
　　　　　（北京市朝阳区东三环北路27号嘉铭中心　邮编　100020）
承 印 者：北京雅昌艺术印刷有限公司
制　　版：北京夏和书情文化传播有限公司

开　　本：787mm×1092mm　1/16　印　张：31　字　数：460千字
版　　次：2023年4月第1版　　　印　次：2024年11月第8次印刷
书　　号：ISBN 978-7-5217-5311-0
定　　价：198.00元

版权所有·侵权必究
如有印刷、装订问题，本公司负责调换。
服务热线：400-600-8099
投稿邮箱：author@citicpub.com

才峰尚古，不仅于绘画，生活亦是如此。他爱古器，或金石，或竹木，或清供，或动用，若寻不到合适的，偶尔还会亲手制器用以移花植木。他爱古迹，常约三两好友，天南地北，石窟古刹，江南园林，苍松古梅，茂林修竹，总之凡是心之所向，皆素履以往。他与友人于京郊造一院子名"芳园"，虽不算大，却也能掇山理水，虽未能隔绝城市喧嚣，但关起门来，真是有些山林气。想来其人如此，其画有古意便是自然。他在美院求学时，醉心宋元古质，明清画家，则独爱陈老莲的高古奇骇，偶作水墨粗笔，又有些金冬心淳古朴茂的味道。古之为何？是一种风格？是某种样式？这些大概都是些皮毛。那是感觉？是格调？又未免太过空泛了。此种种语，皆不能一箭中红心。所谓古，大概就像一方水土一方人，是天地养成某种独特的看待世界的眼睛，认知世界的心。我们的古，是气韵流转，是阴阳相生；是以心参物，是天人合一；是极具体而微处的一点一画，亦是可穷自然之变的造化入神。才峰便深谙此理。他有定力，从不在或"传统"或"当代"的概念中纠结迷茫，或说"传统"与"当代"于他而言并不能称为问题。他好像更乐意将自己想象成一粒种子，植根脚下的"古"，以待某一日开出属于"我"的花。近几年他的"花"可谓开得烂漫，他的创作愈求高古，隐隐然已有跨过宋元、直追楚汉的风神，此《山海经》就是最好的例证。书中的百余形象，意不在宋元的某种真，却更有魏晋的某种风度，或者说有的是楚地诡谲浪漫的无穷想象，有的是秦汉"大风起兮"的飞扬气魄，由此，这套《山海经》也称得上是最具古意的一版图谱了。人心不古时更需传古者，才峰画出了真正的东方山海，他以画传古，以古传心，我想也可称得上功德一件。才峰之修行、成长定会转结丰硕之果，期盼才峰有所成就！

于光华
中央美术学院教授

才峰绘图的《山海经》将要出版了。听说最近几年他都专心于此事，给《山海经》这样的鸿篇巨制配图自是需要极大的热情和耐心，不过这倒是和他看上去不温不火却内藏锋芒的性情相符。印象里大概在他本科时就有了和《山海经》中奇禽异兽有关的创作，这在当时美院的中国画专业里尚属另类，恍惚间已过了近十年的光景。近几年，《山海经》则好像变成了热门IP，出现了非常多的"国风"插图、雕塑、动画甚至电影，可以说是层出不穷。可我在面对这些五光十色的作品时，隐隐感觉到当下的我们似乎更在意"画什么"，却忽略了"怎样画"，题材本身固然有其文化立场，而如何看待题材的"知"和如何表现题材的"行"，才是文化具有生命力的根本。就像在生物学角度上毫无二致的两朵花，一朵长在欧洲的花园，一朵长在中国的园林，却可以在千百年中一直传递着完全不同的文化基因。而这本《山海经》恰恰在做着这种文化选择且自信满满。他就像在替古人做着未完成的工作，在这份工作中，是对先秦人的浪漫想象，是对唐宋人的学习探索，是对明清人的借鉴反思，他倒是把自己藏了起来，藏到了这些神奇动物的每一个姿态、每一个眼神、每一根毛发里。我想假若有一本古代的《山海经》绘画并未随漫长的时间佚失而能流传至今，大概就是如此吧。

谢青
中央美术学院中国画与书法学院教授 / 花鸟画系主任

上古有奇书《山海经》。山海之中异兽出没，令人惊奇。它们旁证着中华大地的广博，也增添了中华文明和文学史的绚烂与瑰丽。如何将它们从文字描述的内容变成眼睛可观的形象，是中国绘画史的母题之一。近年来，这一母题深受动漫、插画界喜爱，却鲜见艺术经典化的挖掘与创作。画家任才峰技艺精湛，艺术修养深厚。他为此母题潜心创作，既溯本求源又奇思妙想。在他的笔下，异兽们的一鳞一爪、一羽一发，皆纤毫必现；或静或动、或悲或喜，皆栩栩如生。不论艺术形象，还是笔法、设色等各个方面都极致地展现出中国绘画经典之美，也为《山海经》这一母题在今天书写出"无愧"二字。

崔曼莉
作家

U0451724